Die zündende Idee

George Lois
mit Bill Pitts

Die zündende Idee

Mit Frechheit werben (und verkaufen!)

Aus dem Englischen
von Patricia Künzel

Campus Verlag
Frankfurt / New York

Die deutsche Ausgabe wurde mit Einverständnis des Verfassers leicht gekürzt.

Die Deutsche Bibliothek – CIP-Einheitsaufnahme

Lois, George:
Die zündende Idee : mit Frechheit werben (und verkaufen!) /
George Lois mit Bill Pitts. Aus dem Engl. von Patricia Künzel.
– Frankfurt/Main ; New York : Campus Verlag, 1993
Einheitssacht.: What's the big idea? <dt.>
ISBN 3-593-34948-5
NE: Pitts, Bill:

Umschlaggestaltung: Atelier Warminski, Büdingen
Satz: Textline GmbH, Oberursel
Druck und Bindung: Druckhaus Beltz, Hemsbach
Dieses Buch wurde auf säurefreiem Papier gedruckt.
Printed in Germany

Dem Gedenken an meinen Sohn Harry Joseph Lois
1958 – 1978

Inhalt

Teil I
Wie gelangt man zu einer zündenden Idee?

Teil II
Wie fördert man eine zündende Idee?

Teil III
Wie setzt man eine zündende Idee um?

Teil Eins

Wie gelangt man zu einer zündenden Idee?

1

Eine wohldurchdachte Definition unseres Themas

Werbung ist Giftgas

Vor einiger Zeit war ich zusammen mit zwei Moguln aus unserer Branche zu Gast in einer Talkshow, in der das Thema Werbung diskutiert wurde. In seiner typischen analytischen Art kam der Gastgeber der Sendung, David Susskind, gleich zur Sache. Er blickte jedem von uns in die Augen und fragte: »Meine Herren, was ist eigentlich Werbung?«

Meine anwesenden Kollegen waren Titanen der Werbebranche. Sie leiten zwei riesige Werbeagenturen – Firmen von Rang und Namen mit ehrfurchtgebietenden Hierarchien und präziser Arbeitsteilung. Sie vertreten eine Ethik und eine Einstellung unserer Zunft gegenüber, die sich völlig von der meinen unterscheidet. Ihre strukturierten Unternehmen nennen sie »Marketingagenturen«.

Einer dieser beiden Diskussionsteilnehmer stürzte sich mit einer ausnehmend detaillierten Antwort auf die Frage. Als er die Odyssee eines typischen Produkts von der ursprünglichen Konzeption bis zum Supermarktregal beschrieb, hörte er sich an wie ein emeritierter Professor in einem Universitätsseminar über Werbung. Er führte uns durch die klassischen Schritte des Marketing – Produktdefinition, Kundenprofil, Forschungsmethoden, Wettbewerbsanalyse, Präzedenzfälle in dieser Produktkategorie, Mediastrategie –, sagte aber nahezu nichts über *Werbung*. Zum Schluß seiner »Definition« behauptete er sogar, daß nach all diesen Schritten seine Agentur Werbung gestalten würde nach dem Motto: »Hier ist unser Produkt – bitte kaufen Sie es!« Sichtlich beeindruckt lobte der zweite Sachverständige die Zusammenfassung seines Kollegen als treffliche Erläuterung des Begriffs Werbung.

Während ich diesen typischen Vertretern des Establishments zuhörte, versank ich immer tiefer in meinem Stuhl und rollte voller Verzweiflung mit den Augen. Susskind dachte vermutlich, daß ich krank sei (Ich fühlte mich wirklich unwohl!). »Warum schneiden Sie solche Grimassen, George?« fragte er mich. »Sind Sie vielleicht *anderer Meinung* als diese beiden Herren?«

Ich beugte mich über die Stuhlkante nach vorne und sagte: »Ich glaube, daß diese Herren nicht in der gleichen Branche arbeiten wie ich.«

Susskind war hoch erfreut, weil ich die Rolle des Advocatus Diaboli übernahm. Genüßlich fragte er mich: »Nun, was ist denn *Ihrer* Meinung nach Werbung?«

»Werbung«, antwortete ich, »ist Giftgas. Sie sollte einem Tränen in die Augen treiben. Sie sollte Nervenzusammenbrüche verursachen. Sie sollte dem Publikum den Atem rauben!«

Mit diesen anmaßenden Worten wollte ich mich deutlich vom Establishment absetzen. Ich mußte meinen Ruf wahren – schließlich gelte ich als der böse Bube der Madison Avenue, als das unverbesserliche *Enfant terrible* der Werbebranche, als die personifizierte Impertinenz in der Werbung –, und das gelang mir auch beinahe zu gut. Die Nachrichtenagenturen griffen meine Pointe auf, und prompt erschien sie in allen bedeutenden Zeitungen des Landes. »Werbemann nennt Werbung Giftgas«, zitierten mich die Schlagzeilen. Die Bezeichnung *Giftgas* ist wohl übertrieben und vielleicht ein wenig brutal, aber ich halte sie für eine verzeihliche Hyperbel, weil sie mit Sicherheit das mächtige *Potential* der Werbung beschreibt. Großartige Werbung sollte immer wie ein Schlag ins Gesicht wirken. Und großartige Werbung sollte niemals auf die Knie fallen oder Bücklinge machen und den Kunden um den Kauf des Produkts anflehen. Sie sollte immer – aber niemals direkt – fragen: »Haben Sie die Botschaft verstanden?« Und der Zuschauer oder Leser sollte immer – aber niemals direkt – antworten: »Ja, ich hab's kapiert!« All das kann man mit einer zündenden Idee erreichen, die eine so durchschlagende Wirkung wie eine Ladung Sprengstoff hat – doch kann dies unmöglich das Ergebnis eines *wissenschaftlichen* Prozesses sein.

Großartige Werbung muß selbstverständlich immer Teil eines komplizierten Mosaiks aus umfassender Forschung, Marktplanung, Media-Analyse und all den anderen Bausteinen des Marketing sein. Aber diese Disziplinen sind wertlos, wenn die Werbung nichts taugt.

Plato und Spinoza hätten wohl den *logischen Denkprozeß* beschreiben können, der zu großartiger Werbung führt, aber sie hätten niemals Giftgas erzeugen können – oder großartige Werbung, die dem Betrachter den Atem verschlägt.

Vor etwa einem Jahr erzählte ich diese Geschichte zwei Managern von Doubleday, die mir im Verlauf des Mittagessens zu verstehen gaben, daß ihr Verlag gerne einen »Leitfaden« für die Werbung veröffentlichen würde – ein Buch, das die Geheimnisse der Werbung enthüllen würde für die wachsende Anzahl der Studenten und für die Profis im Bereich Werbung, Kommunikation und Marketing sowie für die vielen Menschen, die Tag für Tag Werbung »konsumieren«. Die Geschichte vom Giftgas schreckte sie nicht ab. Ich beschloß, das vorliegende Buch zu schreiben, als die beiden mir erläuterten, sie wollten das Thema Werbung aus einer neuen Warte beleuchten lassen, die deutlich von der »Schule« David Ogilvys mit ihren artigen Formulierungen, ihrer sanften Metaphorik und ihren strengen Ge- und Verboten abrückte.

Die zündende Idee ist das Ergebnis dieser verführerischen Offerte, obwohl ich den Leser gleich zu Beginn warnen muß: Dieser »Leitfaden« beschäftigt sich gründlich mit Fragen nach dem *Was* und dem *Warum.* Die Lektionen, die man hier lernen kann, können zu neuen Einsichten über den Mythos Werbung führen – aber es handelt sich um Lektionen, die aus dem breiten Erfahrungsschatz stammen, der mein Leben als Werbeprofi geprägt hat. Es sind nicht die Lehren eines leidenschaftslosen Wissenschaftlers. Viele dieser Erfahrungen entstammen einer leidenschaftlichen »Berufung«, die mich seit meiner Kindheit dazu treibt, den Sinn des Lebens selbst durch die kühne Verwendung von Symbolen, Bildern und Gedanken zu erweitern. Diese Behauptung mag wichtigtuerisch erscheinen, zeugt aber in Wirklichkeit von Bescheidenheit: Werbung kann, wenn man sich ihr mit Liebe und Talent – vor allem Talent – widmet, eine Sprache der Massen werden, die die Bedeutung des Alltags durch ausdrucksstarke und treffende Bilder und Ideen erklärt und beleuchtet.

Kann ich eine Formel liefern oder Regeln für die Werbung aufstellen? Ich glaube nicht. Aber ich bin davon überzeugt, daß dieser Bericht über meine Triumphe und Niederlagen und meine Bemühungen, jahrein, jahraus die Hürden in den Unternehmen zu überwinden, um meine Werke zum Leben zu erwecken, die Sensibilität des Lesers für die außergewöhnliche Macht der Werbung schärfen und Menschen dazu inspirieren kann, sich nicht einfach nur mit »guter« Kommunikation oder »sicherem« Marketing zufriedenzugeben, sondern großartige Meisterleistungen anzustreben.

Bei großartiger Werbung kommt es letzten Endes auf die zündende Idee an, obwohl ich niemals die Ideen *kreiere*, die für meine besten Arbeiten charakteristisch sind. Ich hole sie mir aus der Luft, die mich umgibt. (Michelangelo sagte, daß in jedem Marmorblock eine Skulptur gefangen sei, die nur ein großer Bildhauer befreien könne.) Der gemeinsame Nenner aller meiner Werke ist eine unablässige Suche nach der zündenden Idee, denn die zündende Idee – eine überraschende Lösung für ein Marketingproblem, ausgedrückt in unvergeßlicher verbaler und/oder visueller Methaphorik – ist die wahre Quelle der Macht in der Kommunikation. Mein Ahne Plato definierte die Idee *(eidos)* als geistiges Bild. Er behauptete, daß »Idee« gleichbedeutend mit Qualität sei, da eine Sache in der Realität genauso überwältigend sein sollte wie unser geistiges Bild von ihr. Die *Idee* war für ihn nahezu das gleiche wie das *Ideal*. Eine zündende Idee gewinnt an Kraft und Schwung, weil ihr Überraschungsmoment eine Gewohnheit oder Ansicht ändert. Wenn man sich mit einer solchen Idee durchsetzt, hat sie die Wirkung von Giftgas. Die richtige Werbeidee greift Körper und Geist an. Sie kann einen zu Boden werfen. Zündende Ideen können zudem aus einer Vielzahl von Quellen stammen. Sie leiten ihre elektrisierende Wirkung oftmals aus dem gewaltigen Reservoir der Populärkultur ab – aus den schönen Künsten, dem Sport, der Politik, der Geschichte, den Schlagzeilen des Tages. Andere zündende Ideen wiederum vermitteln lediglich durch Bilder und Gestaltung eine klare Botschaft, der sich niemand entziehen kann. In der heutigen Welt der Massenkommunikation gibt es nur wenige Ideen, ob zündend oder nicht. Was als Idee durchgeht, sind meistens stilistische Geistesblitze, denen es an Substanz fehlt.

Es mag sich vielleicht mysteriös anhören, aber Werbeideen werden von den Funken und dem Klang der Erfahrungen entzündet, die wir täglich als Bürger einer ausdrucksfähigen Demokratie machen. Als ich die New Yorker High School for Music and Art besuchte, faszinierten mich die Werke des amerikanischen Malers Stuart Davis, der Gestalten auf magische Weise stilisierte und sie auf ein System aus flachen Ebenen und geometrischen Formen reduzierte. Davis berauschte auch die Dynamik und die elektrisierende Wirkung der Stadt New York. Er war ein Vorläufer des modernen Art Directors, dem die Natur ein peripheres Sehvermögen geschenkt hatte, mit dem er U-Bahn-Schilder, Schlagzeilen auf Boulevardblättern, Zapfsäulen, Anzeigen für Zündkerzen, Form und Farbe vorbeifahrender Lastwagen und so viele andere Nuancen des täglichen Lebens als visuelle Eindrücke sammeln konnte. Ich erfuhr, daß Davis, eine der ersten multimedialen Persönlichkeiten, malte, während er gleichzeitig Radio hörte und Zeitungen las. Das war für mich fast eine Offenbarung, die mir viele Fragen zu meinem eigenen Leben beantwortete.

Als Sohn eines griechischen Blumenhändlers aus der Bronx wuchs ich inmitten des Gebrülls aus dem Yankee Stadium, des ununterbrochenen Quietschens der Hochbahnzüge und der süßen Staccatostimme von Bürgermeister Fiorello LaGuardia auf, der während eines Streiks im Zeitungsgewerbe im Hörfunk Comics vorlas. Für mich war der Weg zum Werbemann klarer vorgezeichnet als der zum Nachfolger meines Vaters in seinem Blumenladen in der Gegend von Irish Kingsbridge.

Mein Weg von der Bronx zu meiner heutigen Rolle als ewiger Nonkonformist in der Welt der Werbung war schon früh vorgezeichnet: Als Kind zeichnete ich jede freie Sekunde. Ich zeichnete und zeichnete und zeichnete – auf jeden Fetzen Papier von den Rändern der *Daily News* bis hin zum Einwickelpapier in unserem Blumenladen. Ich war noch nicht einmal zwölf Jahre alt, als ich im Kunstunterricht ein Reiseplakat für die Schweiz entwarf, das sich über die konventionelle Kommunikation hinwegsetzte. Neben eine Fotografie der Schweizer Alpen stellte ich das Bild eines Schweizer Käses in der Form eines Berges. Grafisch, ohne ein einziges Wort, vermittelte ich eine zündende Idee – mit einer Metapher, die man sich auf der Zunge zergehen lassen konnte! Aber leider behauptete mein Lehrer (der mich ansonsten sehr inspiriert hat), daß Käse und Berge nicht die richtigen Proportionen hätten.

Für mich ist die zündende Idee immer gleichbedeutend mit Unverfrorenheit gewesen. Als ich später am Pratt Institute einen Kurs über vom Bauhaus inspiriertes Design besuchte, trug man uns auf, auf unseren 18 × 24-Zoll-Blöcken ein originelles Design auf der Grundlage eines Rechtecks zu entwerfen. Mir fiel sofort eine originelle, neue Antwort ein, und während der ganzen Stunde starrte ich mit verschränkten Armen auf meinen Block. Als sich die Prüfungszeit dem Ende zuneigte, baute sich meine erboste Lehrerin hinter mir auf und setzte mich unter Druck, damit ich endlich mein Rechteckdesign zeichnete. In letzter Sekunde griff ich nach meinem Bleistift und signierte in der linken unteren Ecke. Die Lehrerin war wütend, und ich bekam eine schlechte Note, aber das machte nichts, denn ich wußte, daß ich eine zündende Idee abgegeben hatte: Das leere weiße 18 × 24-Zoll-Blatt war das rechteckige Design *par excellence*. (Meine ungewöhnliche Lösung wurde noch durch meine freche und theatralische Geste unterstrichen, zwei Stunden lang keinen Finger zu rühren – ein herrvoragendes Beispiel für den Stil, den ich in meiner Karriere als Erwachsener pflege: Ich denke mir eine zündende Idee aus, die ich dann theatralisch präsentiere.)

Das waren die ersten Manifestationen meines Glaubens, daß die Kraft der Kreativität Berge versetzen kann. Diese Einstellung ist das Rüstzeug eines wahrhaft talentierten Kommunikators: der unerschütterliche Glaube, daß in jedem Problem, ob es nun auf den ersten Blick unbedeutend oder ungeheuer wichtig erscheint, eine überraschende Lösung steckt – eine zündende Idee nämlich. Manche Menschen laufen vor Problemen davon; ich stürze ihnen mit offenen Armen entgegen. Meine in diesem Buch beschriebenen Erfahrungen werden dies durchweg bestätigen. Wer an diese Arbeitsweise glaubt, teilt meine feste Überzeugung, daß Ursache und Wirkung die unumstößliche Gleichung der Kreativität ergeben, daß alles möglich ist, daß man *tatsächlich* in den Himmel auffahren kann.

1954, kurz nach meiner Rückkehr aus dem Koreakrieg, fristete ich mein Dasein bei der Fernsehgesellschaft CBS. Das berühmte Fernsehquiz des Senders »Die 64000-Dollar-Frage« lockte in ganz Amerika solche Zuschauermassen vor den Bildschirm, daß am Abend der Sendung im ganzen Land Lichtspielhäuser ihre Pforten schlossen. CBS benötigte eine Anzeige für einen Priester, der als Kandidat die Jackpot-Stufe erreicht hatte. Er konnte entweder die bisher gewonnenen 32000 Dollar einstecken (er war Sieger in mehreren Etappen gewesen und hatte dabei den Bekanntheitsgrad von Präsident Eisenhower erreicht) oder sich für die 64000-Dollar-Frage entscheiden. Meine Anzeige bestand einfach aus einem Foto des allseits bekannten Priesters und der Frage, die sich alle stellten: »*Wird er sich für die 64000-Dollar-Frage entscheiden?*« Das war alles. Ich setzte – absichtlich – weder das Logo von CBS noch den Kanal oder die Sendezeit in die Anzeige. Der Priester war so berühmt, und ich wollte, daß die Anzeige wie eine Nachrichtenmeldung aussah. Die Anzeige strahlte ein ungeheures Selbstbewußtsein aus; indem wir den ganzen üblichen Krimskrams wegließen, verkündeten wir der Welt, daß wir genau wußten, wie berühmt diese unbeschreibliche Show war. An dem Morgen, an dem die Anzeige erschien, platzte der *President* von CBS, Dr. Frank Stanton, angesichts meiner trotzigen Mißachtung des geheiligten Logos und der Sendezeit fast vor Wut. Gegen Mittag jedoch hatten so viele Anrufer CBS zu dieser gelungenen Anzeige gratuliert, daß die Schlagkraft meiner zündenden Idee auch Stanton allmählich zu Bewußtsein kam. (Manchmal besteht die zündende Idee auch darin, Informationen *wegzulassen*.)

Ein Jahr später bat man mich, in meiner ersten Anzeige für eine Werbeagentur (Lennen & Newell, der niemand eine Träne nachgeweint hat) eine Botschaft zu formulieren, die für den American-Airlines-Flug von New York nach Los Angeles warb. Zu jener Zeit gingen in New York Gerüchte um, daß Walter O'Malley, dem die Brooklyn Dodgers gehörten, bald sein Team nach Kalifornien übersiedeln wolle. In meiner Anzeige setzte ich das Foto eines Baseballspielers, der unter seiner Brooklyn-Dodgers-Kappe nach Westen schielt, unter die Headline *»Denken Sie an eine Reise nach Los Angeles?«*. Die untere Hälfte seines Gesichts verdeckte ein fettgedrucktes American-Airlines-Logo. Diese geschickt getimte Botschaft verärgerte die offiziellen Vertreter der Dodgers, aber alle verstanden die Anspielung. Es war deutlich, daß ich das Thema Nummer eins in den Köpfen der New Yorker in die normalerweise langweilige Werbung für Flugdestinationen eingebracht hatte. (Die Anzahl der Buchungen für den American-Airlines-Flug nach Los Angeles schnellte am nächsten Tag in die Höhe – aber leider setzte sich der verräterische O'Malley tatsächlich mit unseren geliebten Jungs ab.)

Ich erwähne diese Schöpfungen aus meiner Anfangszeit, damit niemand den Schluß ziehen kann, daß mein Umgang mit berühmten Persönlichkeiten (Robert Kennedy, Joe Namath, Betty Grable, Muhammad Ali, Malcolm Forbes, Frank Sinatra, James Beard, Donald Trump, Salvador Dalí, Edward Koch, Mickey Mantle, Joan Collins, Patrick Ewing *et al.*) meiner Arbeit irgendwie eine zusätzliche Dimension verliehen hätte ... und daß meine kreativen Herausforderungen somit einer anderen Kategorie zuzuordnen seien als die eines Werbeleiters in einer Stadt wie Indianapolis. Dem ist nicht so. Jede Herausforderung, der ich mich stelle, von einem einfachen Briefkopf bis hin zu einer großangelegten TV-Kampagne, verlangt von mir die gleiche kreative Intensität, die gleiche Entschlossenheit, eine einfache, überwältigende Metapher zu entwickeln, die alles sagt – nicht nur mit klaren Aussagen, sondern auch mit vielfältigen Untertönen. Der Denkprozeß und die Einstellung, die mich darauf beharren ließen, den Zeichenblock als rechteckiges Design zu betrachten, entsprechen den inneren Kräften, die mir die Schöpfung der Fernsehkampagne *»I want my MTV!«* ermöglichten, um Millionen junger Menschen anzusprechen.

Dieser Prozeß ist für mich derart selbstverständlich, weil ich mit unstillbarem Hunger so viele Reize sehen, hören und schmecken möchte, wie mein Körper und Geist aufnehmen können. An einem ganz gewöhnlichen Samstag gehe ich beispielsweise in sieben aktuelle Filme und sehe mir jeden Streifen etwa zehn Minuten lang an, um einen Eindruck von seiner Essenz zu bekommen. Die meisten sind das Eintrittsgeld nicht wert, aber ich halte alle Filme für interessant, weil es immer *irgend etwas* Außergewöhnliches zu sehen oder zu hören gibt. Manchmal schleppe ich meine Frau Rosemary mit, damit sie sich nicht beklagen kann, ich würde nie mit ihr ins Kino gehen. Dann stürmen wir Museen und Kunstgalerien, wo ich die Schönheit der Kunst aus den verschiedenartigsten Quellen in mich aufnehmen kann. Ich bin zwar ein Liebhaber und ernsthafter Sammler primitiver Skulpturen (Stammeskunst aus Afrika und Ozeanien und von Indianerstämmen der amerikanischen Nordwestküste etc.), aber ich betrachte mich dennoch als unverbesserlichen Eklektiker mit einer unstillbaren Gier nach allen möglichen »Dingen«, die Menschenhände im Laufe der Jahrtausende erschaffen haben. Die Zeitschrift *New York* nannte mich einen »Salonprimitiven«, als ihr Reporter die Sammlung von Objekten in meiner Wohnung in Greenwich Village sah, die sich jeder Kategorisierung entzieht: Figuren von den Kykladen, Eskimomasken, Maori-Skulpturen, Tiffany-Lampen, eine Skelettfigur von den Osterinseln, eine griechische Vase, eine Rassel von der Nordwestküste der USA, Fang-Köpfe, indische Bannersteine, ein Asmat-Schild, Fruchtbarkeitspuppen, Steinpfeifen, Elfenbeinfetische, leuchtendbunter Kopfschmuck, Kultobjekte, Reliquienköpfe, zeremonielle Gegenstände und verschiedene andere primitive Plastiken, darunter eine 1,20 Meter hohe Uli-Figur (eine ozeanische Rarität von der Pazifikinsel Neu-Irland – eine hölzerne männliche Gottheit mit heidnischen Geisteraugen, großen Brüsten und einem erigierten Penis, die über Generationen hinweg bemalt und pigmentiert wurde, bis sie einen magischen Glanz ausstrahlt).

In jedem Winkel meiner Wohnung befinden sich maßgefertigte Bücherschränke für meine Kunstbuchsammlung – jene großen, schweren Bände, die von einer Handvoll ewiger Studenten und Sammlern wie mir gekauft werden. Wie die »Dinge«, die ich sammle, sind auch meine Bücher ein buntes Sammelsurium; man findet dort limitierte Ausgaben der Werke von Georges de La Tour, Uccello, Corbusier, Della Francesca, Man Ray, Bellini, der Bauhaus-Schule, von Elie Nadelman, Arthur Dove und vor allem von Brancusi, dem bäuerlichen rumänischen Mystiker, der so unvergängliche Skulpturen wie *Vogel im Raum, Schlummernde Muse, Der Kuß, Gebet, Phoque (Seehund)* oder *Fisch* geschaffen hat – durchweg kühnste Stilisierungen der Gestalt, die eine überwältigende, unerwartete emotionale Reaktion hervorrufen. Ich liebe es, Leben und Werk von Künstlern aller Zeiten zu studieren, um daraus alles Erdenkliche zu erfahren über die geheimnisvollen Verbindungen zwischen Bildern und menschlichen Emotionen.

Und jeden Sonntag spiele ich frühmorgens im »Y« an der 23. Straße Basketball mit meinen Sportlerfreunden und jungen, ernsthaften Athleten, von denen die meisten schwarz sind. Wenn sie mich »Alterchen« nennen und versuchen, mich herumzuschubsen, dann fliegen die Fäuste, und ich erscheine am Montag in meiner Agentur mit einem bezaubernden blauen Auge, bereit für eine weitere Woche, die bis zum Bersten mit aufregender, intensiver Arbeit gefüllt ist.

Als junger Art Director bei Doyle Dane Bernbach, der bahnbrechenden künstlerischen Werbeagentur des zwanzigsten Jahrhunderts, erlaubte ich *keiner* Menschenseele, einem Kunden meine Arbeit zu präsentieren. Bill Bernbach, der die Methode hinter meinem Wahnsinn erkannte, wies seine Leute an, diesem verrückten jungen Griechen seinen Verkauf selbst zu überlassen. Zu einer Präsentation bei einem wichtigen Kunden begleiteten mich einmal der Mediadirektor der Agentur, einer der führenden Texter und zwei Kontakter. Bill Bernbach und sein Partner Ned Doyle waren ebenfalls mit von der Partie. Dem Kunden gefiel meine Konzeption, und in kumpelhaftem Ton fragte er den Mediadirektor, den Texter und die beiden Kontakter, welche Aufgaben sie in der Agentur erfüllten. Dann wandte er sich mir zu und fragte scherzhaft: »Und Sie, George, was machen *Sie*?«

»Ich lasse eine Million Dollar wie zehn Millionen aussehen«, antwortete ich. Bernbach und Doyle verschlug es die Sprache. Danach nannte mich Ned Doyle den »Mann, der mitten ins Herz trifft«.

Natürlich verfügt nicht jeder auf dieser weiten Welt, und insbesondere in der engstirnigen Werbebranche, über das Talent, einen winzigen Etat astronomisch groß erscheinen zu lassen. Daher konzentriere ich mich in diesem Buch auf jene zündenden Ideen aus meiner Laufbahn, die auch diese scheinbar wundersame Wirkung erzielt haben. Ich werde Ihnen zeigen, daß die zündenden Ideen, die meine Karriere abstecken (und nach Jahrzehnten immer noch unverbraucht und bedeutungsvoll sind), in engem Zusammenhang stehen mit einem kompromißlosen Ansatz und Standpunkt und einem dynamischen Glauben an die Macht der Kausalität.

Lassen Sie sich berichten, wie ich über die Jahre hinweg gearbeitet habe – und betrachten Sie bitte meine »ausgeflippten« Mätzchen mit Nachsicht. Es sind nicht einfach die verrückten Streiche des »bösen Buben der Werbebranche«. Sowohl das Frevlerische als auch das Erhabene ist Teil meiner »Methode«. Wenn ich Ihnen von meinen Freuden und Enttäuschungen erzähle, werden Sie mein Ethos verstehen, nämlich daß ich Bilder und Slogans kreiere, die nicht nur Produkte und Dienstleistungen verkaufen, sondern auch Teil unserer Kulturszene werden und Eingang in die Psyche Amerikas finden. Meine Arbeit soll immer den Betrachter faszinieren und Herz und Verstand von Millionen Menschen ansprechen – um sie zum Handeln zu veranlassen.

2

Eine Minderheitsmeinung

Werbung ist eine Kunst

Mit meiner tiefsten Stimme sage ich oft: »Wenn Werbung eine Wissenschaft ist, dann bin ich ein Mädchen.« Wissenschaft und Technik beeinflussen und prägen mit Sicherheit die Werbung, aber letzten Endes ist Werbung eine Kunst, das Produkt der Intuition, des Instinkts und vor allem des Talents.

Als nach dem Zweiten Weltkrieg eine neue Ära anbrach, steckte die Werbebranche noch in den Kinderschuhen. Hochschulen und Colleges boten keine formalen Ausbildungskurse. Die einzige akademische Schulung in dieser neuen geheimnisvollen Kunst erhielt man im Fach Grafik – obwohl die Sprache immer die treibende Kraft in der Werbung war. Umgekehrt waren die besten Werbeslogans in erster Linie *visuelle* Ausdrucksformen. Ein Blick zurück auf die frühen Werbeklassiker bringt diese visuellen Schöpfungen auf verbaler Basis ans Tageslicht:

»Lucky Strike zieht in den Krieg!« (Lucky-Strike-Zigaretten)

»Sie lachten, als ich mich ans Klavier setzte.« (U.S. School of Music)

»Nie eine Braut, immer eine Brautjungfer.« (Listerine)

»99 und 44/100% rein. Sie schwimmt.« (Ivory Soap)

»Die Stimme seines Herrn.« (RCA Victor)

Bei uns herrschte niemals ein Mangel an scharfsinnigen Textern, deren kluge, brillante Themen oder Wendungen häufig in den Sprachgebrauch eingingen, aber die Kombination verbaler und visueller Metaphorik – jene unerklärliche Alchimie, die aus eins und eins drei macht – war in der ersten Hälfte des zwanzigsten Jahrhunderts eine Seltenheit.

Während dieser entscheidenden Jahrzehnte ging die Dynamik vom *Grafiksektor* aus; sie kam in radikalen imagistischen Bewegungen vom Dadaismus bis hin zum Surrealismus, in den Werken des Bauhaus, des Neo-Plastizismus (»De Stijl«), des Konstruktivismus und in jenen unvergeßlichen Designkompositionen von Mondrian zum Ausdruck. Visuelle Experimentierfreudigkeit war der gemeinsame Nenner, die Triebfeder, dieser Bewegungen. In den schönen Künsten fanden hinsichtlich der Verwendung des Symbolismus atemberaubende Innovationen statt, aber dennoch setzte die Werbung, eine kreative Tätigkeit, während dieser Entwicklungsjahre nur eines der ihr zur Verfügung stehenden Werkzeuge ein – Sprache nämlich –, und das zumeist ohne jeden Bezug zur visuellen Kraft der grafischen Kreativität.

Währenddessen bot allein die Grafik eine »formale« Ausbildung für diese neue geheimnisvolle Kunst der Werbung. Es gab immer schon Schulen und Kurse für Design und Illustration und »Gebrauchsgrafik«. Dabei handelte es sich um praktische Ableger der schönen Künste für mit der Werbung verwandte Aktivitäten wie Typographie, Layout, Plakatdesign, Modezeichnung und kommerzielle Fotografie. Den »Unterricht« im Fach Werbung, der den Künstlern angeboten wurde, könnte man im großen und ganzen als reflexartige Drills im Aufbau schematischer Werbelayouts bezeichnen. Es waren preußisch anmutende Übungen, die von Schreiberlingen geleitet wurden, welche die Binsenweisheiten der Anfangszeit der Werbung predigten: Große Illustrationen über einer Headline, darunter einem Textblock, ein Logo in der rechten unteren Blattecke. Bis zum heutigen Tag halten sich die meisten Printanzeigen an dieses abgeschmackte Muster. Es überrascht nicht, daß die unbegabtesten Werbeleute, die zu Innovationen nicht fähig sind, in ihrer Werbung diesem Evangelium folgen, das später vom herrschenden Werbepapst David Ogilvy abgesegnet und sanktioniert wurde.

In der Werbung gibt es keine Vorschriften – unvoreingenommenes Denken hat hier immer eine größere Rolle gespielt als aufgestellte »Regeln«. Die bedeutendste Innovation in der Werbung dieses Jahrhunderts war die »Kreative Revolution« Ende der fünfziger und in den sechziger Jahren, als Worte und Grafik endlich miteinander verschmolzen. Zuvor hatten junge Künstler, die sich aufmachten, in der Welt der Werbung Fuß zu fassen, nicht viel mehr an der Hand als die albernen Regeln über die fünf oder sechs verschiedenen Möglichkeiten der Layoutgestaltung.

In der zweiten Hälfte des zwanzigsten Jahrhunderts führten die vielen künstlerischen Gärstoffe, die in Europa den Grafiksektor in Unruhe versetzt hatten, zum Entstehen des modernen amerikanischen Art Directors. Einer der ersten Pioniere dieser Sparte, Paul Rand, experimentierte kühn mit visuellen »Werbespäßen«. Er schlug eine Brücke zwischen verbalen und visuellen Elementen, über die junge Talente wie Bob Gage, Lou Dorfsman, Herb Lubalin, Gene Federico und ich selbst – allesamt Art Directors – in eine schöne, neue Welt der expressiven Freiheit marschierten.

In Europa schuf der Plakatkünstler Cassandre in den dreißiger Jahren eindringliche visuelle Botschaften, die man als Vorläufer der modernen grafischen Kommunikation bezeichnen kann. Seine monumentale Frontalansicht des großen Überseedampfers *Normandie* setzte neue Maßstäbe für grafische Dramatik. Paul Rand ging den nächsten logischen Schritt in die Werbung hinein, aber er war beinahe sittsam verlegen wegen der übermäßigen Kommerzialisierung. Sein Talent deckt eine breite Palette ab, von dem trügerisch jungfräulichen IBM-Logo bis hin zum anschaulichen Werbeentwurf für einen Film über den Rassenhaß aus dem Jahre 1950 – *No Way Out* (mit Richard Widmark und Sidney Poitier in seiner ersten Rolle). Ich gestehe, daß ich mit ungenierter Lust am Verkaufen in Rands Fußstapfen trat. Ich war clever und vernarrt in das enorme Potential der grafischen Kommunikation. Endlich hatten die begabten Werbetexter beiderlei Geschlechts ihr fehlendes Gegenstück gefunden: Schöpfer visueller Symbole ersetzten die Hersteller schwungloser Layouts. Mit dem Aufstieg der Art Directors schlug die Geburtsstunde der modernen Werbung.

Jahrzehnte später ist die Werbung in den neunziger Jahren zu einem begehrten Studienfach geworden. Dabei liegt das Hauptaugenmerk auf ihrem *rationalen* Charakter, was sich in der Einstellung des Madison-Avenue-Establishments widerspiegelt, das Werbung als Wissenschaft betrachtet. Viele der wissenschaftlichen Werbetechniken – Mediaplanung, Forschung, Marketingstrategie, Budgetierung und sämtliche Grundbestandteile der Planung – sind mit Sicherheit von essentieller Bedeutung. Dennoch leistet die unmäßige Betonung dieser *logischen* Disziplinen der unsinnigen Ideologie Vorschub, daß Werbung eine Wissenschaft und keine Kunst sei.

Medienkenner – selbst Gelehrte in so obskuren Fachrichtungen wie Semiotik – sind zu wichtigen Interpretationsquellen für die Massenmedien der westlichen Welt geworden. Eine neu entstandene Spezies – die Medienperversen – steht in den Startlöchern, um mit wissenschaftlicher Sicherheit jeden Aspekt der Massenkommunikation zu erklären. Meinungen werden zunehmend mit Zahlen belegt, Zahlen werden mit

Studien untermauert, Studien wird die Aura der wissenschaftlichen Präzision verliehen. Werbung, die komplexeste der modernen Kunstformen, wird als Wissenschaft getarnt.

Doch der Kaiser trägt keine Kleider. Werbung ist eine *Kunst!*

Picassos scharfsinnige Bemerkung »Kunst ist eine Lüge, die uns die Wahrheit begreifen lehrt« hat mich immer fasziniert – insbesondere, da seine Definition meiner Ansicht nach so hervorragend auf die Werbung im marktbewußten Amerika paßt, wo nahezu alle Produkte vergleichbare Qualität bieten. *Großartige* Werbung – Werbung, die einfallsreich, respektlos, kühn und frech ist – ist buchstäblich ein Gewinn für das Produkt, und Picassos »Lüge« wird zur Wahrheit. Lebensmittel schmecken besser, Kleidung trägt sich besser, Autos fahren besser. Wenn Sie diese grundlegende Doktrin nur schwer nachvollziehen können, wird es Ihnen möglicherweise Probleme bereiten, den Zauber der Werbung zu verstehen. Leider bleibt Werbung für die meisten Menschen ein Buch mit sieben Siegeln – vor allem für die Werbeprofis.

3

Eine zündende Idee ist keine Selbstverständlichkeit

Schrecken Sie nicht davor zurück, auch einmal mit Selbstmord zu drohen, um dem Kunden Ihre Idee zu verkaufen

Werbung ist die Kunst, Regeln zu brechen, nicht die Kunst, sie aufzustellen.

Es gibt jedoch eine Regel in der Werbung, die man *niemals* brechen sollte: Bevor Sie einen (verbalen) Schnellschuß abfeuern, müssen Sie Ihre Hausaufgaben machen und Ihren Kunden in- und auswendig kennenlernen. Beschränken Sie Ihre Hausaufgaben nicht auf das Offensichtliche (Werbung der Konkurrenz, Markenanteilsdaten, alle Forschungsarbeiten und Artikel, die Sie in die Finger bekommen können). Zu den Hausaufgaben gehört auch, Detektiv zu spielen und schnüffeln, damit Sie frühzeitig wissen, was der letztendliche Entscheidungsträger – der Kunde, der Chef, derjenige, der die Rechnungen bezahlt – schätzt und verabscheut und welche Vorurteile und Vorlieben er hegt. Im Zeitalter der Renaissance schufen Künstler Gemälde, Skulpturen, Paläste und Kathedralen für ihre Gönner. (Hätte Michelangelo einen besseren Draht zu Papst Paul III. gehabt, hätte er sich nicht so abplagen müssen.) Die heutigen Gönner und Prinzen werden oftmals von Managern der mittleren Ebene abgeschirmt und isoliert, von denen die meisten in erster Linie an der Erhaltung ihres Einkommens und ihrer Monatskarte nach Connecticut interessiert sind. Daher muß man unbedingt wissen, wer wirklich das Sagen hat und wer eine Kampagne ungeachtet ihrer zahlreichen Vorzüge absegnen oder verdammen kann.

Werbung ist keine Übung in politischer Demokratie; trotz allem Konsensstreben beim Aufstieg einer Konzeption durch die Genehmigungshierarchie kann der bestangelegte Werbefeldzug auf dem Reißbrett sterben, wenn Sie Ihren Kunden nicht kennen. Hören Sie sich das klassische Beispiel eines gewieften Werbemanns (*moi*) an, der glaubte, seine Hausaufgaben gemacht zu haben, und dem eine zündende Idee einfiel, der aber aufgrund einer erstaunlichen Fehleinschätzung eine großartige Kampagne verlor: Ich hatte versäumt, von vornherein gründlich genug über die Motive des Mannes an der Spitze nachzudenken.

Bei dem Kunden handelte es sich um Olympia & York, den in Kanada ansässigen Bauträger des World Financial Center auf der Südspitze Manhattans, eines überwältigenden Komplexes mit Geschäften und Restaurants, Promenaden, großzügigen Einrichtungen für die Allgemeinheit und geräumigen Gebäuden, die die führenden Finanzdienstleistungsunternehmen der Welt beherbergen (Dow Jones, Oppenheimer, Shearson Lehman, American Express). Neunzig Einzelhändler finden dort Platz. Der Chef von Olympia & York war Philip Reichmann, ein Mitglied des mächtigen kanadischen Reichmann-Klans. Er war ein kleiner, schwächlich aussehender orthodoxer Jude, der eine Jarmulke trug und sein Büro am Freitagabend bei Sonnenuntergang – dem Beginn des jüdischen Sabbats – schloß. Er hatte ein leichtes nervöses Zucken am rechten Auge, ein unfreiwilliges Blinzeln, das man fälschlicherweise für ein verschwörerisches Zwinkern halten konnte. (Dieses Zwinkern war, glaube ich, mein Untergang.)

Ich hatte mit Reichmann bereits bei einem früheren Projekt zusammengearbeitet und hielt ihn für einen nüchternen Geschäftsmann, der harte Entscheidungen fällen konnte. Wir nahmen an, daß es ihn nach einer neuartigen Werbung für das World Financial Center dürstete, die auf Anhieb die Phantasie der Stadt in Beschlag nehmen würde. (Wie ich später – als es zu spät war – erfuhr, hatte ich Habgier mit Intelligenz verwechselt.) Uns war von Anfang an klar, daß in dem Namen *World Financial Center* Vorstellungen von der Wall Street und Börsengeschäften mitschwangen, nicht Freizeit, Einkaufen, kulturelle Schönheit oder eine stilvolle Oase, in der man sich vom Rummel New Yorks erholen konnte. Das World Financial Center lag auch im langen Schatten der zwei Türme des World Trade Center, einer der beliebtesten Touristenattraktionen der Stadt. Wir wußten, daß der Bekanntheitsgrad dieses neuen Zentrums in der Öffentlichkeit gleich Null war. Um sicherzugehen, daß wir uns nicht völlig auf unseren Instinkt verließen, riefen wir aufs Geratewohl fünfzig Leute an und stellten fest, daß nur zwei behaupteten, sie hätten bereits vom World Financial Center gehört, es aber eindeutig mit dem World Trade Center verwechselten. Wir gingen der Sache in detaillierten Einzelinterviews mit fünfzig weiteren Freiberuflern oder Managern aus Manhattan nach, deren Jahresgehalt 80000 Dollar erreichte – die wahrscheinlichsten Besucher des World Financial Centers. Wir entdeckten, daß 54 Prozent niemals von diesem Zentrum gehört hatten. Der Großteil der verbleibenden 46 Prozent hatte entgegen seinen Angaben keine Vorstellung davon, was das World Financial Center eigentlich war.

Es war wohl zu spät, um den generischen Namen fallenzulassen, doch es war immer noch möglich, ihn mit einer sofort eingängigen, unvergeßlichen Methapher zu umschreiben, an die sich jedermann erinnern würde ... und die die Menschen zu einem Besuch im World Financial Center veranlassen würde. Wir benötigten also ein aussagekräftiges, facettenreiches Grundthema, das sich für die Öffentlichkeitsarbeit nutzen ließ und dem World Financial Center zu einem deutlichen Bekanntheitsgrad verhelfen würde. Wir mußten eine Metapher für einen mystischen Ort wählen, um die Anziehungskraft des irdischen Zentrums zu steigern. Mein brillanter Cheftexter Neil Brownlee und ich steckten die Köpfe zusammen und ersannen ein himmlisches Leitmotiv:

»World Financial Center – *It's Heaven on the Hudson.*«

Dieses Thema wurde auch zu einem visuellen Erkennungszeichen mit den ausgebreiteten Flügeln eines Engels, das ein himmliches World Financial Center darstellte. Es war eine kühne Lösung, um dem todernst klingenden Namen »World Financial Center« rasche Popularität zu verleihen, damit wir diesen generischen, an die Finanzwelt erinnernden, einschläfernden Namen blitzschnell mit phantasievollen, einprägsamen Botschaften belegen konnten. Wir formulierten Slogans, die nicht nur das Grundthema verstärkten, sondern auch eine unwiderstehliche Atmosphäre heraufbeschworen und das metaphorische Vakuum füllten. Einige davon lauteten:

»I spent Sunday in Heaven!« (Kunden, Touristen)

»6 ways to get to Heaven.« (Wegbeschreibungen)

»This bus is going to Heaven.« (Großplakat auf einem Bus)

»You're only two blocks from Heaven.« (Außenplakat)

»Look who's in Heaven ...« (Liste der Geschäfte)

»Get a better body in Heaven!« (Plus One Fitness Center)

»If you love to eat, go to Heaven!« (Le Perigord Park)

Wir entwarfen auch Einkaufstaschen, T-Shirts, Postkarten, Werbebriefe und Broschüren. Für den Hörfunk wurde ein Sechzig-Sekunden-

Spot aufgenommen, für den wir eine von Irving Berlins besten Melodien (»Heaven, I'm in Heaven«) adaptierten. Unser Leitmotiv bot unzählige Anwendungs- und Variationsmöglichkeiten; es würde in allen Medien funktionieren und diesen unsichtbaren Komplex mit einem überzeugenden Erkennungszeichen, einem visuellen Nachhall verbinden. Um ganz sicherzugehen, daß wir mit der Kampagne ins Schwarze trafen, erforschten wir ihre Wirkung bei den gleichen fünfzig Erwachsenen, die kaum je vom World Financial Center gehört hatten. Nachdem wir alle flüchtig unserer Werbung ausgesetzt hatten, stellten wir fest, daß jeder nun das Zentrum genau beschreiben und viele der Geschäfte, Restaurants und kulturellen Einrichtungen aufzählen konnte. Die Testgruppe reagierte überwiegend positiv auf unser Grundthema *»Heaven on the Hudson«*; 92 Prozent der Befragten äußerten die Absicht, das World Financial Center zu besuchen.

Die Kampagne wurde den Marketingmanagern unseres Kunden vorgelegt; sie fanden sie toll. Weitere Treffen folgten, und nach weiteren Feinabstimmungsmaßnahmen, internen Umfragen bei Mitarbeitern von Olympia & York, Prüfung der Resonanz bei den Einzelhändlern und zahlreichen Konferenzen mit den für Öffentlichkeitsarbeit, Unterhaltung und Immobilien zuständigen Beratern wurde ein Termin vereinbart, um unsere überarbeitete, makellose Kampagne Philip Reichmann zu präsentieren. Der Termin war für einen Freitag Nachmittag angesetzt. Der Sonnenuntergang und damit der Beginn des Sabbats stand bevor. Ich hielt das für ein gutes Omen. An der Besprechung nahmen lediglich zwei Marketingmanager, mein Partner Bill Pitts und ich selbst teil. Wir stürzten uns voller Elan in unsere Präsentation, begannen mit unseren Forschungsergebnissen, spendeten der engen Zusammenarbeit mit den Marketingleuten gebührendes Lob, rollten dann unser Leitmotiv und seine vielen Anwendungsmöglichkeiten aus und stellten als Höhepunkt schließlich unsere mitreißende Melodie vor.

Während der Präsentation der Kampagne bemerkte ich, daß der normalerweise zurückhaltend freundliche Bill Pitts fast bis über beide Ohren strahlte und mir ein Zeichen gab, daß wir den Auftrag in der Tasche hätten. Aber zum Schluß meiner Präsentation, als sich die Sonne langsam auf den Horizont zubewegte, fragte Philip Reichmann seine Marketingmitarbeiter, *wer* eigentlich für den Kurs verantwortlich sei, der zu dieser Präsentation geführt habe. Auf einen Schlag wurde klar, daß er die Kampagne *verabscheute*. Er sagte, er halte sie für viel zu »clever« und für vollkommen ungeeignet für seine wichtigsten Mieter, allen voran American Express. (*Wie bitte?*)

Der oberste Häuptling hatte gesprochen, und meine liebevoll gestaltete Kampagne war zwar vielleicht noch nicht ganz tot, lag aber zumindest im Koma. Ich war entsetzt, daß unsere geniale Lösung für ein anscheinend unüberwindliches Problem so kategorisch abgelehnt wurde.

Zu meinem Verdruß erkannte ich, daß ich selbst die Schuld an diesem Mißerfolg trug, denn ich hatte den entscheidenden Teil meiner Hausaufgaben vernachlässigt. Das Projekt stand und fiel mit der Reaktion von Philip Reichmann, aber ich konnte sein rasches, schreckliches Urteil nicht akzeptieren. Wie einem Verurteilten schossen mir Bilder aus meinem Leben durch den Kopf, während sich die Abenddämmerung über den Hudson legte, und ich holte aus meinem geistigen Dossier der Triumphe und Tragikomödien die Erinnerung an meinen ersten großen Abschluß hervor, der mir viele Jahre zuvor als aufstrebender Art Director bei Doyle Dane Bernbach gelang. In jenem prägenden Jahr (1959) hatte ich ein auffälliges Plakat für A. Goodman & Sons, den wichtigsten New Yorker Hersteller von ungesäuertem jüdischen Passahbrot (Matze), entworfen. Ich nahm ein gewaltiges, appetitliches, lebensecht vergrößertes Farbfoto einer Matze und setzte darüber in hebräischen Buchstaben die Headline »Koscher an Passah«. Das Plakat sollte kurz vor dem Passahfest in New Yorker U-Bahn-Stationen aushängen. Im multikulturellen New York vermittelte die hebräische Schrift eine ebenso deutliche Botschaft wie ein irisches Kleeblatt in einem Pub in Queens. Aber leider lehnte der Eigentümer der Firma Goodman dieses Plakat ab, als der Kontakter von Doyle Dane Bernbach es ihm zeigte. Ich wandte mich an Bill Bernbach, der daraufhin widerwillig einen Termin mit dem Kunden vereinbarte, damit ich einen letzten Versuch der persönlichen Überzeugungsarbeit starten konnte. Es war nicht einfach. Der Chef von Goodman war ein strenger, an das Alte Testament erinnernder Patriarch, und sein Vokabular beschränkte sich auf »Ich mag's nicht« und »Nein«. Nachdem ich, wie ich meinte, Stunden mit fruchtlosen Überredungsversuchen zugebracht hatte, verschränkte der alte Herr seine Arme über der Brust, lehnte sich in seinem Stuhl zurück und schüttelte betrübt den Kopf.

»Es muß doch eine Möglichkeit geben, wie ich Ihnen das verkaufen kann«, sagte ich. Ich rollte das Plakat zusammen und kletterte aus dem Fenster. Da stand ich auf dem äußeren Fenstersims, hoch über dem Bürgersteig, klammerte mich mit der Linken an das geöffnete Schiebefenster, schwenkte in der freien Hand das Plakat und brüllte aus vollem Halse, daß man es in ganz Long Island City hören konnte: *»Sie machen die Matze; ich mache die Anzeigen!«*

»Hören Sie auf!« rief der alte Mann. »Wir nehmen es, wir nehmen es. Sie haben mich überzeugt. Kommen Sie herein, bitte kommen Sie herein!« Ich kletterte zurück ins Zimmer und dankte dem Patriarchen für die freundliche Begutachtung meiner Arbeit. Als ich das Zimmer verließ, rief er mir hinterher: »Wenn Sie jemals die Werbung an den Nagel hängen, sind Sie bei mir als Matze-Verkäufer engagiert.«

Fast dreißig Jahre später hatte ich ein astreines Déjà-vu-Erlebnis. Als ich nach Long Island City fuhr, hatte ich meine Hausaufgaben gemacht. Ich wußte, daß der Goodman-Patriarch ein störrischer alter Mann war, den man aber irgendwie bezirzen konnte. Philip Reichmann gegenüber war ich wehrlos. Ich hatte es versäumt, seine Reaktionen vorauszuberechnen, und hatte mein ganzes Vertrauen auf die Richtigkeit der Einschätzungen seiner Untergebenen gesetzt – während ich von Anfang an davon ausging, daß mein Kunde ein dynamischer Tatmensch sei. Aber ich irrte mich und war völlig schachmatt gesetzt. Ich sah mich suchend nach einem Fenster um, aus dem ich mich hoch über Manhattan hinaushängen könnte, um Philip Reichmann zuzurufen: *»Sie machen das World Financial Center; ich mache die Werbung!«* Leider schließen im Zeitalter der modernen Architektur die Fenster bündig mit der Wand ab und können nur durch die Explosion einer Atombombe geöffnet werden. Es half alles nichts. Der Mann an der Spitze hatte gesprochen, und trotz meiner verzweifelten Gegenargumente brach er die Besprechung abrupt ab, als die Sonne hinter den Watchung-Bergen in New Jersey versank und ein ärgerliches Kapitel meiner beruflichen Laufbahn beendete. Philip Reichmann rückte sein Samtkäppchen zurecht und verließ den Raum. In der Folgewoche feuerte er seinen stellvertretenden Marketingleiter, und unsere Agentur mühte sich das ganze nächste Jahr über ab, die Spesen wieder hereinzuwirtschaften. Als uns der Lift nach unten trug, fragte ich Bill Pitts, weshalb er so zuversichtlich ausgesehen habe.

»Reichmann hat mir die ganze Zeit *zugezwinkert*«, sagte er. »Ich dachte, er fände *großen Gefallen* an der Kampagne.«

»Er hat dir nicht zugezwinkert«, sagte ich entsetzt. »Das war sein gottverdammter *Tick*.«

Die Lektion war klar: Ich hätte versuchen müssen, mich in Reichmann hineinzuversetzen, bevor wir einen Bleistift in die Hand nahmen. Ich werde nie wieder versuchen, einem Mann mit einer Jarmulke den Himmel zu verkaufen.

Während der nächsten beiden Jahre lief eine mit einem stattlichen Etat versehene Anzeigenkampagne für das World Financial Center (die nicht von mir stammte; das können Sie mir glauben!). Es war möglicherweise die rätselhafteste Werbung des zwanzigsten Jahrhunderts. Ich weiß, daß ich mich vielleicht wie ein verschmähter Liebhaber anhöre. *Manhattan, inc.* widmete im Anschluß daran drei Seiten einer Analyse dieser Werbung als drastisches Beispiel für »mysteriöse« Arbeit im Namen eines potentiellen Großkunden. Während ich diese Zeilen schreibe, kennt immer noch kaum jemand auf dieser Erde das World Financial Center.

Agenturen leben und sterben mit den Kunden, die sie für sich gewinnen können. Meine wilde Entschlossenheit, zündende, Wunder wirkende Ideen aufzuspüren, locken jene hart kalkulierenden Unternehmer an, die großartige Resultate verlangen und wissen, was Überzeugungskraft ist. Für solche Kunden – allesamt starke Individualisten mit einem ausgeprägten Ego und dem leidenschaftlichen Wunsch, ganz große Erfolge zu erzielen – habe ich im Laufe meiner Karriere die beste Arbeit geleistet.

Allzu viele Agenturen umwerben potentielle Kunden nur mit Schmeicheleien, Entertainment und Speichelleckerei. Aber sobald aus einem Interessenten ein Kunde wird, wird er zum *Feind* – zu anspruchsvoll, zu kritisch, zu kostenbewußt, zu dämlich, um die mittelmäßige Arbeit der Agentur zu schätzen. Solche Beziehungen sind hinderlich und destruktiv, aber so arbeiten sehr viele Werbeagenturen – und das hat *absolut nichts* mit der Entwicklung großartiger Werbung zu tun.

Aus diesem Grund habe ich in der Geschichte meiner Karriere dieses Kapitel mit der Beschreibung einer meiner überraschendsten Fehleinschätzungen an den Anfang gestellt. Ich ging hier von der irrigen Annahme aus, daß ich für einen mutigen, engagierten Unternehmer mit starker Persönlichkeit arbeiten würde. Ich hatte mich völlig verkalkuliert; unsere großartige Arbeit fiel auf die tauben Ohren eines Bürokraten. Die zündende Idee sollte jenen Kunden vorbehalten bleiben, die über Phantasie und Chuzpe verfügen – die Talent erkennen können und entschlossen sind, diese Begabungen voll auszuschöpfen.

4

Wie man das Marketing-Kauderwelsch vereinfacht

Umreißen Sie das Problem in einem kurzen Satz

Bei der Definition des »Marketingproblems« eines Kunden (ein Hindernis, das es zu überwinden gilt, oder eine Wettbewerbsherausforderung, die man meistern muß) verfallen viele Werbeleute in doppeldeutiges Geschwätz oder werfen mit Zahlen um sich. *Marketing* ist ein Zauberwort, das auf Komplexität oder sogar auf einen geheimnisvollen Nimbus hindeutet, aber wenn Sie bei klarem Verstand sind, sollten Sie in der Lage sein, ein Marketingproblem – das einer *werblichen Lösung* vorausgeht – in einem einfachen Satz zusammenzufassen. Wenn Sie das nicht können, verstehen Sie nicht, worum es in diesem Fall eigentlich geht. Wenn Sie es aber können, bieten solche »Probleme« eine interessante Chance für schöpferische Arbeit. Lassen Sie mich hierzu ein Paradebeispiel anführen:

1959 gewann Doyle Dane Bernbach den Volkswagen-Etat. Das zwergenhafte Fahrzeug dieses deutschen Herstellers trug ein übles Vermächtnis mit sich herum: Adolf Hitler hatte im Dritten Reich den »Wagen des Volkes« aus der Taufe gehoben. Der Zweite Weltkrieg war vor gerade vierzehn Jahre zu Ende gegangen; die Erinnerung an diese schreckliche Zeit war noch frisch. Bevor sich Volkswagen für DDB entschied, hatte das Unternehmen hohe Summen an eine große New Yorker Werbeagentur bezahlt und vielleicht drei Autos verkaufen können. Bill Bernbachs junge, unkonventionelle Agentur stand vor einer schwer zu meisternden Herausforderung. Sobald wir den Etat erhielten, entsandte Bernbach einen Trupp kreativer Mitarbeiter und Kontakter nach Deutschland, damit sie sich dort umsahen und umhörten und die Vorzüge von Hitlers Auto (das Dr. Ferdinand Porsche entworfen hatte) auch gebührend würdigen konnten. Ich sah mich um und hörte mich um, aber ich erfuhr dort bestimmt nichts Neues, da ich rein gefühlsmäßig die Antwort erahnte, bevor wir amerikanischen Boden verließen – und das konnten auch keine noch so gut gemeinten Erläuterungen ändern. Nach unserer Rückkehr aus Deutschland ging ich zu Bill und erklärte ihm in meiner jugendlichen Arroganz, ich hätte die Antwort gefunden.

»Für die *Werbung*?« fragte Bill erstaunt. »Nein, Bill«, erwiderte ich, »für das *Marketing*problem.« Bernbach runzelte leicht die Stirn; er war sich nicht ganz sicher, ob ich jemals etwas ernst meinte.

»Ja, Bill«, sagte ich. »Ich weiß jetzt, welchem Marketingproblem wir gegenüberstehen: *Wir müssen ein Nazi-Auto in einer jüdischen Stadt verkaufen.*«

Der Volkswagen war nach beinahe allen Maßstäben jener Tage ein häßliches Auto, und seine Unansehnlichkeit war zu einem unüberwindlichen Hindernis geworden, da jedermann wußte, daß er ein deutsches Auto und eine Schöpfung des Führers war. Auf dem wichtigsten Eintrittsmarkt für den Volkswagen – New York mit seinem großen jüdischen Bevölkerungsanteil – machte das schmerzliche Bewußtsein des deutschen Ursprungs dieses Wagens einen Verkauf unmöglich. Das Problem wurde noch zusätzlich dadurch verschärft, daß die amerikanischen Automobilhersteller fast ausschließlich »ausgewachsene« Fahrzeuge produzierten und in deutlichem Gegensatz zum Volkswagen keinerlei politischen Kontroversen ausgesetzt waren. Die Amerikaner kauften einfach nicht sonderlich viele Kleinwagen. Die spätere Kampagne – mit ihren immer noch berühmten Headlines wie »Think Small« und »Beetle« und »Lemon« – nahm dem Volkswagen den negativen Beigeschmack und verwandelte seine Nachteile in Vorzüge, indem sie Charme, Einfachheit, Wärme und gewinnende Respektlosigkeit herausstellte. (Diese bahnbrechenden Anzeigen schrieb Julian Koenig, ein unvergleichlicher Werbetexter, den ich 1959 bei Doyle Dane Bernbach kennenlernte. In jenem wunderbaren Jahr heimsten Koenig und ich einen Sack Auszeichnungen ein, darunter den Preis des angesehenen New York Art Directors Club für die Volkswagen-Kampagne. Im darauffolgenden Jahr gründeten Koenig und ich Papert Koenig Lois, die zweite kreative Werbeagentur der Welt nach Doyle Dane Bernbach.) Durch diese brillante Strategie traten die nationalsozialistischen Wurzeln des Volkswagens in den Hintergrund und wurden als geschichtliche Gegebenheit *ad acta* gelegt.

5

Eine Seifenblase namens »Positioning«

Oder ... »Always unzip your fly before you take a leak«[1]

Eines schönen Tages gewann meine Werbeagentur den Etat für ein neues Produkt von UniRoyal: ein lederartiges Vinylgewebe namens Naugahyde. Es handelte sich um einen ausgezeichneten Lederersatz, der bald von vielen Firmen imitiert wurde. Die Einzelhändler schwammen nach kurzer Zeit in Kunstleder, was bei den Kunden beträchtliche Verwirrung stiftete, da sie das fabelhafte Naugahyde nicht von den vielen minderwertigeren Imitationen unterscheiden konnten. Gesucht war eine Strategie, die bei der Nennung des Produktnamens zur richtigen Identifikation von Naugahyde als lederähnlichstes Vinylmaterial auf dem Markt führte.

Wann immer es möglich ist, sollte man eine *überraschende* Antwort auf ein Marketingproblem finden. Eine offensichtliche Antwort liegt wahrscheinlich daneben. Die richtige Antwort erstaunt sowohl den Kunden als auch den Konsumenten. Meine Lösung für Naugahyde war ein klassisches Beispiel für eine kreative Überraschung. Ich erfand ein Fabelwesen namens Nauga, eine neue Spezies, die sich einmal im Jahr zum Wohle der Menschheit (und UniRoyals) häutete. Der Nauga war darüber hinaus auch ausgesprochen häßlich. (Es handelte sich hier nicht um eine Zeichentrickfigur, sondern um eine echte, dreidimensionale Gestalt.)

Vor meinem geistigen Auge stand ein klares Bild vom Nauga und seinen vielen Einsatzmöglichkeiten. Der Nauga sollte größer sein als ein Basketballspieler und im Fernsehen zu einem unvergeßlichen Repräsentanten von Naugahyde werden. Auf den vielen UniRoyal-Verkaufsver-

---

1 Anm. d. Ü.: Diese etwas drastische Ausdruckweise des Autors läßt sich nicht ins Deutsche übertragen, ohne grobschlächtig zu wirken.

anstaltungen würde der Nauga in seiner vollen Lebensgröße von mehr als zwei Metern erscheinen und die Möbelhändler umwerben. Er eignete sich auch als überraschender Produktanhänger oder als dreißig Zentimeter große Puppe für Kinder.

Unser Ansprechpartner bei UniRoyal war Jack Trout, ein intelligenter, enthusiastischer Manager. Ihm gefiel die Idee des Nauga, und er setzte sich in seinem Unternehmen mit ganzer Kraft dafür ein, dieses niedliche, häßliche Wesen zum Leben zu erwecken. Zeichnungen des Nauga in allen seinen Variationen wurden der Führungsriege von UniRoyal vorgelegt und begeistert aufgenommen. Die Rechtsanwälte des Unternehmens zitterten jedoch wie Espenlaub und waren davon überzeugt, daß die Federal Trade Commission die Ansicht vertreten werde, man könne den Nauga in unserer Werbung fälschlicherweise für eine lebende Tierart und seine Haut für echtes Leder halten. Daher rieten sie dem Management, unseren geliebten Nauga sterben zu lassen, da man sonst UniRoyal bestimmt wegen irreführender Werbung zur Rechenschaft ziehen werde.

»*Den Nauga töten?*« rief ich mit väterlichem Entsetzen. »Nur über die Leiche dieses Griechen!« Es mußten Schritte unternommen werden, um zu beweisen, daß die Verbraucher den Nauga nicht für eine wirkliche existierende Tierart halten würden. Meine Agentur führte unverzüglich Einzelgespräche mit einer beträchtlichen Anzahl von Konsumenten. Wir zeigten diesen Menschen unseren Nauga und fragten: »Ist das ein echtes Tier?« Der Tenor ihrer Antworten war so: »Sind Sie nicht ganz dicht? Das ist doch bloß ein großes, fettes, häßliches Wesen mit einem süßen Po!« Bewaffnet mit dieser furchteinflößenden Studie half uns Jack Trout, die Führungsspitze von UniRoyal davon zu überzeugen, daß meine disneyartige Schöpfung als das gesehen wurde, was sie war: eine Trickfigur. Die Rechtsanwälte von UniRoyal ärgerten sich grün und blau über mich, aber die Logik war stärker, und der häßliche Nauga (ein Vorläufer von E.T.) mit seinen lieben, traurigen Augen erblickte das Licht der Welt.

Wenige Tage nach Veröffentlichung unserer ersten Anzeige verlangten die Einzelhändler lautstark nach den Anhängern, da die Kinder sie sammelten und ihre Eltern zu jenen Möbeln führten, die mit Naugahyde überzogen waren. Die Eltern wußten zwar genau, daß der Nauga ein fiktives Wesen war, wollten aber dennoch unbedingt sichergehen, daß ihr vinylbezogenes Produkt auch von der Haut des Nauga stammte. Bei dem Nauga handelte es sich um klassisches, intelligentes und phantasievolles »Positioning«, lange bevor dieses Wort in das Lexikon der Werbung aufgenommen wurde.

Diese Kampagne für Naugahyde demonstriert die Macht überzeugender visueller und verbaler Metaphorik. Großartige Werbung sollte ein unvergeßliches *visuelles* Symbol, eine Art graphische Gedächtnisstütze, beinhalten (den Nauga) sowie eine einprägsame *verbale* Botschaft, die einem auf der Zunge zergeht. (»Der Nauga ist häßlich, aber seine Vinylhaut ist wunderschön.«) Gemeinsam machen visuelle und verbale Metaphorik aus eins plus eins drei. Ausdrucksvolle Metaphern können außerdem jahrzehntelang am Leben bleiben: Fünfundzwanzig Jahre nach dieser außergewöhnlichen Kampagne stieß ich in einem vornehmen neuen Laden für altes Spielzeug an der Upper East Side Manhattans auf eine dreißig Zentimeter große Nauga-Puppe. Man konnte sie kaufen – für 1500 Dollar.

Jack Trout war stolz auf unsere Arbeit. Später verließ er UniRoyal und gründete seine eigene Werbeagentur Trout & Ries. (Der gute alte Jack und Al Ries adoptierten den Nauga und machten ihn zu ihrem eigenen Kind, und diese einzigartige kreative Leistung diente als Starthilfe für ihre neue Firma.) In den folgenden Jahren positionierten sich Jack Trout und Al Ries als die Hohenpriester des »Positioning«. In ihrem Buch *Positioning: Die neue Werbestrategie* überlieferten Jack und Al folgende imposante Definition ihrer neuen Religion: »Nach der Theorie des ›Positioning‹ enthält das menschliche Gehirn Schubladen oder Positionen, die ein Unternehmen besetzen möchte. Das ist leicht, wenn die Position leer ist, aber schwierig, wenn ein Konkurrent diese ›Position‹ bereits besetzt hat. In diesem Fall muß das Unternehmen die Konkurrenz repositionieren, wenn es ins Gehirn des Adressaten vordringen will.« In dieser bedeutsamen Abhandlung ziehen Trout und Ries diesen Schluß: »Kreativität ist heute tot. Das Spiel an der Madison Avenue heißt Positioning.« Doch als wir zusammen den possierlichen, häßlichen Nauga vermarkteten, nahm Jack Trout meines Wissens noch niemals das Wort »Positioning« in den Mund.

Auf dem Zenit der traurigen Berühmtheit des »Positioning« bat mich *Manhattan, inc.* um einen Kommentar zu dieser jüngsten Offenbarung der Madison Avenue. Ich antwortete mit meinem üblichen intellektuellen Tiefgang: »Positioning ist eine solche Selbstverständlichkeit; wenn man davon spricht, ist es, als würde man mir sagen ›*Unzip your fly before taking a leak*‹.« Bereits in den späten fünfziger Jahren wurden bei Doyle Dane Bernbach, wo Instinkt und Talent zu bahnbrechenden kreativen Leistungen führten, »Positioning« und »Strategie« fast unbewußt als erste *implizite* Schritte des kreativen Prozesses betrachtet. Diese Begriffe waren *vorgegebene Größen*, die akzeptiert und verstanden wurden. »Positioning« und »Strategie« waren die natürliche Grundlage origineller Arbeit. Hätte jemand in Bill Bernbachs Agentur gewagt, von den Wundern des »Positioning« zu sprechen, wäre er als angeberischer Hanswurst verlacht worden.

Das beste »Positioning« sollte sich intuitiv und spontan aus dem eindeutigen Verständnis der Probleme und Chancen eines Kunden ergeben. Das World Financial Center wurde als himmlische Oase »positioniert«, in der man sich vom Rummel New Yorks erholen konnte. Goodman-Matze wurde als obligatorischer Grundbestandteil des Passahmahls »positioniert«. Der Volkswagen wurde als die neue Idee des Kleinwagens »positioniert«. »Positioning« verdeckt das Primat des kreativen Denkens in der Werbung und ist verlockend für faule Geister. Das Problem des »Positioning« liegt darin, daß es den geheimnisvollen kreativen Prozeß in aller Oberflächlichkeit auf ein verlockendes Schlagwort reduziert und gleichzeitig die Notwendigkeit der zündenden Idee verschleiert – und viel zu viele Werbeleute zu dem Glauben verführt, sie hätten Wahrheit und Schönheit gefunden, weil sie einfach nur von selbstverständlichen Prämissen ausgegangen sind.

Vor allem in der politischen Werbung sind »Positioning« und »Image« zu Gütesiegeln geworden. Durch »Positioning« wird ein ungebildeter Mensch vornehm, ein Rüpel höflich, ein Spinner gemäßigt, ein

Gauner ehrlich und ein Schwächling stark. Diese offensichtlichen Kriegslisten funktionieren häufig, und unter unseren gewählten Amtsinhabern finden wir immer wieder Proleten, Rüpel, Spinner, Gauner und Schwächlinge. Die Amerikaner sind zwar in bezug auf *Produkt*werbung unglaublich clever und scharfsinnig, aber ihre Reaktion auf politische Kandidaten strotzt nicht immer von Intelligenz; der politischen Werbung gelingt es, den meisten Menschen zeitweise Sand in die Augen zu streuen. Wenn man Politiker wie Seifenstücke vermarktet – sie »positioniert«, damit sie eine bestimmte Persönlichkeit ausstrahlen –, so funktioniert das nur *zeitweise*. Die beste politische Werbung vermittelt ein offenes und ehrliches Bild vom Wesen des Kandidaten. Das kann man nur erreichen, wenn man die Fallstricke des »Positioning« umgeht; man kann sich sogar auf die Schwächen eines Kandidaten konzentrieren und sie zu Stärken machen, aber man muß den Mut zur Wahrheit besitzen.

1964 war ich für die Werbung im Senatswahlkampf von Robert F. Kennedy im Bundesstaat New York zuständig. Nachdem sein Bruder, Präsident John F. Kennedy, im Jahr zuvor einem Attentat zum Opfer gefallen war, war Bobby – in Jimmy Hoffas eisigen Worten zwei Tage nach den Schüssen von Dallas – nur mehr ein »x-beliebiger Rechtsanwalt«. Lyndon Johnson hatte ihn aus seinem Kabinett verbannt; sein zukünftiger Weg in der amerikanischen Politik war ungewiß. Da verkündete dieser Mann, der sein Leben lang in Massachusetts gewohnt hatte, er wolle in den Staat New York umziehen und dort als Senatskandidat der Demokraten gegen den väterlichen republikanischen Amtsinhaber Kenneth Keating antreten, einen gütigen Gentleman mit wallendem, weißen Haar. Die Presse und Bobbys politische Gegner brandmarkten ihn unverzüglich als »Ämterjäger«, eine nicht ganz ungerechtfertigte Spitze, obgleich Bobby behauptete, daß er häufig in Manhattan weile.

Dennoch hielten viele (mich eingeschlossen) Bobby Kennedy für einen idealen Kandidaten, der eine bedeutende Rolle in der nationalen Politik spielen und eines Tages für das Präsidentenamt kandidieren würde. Obwohl er gerade arbeitslos war, ließ er Washington seine Macht spüren. Daher war es unbedingt nötig, mit seiner Werbekampagne das Etikett des »Ämterjägers« wegzuwischen, wenn seine Kandidatur nicht zu einer Totgeburt werden sollte.

Dieser »rücksichtslose Ämterjäger« erschien mir als eine ehrliche, prinzipientreue Führungspersönlichkeit, die für New York viel erreichen könnte, selbst wenn Bobby aus einem anderen Bundesstaat stammte. Bobby Kennedy war rücksichtslos genug, um Druck auszuüben und sich die Leute vorzuknöpfen für einen Bundesstaat, der von Washington immer nur minimale Unterstützung erhalten hatte. Monate vor dem üblichen Beginn einer politischen Werbekampagne verbreiteten wir überall im Bundesstaat New York eine direkte Botschaft: »Lassen wir Robert Kennedy für New York arbeiten« – ein prompter Gegenangriff auf seinen großen Schwachpunkt. Unsere Strategie der unverhohlenen Ehrlichkeit zahlte sich aus; der Vorwurf der »Ämterjägerei« verpuffte. Wir hatten einen möglicherweise tödlichen Angriff abgewehrt und Kennedy richtigerweise als stürmischen potentiellen Wohltäter New Yorks dargestellt, nicht als machthungrigen Emporkömmling aus einem anderen Bundesstaat.

Als die Kampagne die Endphase erreichte, hatten wir das Gefühl, Bobby könne aufgrund eines großen unentschlossenen Wählerblocks an Keating verlieren. Vielen Wählern bereitete das Etikett der »Rücksichtslosigkeit« immer noch Sorgen. Daher stellten wir einen Zwanzig-Sekunden-Fernsehspot her, der die Wähler zum Nachdenken anregen sollte. Vor einem dunklen Hintergrund erschien dieser Text:

Wenn Sie in der Wahlkabine stehen, denken Sie darüber nach ...
Wer von den Kandidaten für den US-Senat ...
hat wohl eine bessere Chance ...
ein großer US-Senator zu werden? ...
Ein großer US-Senator.

Mit diesem bewußtseinserweiternden Spot teilten wir den Wählern folgendes mit: Selbst wenn Sie diesen Mann für rücksichtslos halten, was soll's? Er wäre ein großer Senator, während Keating weiterhin ein liebenswürdiger Durchschnittspolitiker bleiben würde. Kennedy besiegte Keating. (1968 machte ihn seine kühne Kampagne für die Nominierung zum wahrscheinlichen Präsidentschaftskandidaten der Demokraten. Diese Hoffnungen vernichtete das Attentat in jener schrecklichen Nacht in Los Angeles.)

1985 standen wir vor einem komplexeren Problem, als unsere Agentur den Etat der Greek National Tourist Organization (GNTO) gewann. Es war ein Himmelfahrtskommando: Wir hatten den internationalen Terrorismus *und* das Weiße Haus gegen uns. In jenem Sommer waren Flugzeugentführungen und Geiselnahmen im Nahen Osten an der Tagesordnung, und die Touristen stornierten massenweise ihre Buchungen nach Griechenland. Das US-Außenministerium empfahl den Amerikanern, den internationalen Flughafen von Athen nicht mehr anzufliegen. Dann kam der Clou: Präsident Reagan warnte in einer Pressekonferenz vor Reisen nach Europa. Später steigerte der Vorfall auf der *Achille Lauro* die Angst. Ein diffizilerer, aber vielleicht ausschlaggebender Punkt war die Tatsache, daß keiner der bedeutenden Kongreßabgeordneten in Washington in jenen Tagen vor der Öffnung des Ostblocks Partei für das erklärtermaßen »neutrale« Griechenland ergriff, denn ein »neutrales« Land galt damals fast als Vasallenstaat des *»Evil Empire«*. Die Türkei war Nutznießer der Washingtoner NATO-Politik, und das ging eindeutig auf Kosten Griechenlands.

Ein Wunder war nötig – ein Wunder, wie es durch großartige Werbung *tatsächlich* geschehen kann. Lassen Sie mich noch eine persönliche Bemerkung voranstellen, bevor ich Ihnen berichte, wie wir dieses Wunder Wirklichkeit werden ließen. Als stolzer Amerikaner griechischer Abstammung, als Sohn griechischer Einwanderer und ehemals begeistertes Mitglied der Ortsgruppe der *»Sons of Pericles«* in der Bronx (eine Jugendgruppe für die Söhne aus griechischen Familien) hatte ich während meiner Jahre als Werbemann immer vor Wut gekocht – ich, den die Fachpresse häufig den »Goldenen Griechen« oder gar den »Großartigen Griechen« (Das ist doppelt gemoppelt!) nannte. Mich ärgerte die unerklärliche Tatsache, daß ich nie gebeten worden war, Werbung für Reisen in die geliebte Heimat meiner Eltern zu machen. Da ich nachweislich arbeitssüchtig war und eine leidenschaftliche Vorliebe für die hellenistische Kultur hegte, war ich in zwanzig Jahren nur zweimal in Urlaub gefahren – beide Male nach Griechenland. Im Laufe meiner Karriere hatte ich für Produkte und Dienstleistungen aus aller Herren Länder gearbeitet. Ich hatte Werbekampagnen kreiert für jüdisches Passahbrot (und dabei Kopf und Kragen riskiert) ... für Haushaltswaren aus Dänemark (Dansk) ... für Reifen und Schreibmaschinen aus Italien (Pirelli und Olivetti) ... für Autos aus Japan (Subaru) ... für ein Nazi-Auto in einer jüdischen Stadt (Volkswagen) ... für ein holländisches Bier (Orangeboom) ... für französische Weine (Mouton Cadet, und später dann für den französischen Lebensmittel- und Weinverband) ... für Fernsehsendungen aus Großbritannien (Granada) ... für die nationale Fluggesellschaft Marokkos (Royal Air Maroc) ... für das berühmteste irische Pub in New York (Charley O's) ... für das beliebteste französische Bistro in New York (Brasserie) ... für das beste südamerikanische Lokal der Stadt (La Fonda del Sol) ... für eine deftige deutsche Fast-Food-Kette (Zum Zum). Aber niemals erging an diesen treuen Sohn des Perikles der Ruf der griechischen Regierung, seine Fähigkeiten für das Land seiner Väter einzusetzen.

Endlich, im Herbst 1985, wußte ich, daß mich Zeus' Blitz getroffen hatte, als mich die Greek National Tourist Organization in den New Yorker Olympic Tower einlud, damit ich mich mit den Referenzen meiner Agentur um ihren Werbeetat bewarb. Die Aufgabe der neuen Agentur: dem nahezu tödlichen Schaden, den der Griechenlandtourismus erlitten hatte, Einhalt zu gebieten. Die Hotels verlangten händeringend nach Gästen; Kreuzfahrtschiffe lagen auf Ufer; niemand tanzte in den Gängen der Flugzeuge von Olympic Airways oder auf den Ägäischen Inseln.

Bei unserem ersten Treffen mit dem neuen Interessenten spielte ich schamlos die Schuldgefühlkarte aus und schalt die Vertreter der Tourismusorganisation geradezu, weil sie Amerikas gefeierten »verrückten Werbegriechen« so viele Jahre lang mit Mißachtung gestraft hatten. Sie hielten meinen Schlägen wie tapfere Hellenen unerschrocken und ohne jedes Wort der Entschuldigung stand – und baten uns, in zwei Wochen einen kreativen Vorschlag einzureichen. Unsere Kampagne stand unter dem Motto:

»I'm going home ... to Greece!«

Aus diesem Slogan könnte man den Schluß ziehen, daß ich beabsichtigte, berühmte Amerikaner hellenischer Abstammung wie Telly Savalas, Jimmy the Greek oder Olympia Dukakis für meine Kampagne zu gewinnen. Falsch. Ich wandte mich vielmehr um 180 Grad vom Offensichtlichen ab und schlug vor, viele berühmte Amerikaner zu zeigen, die allesamt *keine* griechischen Vorfahren hatten und *»heim nach Griechenland«* gingen, zur Wiege der Demokratie, *»wo alles begann«*. Ich stellte mir eine ganze Prozession von Prominenten aus der Welt von Film und Fernsehen, Sport, Theater und Mode vor, die alle ihrer Liebe zu Griechenland Ausdruck verliehen, nachdem sie zuvor verkündet hatten, daß ihre Ahnen aus Norwegen, Italien, England, Frankreich oder Spanien oder einem anderen Land stammten, dessen zutiefst humane Traditionen und Wertvorstellungen sich aus der Kultur des antiken Griechenland entwickelt hatten, *»wo alles begann«*.

Die Vertreter der GNTO erkannten das ungeheure Potential unserer Kampagne und überredeten die Athener Bürokraten sogleich, unser Vorhaben zu genehmigen. Ohne einen Augenblick zu verlieren, hängten wir uns ans Telefon, um vier oder fünf Prominente für unsere TV-Spots zu verpflichten. Als Gegenleistung boten wir ihnen eine Reise nach Griechenland. Anfangs dachten die Künstleragenturen und die Prominenten, wir seien nicht ganz bei Sinnen. Schließlich hatte das

US-Außenministerium die Reisenden davor gewarnt, den internationalen Flughafen von Athen anzusteuern – und Präsident Reagan hatte in einer Pressekonferenz von Reisen nach Europa abgeraten! Die Furcht vor einer Reise in den Mittelmeerraum und insbesondere nach Griechenland war daher beträchtlich. Dennoch baten wir diese Berühmtheiten, *ohne finanzielle Gegenleistung* für unsere Kampagne zu werben! Wir blieben hartnäckig. Wir redeten ihnen gut zu, bestürmten sie, flehten sie an und zogen alle Register der Überredungskunst, bis es uns schließlich gelang, zwei oder drei Prominente für unsere Sache zu gewinnen. Wir appellierten an ihren Gerechtigkeitssinn. Wir argumentierten, daß man Griechenland nicht dafür bestrafen dürfe, weil das Land eine »neutrale« Position zwischen den USA und der UdSSR einnahm. Wir wiesen auch darauf hin, daß jeder, der in unseren Fernsehspots erschien, auf seine eigenen Vorfahren verweisen dürfe – eine Gelegenheit, die jeden mit Stolz erfüllte, dem die pluralistischen Wurzeln der Einwanderernation Amerika am Herzen lagen.

Hinter vorgehaltener Hand sprach sich unser merkwürdiges Anliegen in Hollywood und New York herum, und bald rannten uns die Prominenten die Agentur ein. Sage und schreibe achtunddreißig berühmte Amerikaner erklärten sich zur Teilnahme an unserer Kampagne bereit. Viele hatten sich noch nie für einen Fernsehspot zur Verfügung gestellt, nicht einmal, wenn man ihnen mit dem großen Geld winkte (bei manchen mit Gagen in *Millionenhöhe*). Einer der besten Schauspieler Amerikas, der achtzigjährige Ralph Bellamy, sehnte sich danach, vor seinem Tode noch einmal Griechenland zu bereisen, und begrüßte diese Gelegenheit zur Erfüllung eines lebenslangen Wunsches. Der distinguierte E. G. Marshall, ein Verehrer der hellenischen Kultur und ein heftiger Gegner der Besessenheit der Regierung Reagan mit dem Kalten Krieg (seine Tochter arbeitete als freiwillige kirchliche Helferin in Nicaragua), nahm leidenschaftlich gern an unserer Kampagne teil. Der beliebte Schauspieler Cliff Robertson, ein anderer Griechenlandliebhaber, dem AT&T für seine Fernsehspots mehrere Millionen Dollar zahlte, schloß sich uns voller Begeisterung an. Viele dieser Prominenten machte der Gedanke an eine Reise nach Griechenland nervös, aber alle fuhren – nicht des Geldes wegen, sondern aus einem echten Bedürfnis heraus, die Wiege der westlichen Kultur kennenzulernen.

Die geplante Kampagne sprach sich bald herum, und als sie geschaltet wurde, berichteten die Medien ausführlich darüber. Insbesondere die Fernsehnachrichten zeigten unsere TV-Spots kostenlos als eindrucksvolle Beispiele dafür, wie ein vom Terrorismus geplagtes Land eine schwierige Herausforderung wirksam meisterte. Für die Nachrichtenmedien war diese Kampagne von besonderem Interesse, da sie bei der Angstfrage mitten ins Ziel traf, indem sie zeigte, daß viele herausragende Bürger Amerikas sich nicht vor einer Reise nach Griechenland fürchteten. (Eine Künstleragentur riet ihrem Kunden, nicht in dem Fernsehspot aufzutreten, weil man Klagen befürchtete, falls bei einem terroristischen Angriff Amerikaner ums Leben kommen würden. Der Kunde wollte jedoch unbedingt nach Griechenland fahren und nahm unser Angebot an.)

Unsere Prominenten trugen jenen inzwischen berühmten Satz *»I'm going home ... to Greece!«* mit einer Aufrichtigkeit vor, die der Kampagne zusätzliche Schlagkraft verlieh. Wir produzierten vierzehn Fernsehspots mit achtunddreißig berühmten Persönlichkeiten. Sie liefen in den wichtigsten amerikanischen Märkten der GNTO, darunter auch Washington (um sicherzustellen, daß die ach so pro-türkischen Politiker des Landes Griechenland eine unvoreingenommenere Behandlung zuteil werden ließen).

Die brillante Idee, entgegen den Erwartungen gerade Amerikaner einzusetzen, die *keine* griechischen Vorfahren hatten, übte auf alle achtunddreißig Prominenten eine geheimnisvolle Anziehungskraft aus, die ich mir erst vollständig erklären konnte, als ich sah, wie sie von ihren Vorfahren erzählten. Im Gegensatz zu allen anderen Werbefeldzügen, an die ich mich erinneren kann, gab unsere Kampagne den (durchweg berühmten) Beteiligten – selbst jenen wie Lloyd Bridges und Peter Graves, deren Vorfahren schon vor Jahrhunderten auf diesen Kontinent gekommen waren – das Gefühl, zum ersten Mal ihre »Wurzeln« gefunden zu haben. Ganz gleich, ob die Ahnen unserer Berühmtheiten nun Italiener, Schotten, Spanier, Ungarn oder Schweden waren, diese außergewöhnliche Erfahrung rückte unsere Kampagne in ein nahezu mystisches Licht und verlieh ihr emotionale Kraft.

(Unser Erfolg beim Anwerben all dieser Prominenten ist zu einem großen Teil auf die herausragenden Fähigkeiten meiner TV-Produzentin Christine Crowley zurückzuführen, die seit nunmehr zwölf Jahren für mich tätig ist, niemals ein Nein akzeptiert und jede Künstleragentur der Welt kennt. Ich betrachte Chris mit der gleichen, familiären Zuneigung, die ich den anderen starken, liebevollen Frauen in meinem Leben entgegenbringe – meinen Schwestern Paraskeve und Hariclea und meiner unerschütterlichen Ehefrau Rosie. Chris, diese irische Unruhestifterin, kommt jeden Tag in mein Zimmer und kommandiert mich frech herum [das glaubt sie zumindest!]. Wenn man ihr nicht Einhalt gebietet, würde Chris Crowley einen mit einem Panzer überfahren – aber sie macht immer das Unmögliche möglich und schafft unweigerlich die Voraussetzungen, damit wir unsere zündenden Ideen umsetzen können.)

Innerhalb weniger Wochen schnellte die Zahl der Buchungen in die Höhe. Die Maschinen der Olympic Airways waren voll, und die Reisebüros und -veranstalter waren wieder im Geschäft. Der bedrückende Zustand des Griechenlandtourismus hatte sich auf phantastische Weise ins Gegenteil verkehrt. All das geschah zu einem Zeitpunkt, zu dem die Touristen immer noch von tiefsitzenden Ängsten geplagt wurden, die noch viele Monate lang immer wieder als wichtiges Thema in den Nachrichten aufgegriffen wurden.

Die Lektionen aus diesen drei unterschiedlichen Marketingherausforderungen kann jenes aalglatte Wort *»Positioning«* nicht treffend beschreiben. Ich stelle folgende bescheidene Behauptung auf: Nicht einmal dem allerklügsten Kopf aus der Welt des Marketing wäre dieses »Positioning« für Naugahyde, Bobby Kennedy und Griechenland in den Sinn gekommen. Diese Lösungen entstammten einem intuitiven Verständnis der Ereignisse, die die Menschen bewegten. In jedem Fall – beim häßlichen Nauga, im Kampf gegen Bobby Kennedys Image als rücksichtsloser »Ämterjäger«, bei alteingesessenen Amerikanern, die »heim nach Griechenland« gingen – schwammen wir gegen den Strom und nutzten ein Überraschungsmoment. Das Problem mit der Pseudowissenschaft des »Positioning« ist die Vergötterung der Logik und des linearen Denkens. Die besten »Positioning«-Ideen leiten sich immer aus einer brillanten Werbung, aus einer Überraschung und aus entwaffnenden *kreativen* Lösungen ab. Eine logische, rationale Methodik vereitelt jegliche Chance für eine hinreißend kreative Idee, die Wunder wirken kann.

Logisches, rationales »Positioning« von Naugahyde:
Das ist der beste Lederersatz auf dem Markt.
Die überraschende Lösung:
Denken wir uns dieses kleine, zauberhafte Fabelwesen Nauga aus.

Logisches, rationales »Positioning« für Bobby Kennedy:
Er ist ein Ämterjäger, aber tun wir so, als wäre er das nicht.
Die überraschende Lösung:
Geben wir zu, daß er ein Ämterjäger ist, und nutzen wir seinen Einfluß.

Logisches, rationales »Positioning« von Griechenlandreisen:
Verkünden wir allen, Reisen nach Griechenland wären sicher.
Die überraschende Lösung:
Zeigen wir berühmte Amerikaner ohne griechische Vorfahren, die ungeachtet des Terrorismus nach Griechenland reisen, weil sie der starken Anziehungskraft des Landes als Wiege der westlichen Zivilisation erliegen.

Wenn die Gurus des »Positioning« »Leitersprossen« im menschlichen Gehirn als Ziel ihrer wundersamen Lösungen beschreiben, dann ist das pseudowissenschaftlicher Unsinn. Sie haben sich ein sauberes, rationales Modell ausgedacht, das dem Primat der Kreativität in der Werbung ein Ende bereiten würde. Aber Werbung ist, wie ich nochmals betonen möchte, niemals derart logisch. Die besten Antworten auf Marketingherausforderungen schütteln die Fesseln des »Positioning« ab und entspringen einer freien, ungehinderten kreativen Phantasie, denn Werbung ist nun einmal keine Wissenschaft, sondern eine Kunst.

6

Warum ein Trend immer eine Falle ist

Hüten Sie sich vor Präzedenzfällen – sie stehen der Kreativität im Weg

Durch den Mangel an Regeln in der Werbung entsteht eine furchterregende Situation, die viele Werbeleute dazu veranlaßt, überall nach »Sicherheit« zu suchen. Weil Werbung aber eine Kunst ist, sollte man jedes neue Problem und jede neue Herausforderung mit einem leeren Blatt Papier und einem offenen Geist angehen, anstatt hektisch die mittelmäßigen Ideen anderer Leute zu kopieren. Das ist nämlich genau die Definition eines »Trends« – die Suche nach etwas »Sicherem« –, und aus exakt diesem Grund kann die Qualität der Arbeit leiden, wenn man sich einem Trend anschließt.

Wenn zu Beginn eines jeden Jahres die Presse den Horizont nach Ideen mit Neuigkeitswert absucht, fragen mich Reporter der amerikanischen Nachrichtenmagazine regelmäßig: »Welche Trends werden Ihrer Ansicht nach im kommenden Jahr in der Werbung vorherrschen?«

Mit schöner Regelmäßigkeit gebe ich darauf immer die gleiche Antwort: »Ich hab' nicht die geringste Ahnung. Ich weiß das erst, wenn ich sie mache.«

Ängstlichkeit und Nachahmungswut sind keine besonderen Eigenheiten der Werbung. Juristen leben nach Präzedenzfällen, bis ein mutiger juristischer Geist die Vergangenheit in Frage stellt und einen neuen Präzedenzfall schafft. In wohl keinem Beruf spielen Trends eine größere Rolle als in der Medizin. Die heutige Welle der gesunden Ernährung und der Fitneß ist zufällig eine ganz *neue* Einstellung. (Als ich 1959 für Doyle Dane Bernbach arbeitete, wurde im Fernsehen Werbung für Zigaretten gezeigt; 1990 bestätigte der US-Gesundheitsminister, daß jährlich 400000 Menschen an den Folgen des Rauchens sterben.) In früheren Jahrhunderten war der Aderlaß eine anerkannte Behandlungsmethode für verschiedene Krankheiten, und man suchte mittels ausgeklügelter Theorien die Frage zu beantworten, wo bei welchen Schmerzensherden dem Patienten Blut abzuzapfen war. Wir leben und sterben nach Trends.

Picasso war der größte Künstler dieses Jahrhunderts, weil er sein eigenes, magisches Bild der Realität auf die Leinwand bannte und »Präzedenzfälle« und »Trends« immer ignorierte, dabei aber niemals die Inspiration der Kunst der Antike, der Werke der Eingeborenen Afrikas und Ozeaniens und der großartigen Leistungen seiner iberischen Vorfahren vergaß. Picasso verstand besser als jeder heute lebende Mensch, daß Kunst eine in höchstem Maße persönliche Ausdrucksform ist, die keinen Bezug zu den Launen und Gepflogenheiten der zeitgenössischen Gesellschaft hat. Jede seiner »Perioden« wurde später zum »Trend«.

»Trends« sollten all jenen ein Greuel sein, die Werbung im künstlerischen Sinne ernst nehmen und Elemente des Geheimnisvollen und der Magie einsetzen, um ein Produkt zu verkaufen. Wie kann man Trends ignorieren? Das kommt darauf an, welches Problem man zu lösen hat.

1. Auf der Suche nach neuen Lösungen sollten Sie sich vor allem über konventionelle Regeln, Traditionen und Trends hinwegsetzen

Fernsehwerbung für verpackte Waren konzentriert sich unweigerlich auf die Verpackung und visualisiert den Produktnutzen. In den sechziger Jahren durfte in der Fernsehwerbung kein nackter Fuß gezeigt werden. Das galt als geschmacklos. Wie sollte ich also Ting anpreisen, ein neues Mittel gegen Fußpilz? Die Fernsehanstalten waren mit einer Zeichentrickversion eines Fußes einverstanden, aber Hard-Core-Fotografien von bloßen Füßen wurden nicht geduldet. Unerschrocken (aber erbost) schickte ich den Anstalten den Entwurf eines Storyboard, dem zufolge echte Füße gefilmt werden sollten. (»Du hast vielleicht Nerven«, meinte mein Mitdesigner und Alter ego Denny Mazzella.) Die Rechtsberater der Fernsehgesellschaften ärgerten sich über meine Impertinenz, aber ich wollte keine Zeit mit ihnen vergeuden – ich ließ den Spot einfach produzieren. Die Hand eines Arztes zeigte auf verschiedene Stellen auf der Sohle eines nackten Fußes: Zehennägel, Spann, Mittelfuß, Ferse. Der Mediziner wies darauf hin, wo und wie Ting Fußpilz beseitigte. Sein Vortrag wurde akzentuiert von dem unterdrückten (aber ansteckenden) Kichern des Patienten aus dem Off. Es war eine bemerkenswerte Leistung.

Als ich den Ordnungshütern der Fernsehanstalten den fertigen Spot zeigte, versuchten sie – vergebens – ihr eigenes Kichern zu unterdrükken. Ohne jede Diskussion ließen sie den nackten Fuß durchgehen und läuteten so ein neues Zeitalter der visuellen Freizügigkeit ein. Als der Spot mit dem nackten Fuß gesendet wurde, war das vielleicht ein kleiner Schritt für die Menschheit, aber ein Riesenschritt für die Werbung. Mit diesem Spot begann auch ein neuer Trend: Über die Fernsehschirme Amerikas trampelten bald ganze Horden nackter Füße, die zum neuen »Muß« für jedes Fußpilzmittel wurden, nachdem Ting einen neuen Präzedenzfall geschaffen hatte.

2. Starre Patentrezepte sollten Sie immer als verknöchert betrachten. Holen Sie als erstes die Menschlichkeit zurück

Es ist unbestritten, daß sich Werbung für verpackte Waren an bestimmte Vorgaben halten muß: Sie muß das Produkt, die Verpackung und das Logo zeigen und alle Bestandteile auflisten. Versuchen Sie auch, dem Zuschauer vor den Kopf zu hauen, vorzugsweise mit einem Vorschlaghammer. Diesen Trend führte Rosser Reeves ein, der Vater der USP (Unique Selling Proposition – ein einzigartiges Produktversprechen, das keine andere Marke in der gleichen Warengruppe bieten kann). Reeves – Gentleman, Individualist und brillanter Denker – ist der Urheber eines widerwärtigen Werbemodells für verpackte Waren, für das seine Anacin-Spots aus den fünfziger Jahren charakteristisch sind. Sie zeigen einen gezeichneten Querschnitt durch den menschlichen Kopf, der von inquisitionsähnlichen Folterqualen gepeinigt wird. (Unglaublich – so sahen die Erfindungen dieses begnadeten Renaissance-Mannes der Werbung aus!) Viele Werbekampagnen für nicht verschreibungspflichtige Medikamente folgten Rosser Reeves' Vorschlaghammer-Methode.

Zufällig bin ich eine empfindsame Seele, die den Anblick von Stirn- und Nasenhöhlen verabscheut. 1961 hatte ich Gelegenheit, eine zivilisiertere Art der Werbung für verpackte Waren vorzuführen. Ich schuf eine Anzeige für ein ausgezeichnetes Erkältungsmittel für Kinder mit dem Namen Coldene, ohne mit dem Produkt, der Packung, dem Logo, den Bestandteilen oder dem Vorschlaghammer herumzufuchteln. Ich zeigte lediglich ein dunkles Schlafzimmer, in dem ein Paar vom Husten seines Kindes aufwachte. Eigentlich zeigte ich gar nichts – nur einen schwarzen Hintergrund mit etwas weißer Schrift. Bei der rein textlichen Botschaft vor dem nächtlichen Dunkel handelte es sich um einen kurzen Dialog:

»John, war das Billys Husten?«
»Steh auf und gib ihm etwas Coldene.«

Diese Anzeige war wegen ihrer unverblümten *Menschlichkeit* ein neuer und unverbrauchter Verkaufsansatz, und diese humane Warte wurde auf eine neue, überraschende Weise visualisiert. (Der Text war auch typisch für die Zeit vor der Frauenbewegung. Heute würde die vermutlich berufstätige Ehefrau ihrem Mann befehlen, aufzustehen und sich gefälligst um das Kind zu kümmern!)

3. Wenn die Konkurrenz Zombies auf Cocktail-Partys zeigt, sollten Sie mit diesem Klischee aufräumen

Nach dem Ende des Zweiten Weltkriegs und Amerikas Wandel von der Kriegs- zur Konsumgesellschaft begann sich in der Werbung für Alkoholika ein gewisses abstruses Bild durchzusetzen: eine Welt, in der sich schlanke, elegante und stets weiße Paare zu einer Cocktail-Party in einem Phantasiepenthouse versammelten, bei der es allerdings den Frauen nicht erlaubt war, ein Glas in der Hand zu halten. Das war der »Trend«, als wir Anfang der sechziger Jahre den Etat für Wolfschmidt-Wodka von Seagram gewannen. Hätte ich mich an dieses gesellschaftliche Klischee gehalten, hätte ich unmöglich das knifflige Marketingproblem dieses Wodkas lösen können. Der Wodkamarkt wurde von Smirnoff mit seiner geschickten Werbekampagne *»Leaves you breathless«* beherrscht. Dieser Slogan vermittelte zwei Botschaften: Wer sich gerne in der Mittagspause ein Gläschen genehmigte, konnte der Werbung entnehmen, daß er nach dem Genuß von Smirnoff nicht mit einer Fahne herumlaufen würde. Wodkatrinkern gab er zu verstehen, daß zwar alle Wodkas gleich schmeckten, daß aber Smirnoff der mildeste sei, so daß er nicht im Hals kratze.

Wir mußten den einfachen Gedanken zum Ausdruck bringen, daß es *doch* Unterschiede zwischen den einzelnen Wodkamarken gab. Mit unserer Lösung setzten wir uns deutlich von den schicken Snobs der Dachterrassen ab. Wir zeigten eine Wolfschmidt-Flasche in senkrechter Position, die sich mit einer saftigen Tomate unterhielt. *»Du bist ein Bild von einer Tomate«*, sagte die stehende (!) Wolfschmidt-Flasche.

»Zusammen könnten wir wunderbare Bloody Marys machen. Ich bin anders als die anderen.« Die Tomate antwortete: *»Ich mag dich, Wolfschmidt. Du hast Geschmack.«*

Die Kampagne enthielt drei Botschaften: Wolfschmidt-Wodka hat Geschmack; wenn Sie Wolfschmidt kaufen, beweisen Sie damit Ihren Geschmack; Wolfschmidt ist der frivole Wodka für Mixgetränke. In der folgenden Woche schalteten wir ein Nachfaßinserat, auf dem die Spitze einer liegenden Wolfschmidt-Flasche auf den Fruchtansatz einer reifen Orange zeigte. *»Ich habe Geschmack«*, sagte die Wolfschmidt-Flasche. *»Ich werde das Beste aus dir herausholen. Ich werde dich berühmt machen. Roll her zu mir und küß mich.«* Die Orange antwortete: *»Wer war diese Tomate, mit der ich dich letzte Woche gesehen habe?«*

Jede Woche zeigten wir eine neue Anzeige mit einer Zitrone, einer Limette, einer Zwiebel, einer Olive, einem Rührstab und all den anderen sexuell bedeutsamen Utensilien aus einer Bar. Sie alle führten zweideutige Gespräche mit der Wolfschmidt-Flasche. Dank dieser eingängigen, spielerischen Werbeassoziationen galt Wolfschmidt bald als der

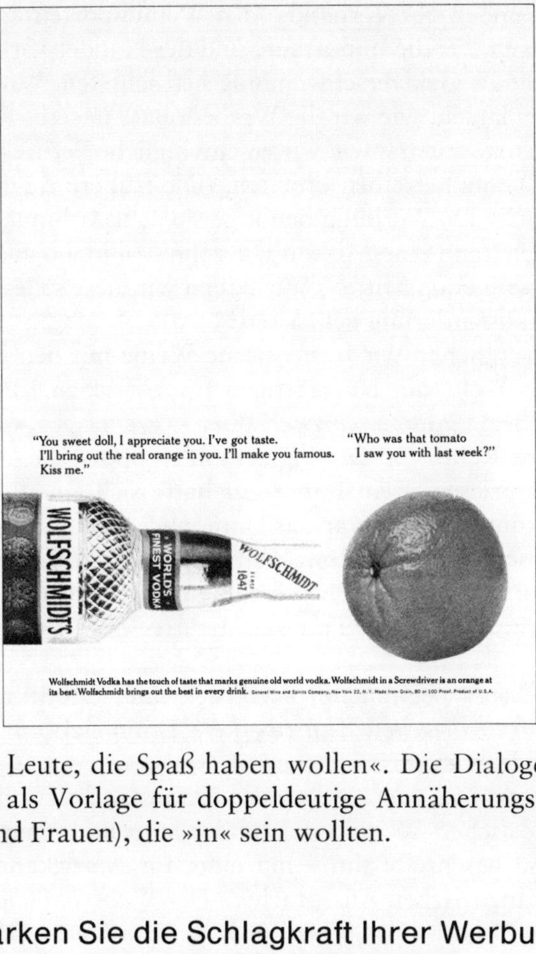

»Wodka für Leute, die Spaß haben wollen«. Die Dialoge dienten auf Parties auch als Vorlage für doppeldeutige Annäherungsversuche von Männern (und Frauen), die »in« sein wollten.

4. Verstärken Sie die Schlagkraft Ihrer Werbung durch kreativen Medieneinsatz

1988 wählte der Handelsverband für Lebensmittel und Weine aus Frankreich unsere Agentur, um den Niedergang der französischen Weine in den USA und Kanada aufzuhalten. Nachdem der nordamerikanische Markt jahrelang floriert hatte, litten nun die französischen Weine seit dem Börsenkrach von 1987 unter dem schwachen Dollar und unter der aggressiven Vermarktung der kalifornischen Weine.

Den Grundstein der Werbung dieses Fachverbands bildete der einmal jährlich erscheinende *Wine Guide*, eine umfangreiche Broschüre über französische Weine, die als Beilage in Zeitschriften wie *Gourmet* oder Fachblättern der Getränkebranche zu finden war. Unsere Gespräche mit den Kunden des Verbands (den Weinimporteuren) ergab, daß sie diese Beilagen, für die Importeure und der Handelsverband gemeinsam aufkamen, als Geldverschwendung betrachteten. Wir mußten uns etwas einfallen lassen, wie wir die Werbedollars unseres Kunden wirksamer einsetzen könnten – wie wir erschwingliche Fernsehwerbung für französische Weine betreiben könnten. (Die frühere Agentur des Verbandes sagte, für TV-Werbung benötige sie acht Millionen Dollar. Ich sage immer, ich kann eine Million wie zehn Millionen aussehen lassen – also hätten wir genug Mittel!) Wie haben wir diese scheinbar unüberwindbare Herausforderung gemeistert?

Zunächst verglichen wir französische Weine mit den großartigsten Gemälden der Welt, mit einzigartigen französischen Kulturschätzen. Unser Grundthema lautete: »*French Wine is French Art.*« Dann produzierten wir eine Reihe von Dreißig-Sekunden-Spots, die jeweils andere Weinsorten anpriesen. Kein Importeur hatte sich jemals Fernsehwerbung leisten können. Jetzt war das Unmögliche möglich geworden. In jedem Spot erschien bei der Erwähnung der Sorte die Weinflasche vor einem berühmten französischen Gemälde im Hintergrund – einem Degas, Seurat, Manet, Monet, Toulouse-Lautrec oder Cézanne. Ein Beispiel:

Der Fernsehspot beginnt mit der Frage einer Off-Stimme: »*Erkennen Sie diese französischen Kunstwerke?*« Dann sieht man ein hinreißendes Gemälde eines französischen Impressionisten, und der Sprecher verkündet: »*Das Gemälde: ein Renoir.*« Dann taucht aus dem Bild eine Flasche französischen Weins auf, und der Sprecher nennt den Namen des Weins und beschreibt ihn – mit einer für Amerikaner leicht verständlichen französischen Aussprache: »*Der Wein: ein leichter, weißer Bordeaux von Mouton-Cadet mit einem faszinierenden Bukett.*« Dann sieht man ein klassisches Gemälde eines anderen französischen Meisters und hört dazu die Off-Stimme: »*Das Gemälde: ein Monet. Der Wein: ein vollmundiger, roter Bordeaux von Mouton-Cadet, ein klassischer Bordeaux.*« Ein drittes Bild erscheint, und der Sprecher fährt fort: »*Das Gemälde: ein Manet. Der Wein: ein Mouton-Cadet von Baron Philippe de Rothschild.*« Der Zuschauer hat nunmehr drei große französische Gemälde und drei verschiedene Mouton-Cadet-Weine gesehen, deren Namen jeweils ganz deutlich ausgesprochen wurden, so daß er gleichzeitig sehen, hören und *lernen* konnte. Die Schlußszene zeigt ein junges amerikanisches Paar in einem Restaurant. Beide erheben ihr Glas mit französischem Wein und sagen dazu: »*Französischer Wein ... ist französische Kunst!*«

Achten Sie auf das Muster: drei Kunstwerke, drei verschiedene Mouton-Cadet-Weine. Wir drehten sechzehn Dreißig-Sekunden-Spots für achtundvierzig Marken von sechzehn Importeuren. Die Markennamen wurden stets deutlich auf dem Bildschirm gezeigt, damit sie der Zuschauer lesen konnte, während die Off-Stime den Namen liebevoll auf der Zunge zergehen ließ – eine kurze, aber wichtige Lektion in französischer Aussprache, damit die unsicheren Amerikaner sich beim Bestellen französischer Weine nicht zu genieren brauchten.

Wir zeigten auch, daß Fernsehpräsenz über Kabel gewährleistet werden kann. Bei einem Etat, der normalerweise ausschließlich in die Printmedien geflossen wäre, da man TV-Spots für unerschwinglich gehalten hätte, wurde unsere Kampagne in großem Umfang auf CNN, Art & Entertainment, TBS, ESPN und anderen Kabelkanälen gesendet. Statt uns auf die begrenzte Zielgruppe der herkömmlichen Beilagen des Verbandes beschränken zu müssen, konnten wir nun mit maßgeschneiderten Spots für sechzehn Importeure in den Massenmedien werben. Wir errechneten, daß die Werbung im Kabelfernsehen *achtzehnmal* mehr Kontakte knüpfte als der *Wine Guide*: 383 Millionen im Vergleich zu 21 Millionen.

Nach einem Jahr bestand kein Zweifel an der Wirkung der Kampagne: Während Weinimporte in die USA insgesamt um 5 Prozent zurückgingen, vermeldeten die sechzehn Importeure, die in unseren Spots genannt wurden, Zuwachsraten von 12 bis 15 Prozent – und lagen damit um sage und schreibe 17 bis 20 Prozent über dem allgemeinen Trend. *»French Wine is French Art«* zeigt, wie man mit einer zündenden Idee aus einer Million Dollar zehn Millionen machen kann.

Trends können einen zum Sklaven machen; Trends sind Fallen.

Wenn andere eine bestimmte Richtung einschlagen, ist das zumindest für mich immer ein eindeutiger Beweis dafür, daß nur eine *neue* Richtung zum Erfolg führen kann.

Trotzen Sie den Trends und lassen Sie sich von Präzedenzfällen keine Fesseln anlegen.

Bleiben Sie flexibel.

7
Ohne Slogan geht es nicht

Erst kommt das Wort, und dann das Bild

Wenn ich Vorträge vor aufstrebenden jungen Art Directors halte, bitten sie mich häufig, meine »Formel« für kreative Werbung preiszugeben. Meine Antwort lautet: Am Anfang steht das Wort. Das mag aus dem Mund eines Art Directors wie eine Regelwidrigkeit klingen. Daher möchte ich näher darauf eingehen.

Man erwartet von einem Art Director, der gemeinhin als Analphabet gilt, daß er in Bildern denkt – und die meisten tun dies auch. Sie durchforsten Zeitschriften nach visuellen Starthilfen, auch wenn sie noch so zusammenhanglos und unpassend sind. Unglücklicherweise setzen sich die meisten Art Directors nicht hin und versuchen, ihre Idee zu Papier zu bringen; normalerweise warten sie darauf, daß ihnen ein Texter die Worte liefert, die dann vielleicht nicht gerade bildliche Aussagekraft besitzen. Im Gegensatz dazu haben sich einige der wenigen großen Art Directors etliche der besten Headlines in der Werbung ausgedacht – oder sie arbeiteten eng mit begnadeten Textern zusammen, die mit Wörtern Zauberkunststücke vollbrachten. Selbst wenn ein Texter allein arbeitet, müssen sich seine Worte umgekehrt auch für visuelle Reize eignen – denn eine zündende Idee für eine Werbekampagne läßt sich nur in Worten ausdrücken, die eine Vielzahl von visuellen Möglichkeiten eröffnen.

Die Vorstellung, daß Bildersymbolik aus Worten entsteht, mag seltsam erscheinen, aber in der Werbung (wie auch im wirklichen Leben) ist das zufällig die aussichtsreichste Möglichkeit, um den Menschen eine klar umrissene Idee so zu vermitteln, daß sie ihnen im Gedächtnis bleibt. Natürlich kann ein Bild mehr sagen als tausend Worte. Aber wenn es sich bei diesem Bild um eine spontane visuelle Ergänzung zu einem starken Leitmotiv oder Slogan handelt, hat das Ganze eine noch durchschlagendere Wirkung. Ein Bild allein kann aussagekräftig und ergreifend sein, aber dennoch in verschiedenen Menschen unterschiedliche Assoziationen wecken. Ich will ein Bild dauerhaft in das Gedächtnis der Menschen einprägen und ihnen Worte in den Mund legen. Ich will, daß alle die gleiche Botschaft erhalten.

1968 produzierte ich einen Dreißig-Sekunden-Fernsehspot für Maypo-Getreideflocken, der dem abgedankten Slogan für dieses Produkt, »*I want my Maypo!*«, neues Leben einhauchte. Hinter dieser Zeile stand ganz offensichtlich das Bild eines Kindes, das seine Mutter um Maypo anbettelt. Auf den ersten Blick erkennbare Metaphorik kann jedoch auch langweilig und demzufolge unsichtbar sein. Wie unter einem Zwang wandte ich mich völlig vom Offensichtlichen ab. Statt diesen Slogan jammernden Kindern in den Mund zu legen, ließ ich breitschultrige Superstars aus der Welt des Sports Maypo an fünf- bis zwölfjährige Winzlinge verkaufen. Ich zeigte die damals aufregendsten Namen im Baseball, Basketball und Football – alle zusammen in einem TV-Spot, wie sie heulten und lebensechte Tränen für ihr Maypo vergossen. Das war Verweichlichung der amerikanischen Macho-Megasportler in höchster Vollendung, eine bewußte Verdrehung der gewissenlosen Verführungen so vieler Sportler, die Kinder durch Heldenverehrung manipulieren. Statt dessen verkauften die Superstars in unserem Spot indirekt, indem sie sich selbst auf witzige Weise durch den Kakao zogen.

»*I want my Maypo!*« – mit einem zweiten Slogan, der direkt Bezug auf unsere Werbung nahm: »*Die Haferflocken, für die Helden weinen!*« – verkaufte viele Packungen des Produkts und war in Stadien im ganzen Land zu hören. Don Meredith und Mickey Mantle erzählten mir, daß die Fans mit gespielten Tränen in den Augen »*I want my Maypo!*« skandierten, wenn die beiden irgendwo zu einem Spiel antraten.

Worte und Bilder – Superstars, die »*I want my Maypo!*« flennten – verliehen der Kampagne außerordentliche Schlagkraft. Die zielstrebige Verschmelzung von Worten und Bildern war erreicht worden und führte zu einer faszinierenden Metaphorik. Das Wort *Metaphorik* wird allzu oft lediglich mit Bildern assoziiert, aber es umfaßt mehr: *Metaphorik ist die Verwandlung einer Idee in ein Miniaturstück, in ein unauslöschliches Symbol, in eine Szene, die zum Teil der Populärkultur wird, in ein ikonographisches Sinnbild; und diese Metaphorik kann man am besten in Worten oder Bildern oder im Idealfall mit beidem ausdrücken.*

Vierzehn Jahre später, 1982, als jene Fünf- bis Zwölfjährigen, die *»I want my Maypo!«* geschrien hatten, der Generation zwischen achtzehn und fünfunddreißig angehörten, verwendete ich erneut diesen trotzigen, fordernden Slogan, um das Reservoir der in der Kindheit gespeicherten Metaphern anzuzapfen. Unser Kunde war ein neuer Kabelsender von Warner Amex, der vierundzwanzig Stunden am Tag Musikvideos zeigte: MTV (Music Television), ein ganz junges Konzept, das vom plötzlichen Kindstod bedroht war. Trotz der Einführungswerbung einer großen Marketingagentur blickten die Kabelgesellschaften voller Verachtung auf das radikale Konzept eines reinen Musiksenders, denn sie verabscheuten Rock 'n' Roll, und ganz besonders rund um die Uhr. Viele Gesellschaften glaubten auch, daß Kinder, die auf Rock 'n' Roll abfuhren, Drogen nahmen, und das nicht zu knapp. Die Schallplattenfirmen waren überzeugt, daß MTV ihr Geschäft ruinieren werde, wenn man ihm nicht Einhalt gebiete (als hätten sie niemals erlebt, was der Hörfunk für sie getan hatte). Daher weigerten sie sich, ihre Titel für Musikvideos freizugeben. Wie nicht anders zu erwarten, blickten Werbetreibende und Werbeagenturen hochnäsig auf dieses neue Kabelkonzept herab, das sie für eine vulgäre Modeerscheinung hielten, die nur für Kinder zwischen zehn und zwölf Anziehungskraft besaß, und daher ignorierten sie dieses aufstrebende Medium.

Ich dachte mir, daß der Satz *»I want my MTV!«* ein perfektes Déjà-vu-Erlebnis bei der anvisierten Zielgruppe hervorrufen müsse. Die Senkrechtstarter von MTV unter der Leitung des post-pubertären Bob Pittman hielten mich für einen schlauen alten Fuchs, weil ich mit diesem aktualisierten Slogan eine so geschickte Brücke über die Jahre hinweg schlug, und sie nahmen meinem Vorschlag begeistert an. Ihr Glaube an meine Fähigkeiten wurde belohnt, denn wie sich herausstellte, lag ich mit meiner Intuition genau richtig. Unseren Slogan – *»I want my MTV!«* – trugen Superstars der Rockmusik wie Mick Jagger, Pete Townshend und Pat Benatar vor, und er führte dazu, daß innerhalb weniger Minuten nach der Ausstrahlung ganze Horden von Anrufern die Leitungen blockierten, um MTV zu fordern. Den Ausschlag gab die Schlußszene, in der eine Off-Stimme sagt:

> Wenn bei euch MTV nicht gesendet wird,
> ruft doch eure Kabelgesellschaft an und sagt ...
> (Dann blendeten wir Mick Jagger oder Pete Townshend oder Pat Benatar ein, die ins Telefon brüllten:)
> *»I want my MTV!«*

Wir gaben keine Telefonnummer an; all die Zuschauer, die ihre Kabelgesellschaften anriefen und unseren Slogen (à la Mick Jagger) in den Hörer schmetterten, mußten die Nummer selbst herausfinden. Unter dem Druck dieser lautstarken Forderungen machten die Kabelgesellschaften binnen weniger Tage eine Kehrtwendung und nahmen MTV in ihre Kabelsysteme auf. Die Schallplattenfirmen standen Schlange, damit ihre Titel auf MTV gezeigt wurden, und die Werbewelt erwachte aus ihrer Lethargie und nahm dieses neue Kabelmedium mit seinem ungeheuer reaktionsfreudigen Publikum zur Kenntnis. Das war schlicht und einfach auf eine Spitzenleistung in der *Werbung* zurückzuführen. Jahre später, nach MTVs Kampf um Akzeptanz, kamen viele Werbefachleute zu dem Schluß, daß es sich bei MTV um eine Idee gehandelt habe, deren Zeit gekommen war. Wirklich? Als ich mit meiner Arbeit für MTV begann, war dieses neue Musikvideo-Konzept ein flügellahmer Nestling. Wenn die Kabelgesellschaften dieses neue Programm nicht akzeptiert hätten, gäbe es kein MTV. Unsere Werbung zwang die Betreiber dieser Gesellschaften, MTV aufzunehmen, und der Erfolg war dann so sicher wie das Amen in der Kirche. Ohne diese Kampagne wäre MTV vielleicht noch in der Anfangszeit eingestellt worden. Statt dessen führte *»I want my MTV!«* zum sensationellsten Phänomen der Popkultur seit dem Entstehen des Kabelfernsehens – und wohl auch seit der Erfindung des Fernsehens.

In einem idealen Slogan können viele verschiedene Bedeutungen mitschwingen, die dennoch eine klar umrissene Botschaft vermitteln. Ein inhärenter Widerspruch? Keineswegs. 1973 schuf ich eine Kampagne für Scotch Whiskey der Marke Cutty Sark und traf mit einer Schrotladung ins Schwarze.

Das Management von Cutty Sark suchte überall nach einem kreativen Durchbruch, um die Markenführung in dem zunehmend wettbewerbsintensiven Scotch-Markt wiederzuerlangen. Man dachte daran, völlig mit der Vergangenheit zu brechen und das berühmte Logo von Cutty Sark, dessen bekanntes visuelles Warenzeichen ein großes Segelschiff war (das – ähem – zufällig auch ein Sklavenschiff darstellte), zu versenken. Mehr als dreißig Jahre lang hatte das Schiff für Cutty Sark geworben; insgesamt waren über einhundert Millionen Dollar in Anzeigen geflossen.

Da ich nun einmal ein vollendeter Marketingprofi bin, sagte ich zur Führungsriege von Cutty Sark: »Geben Sie das Schiff nicht auf. Jedes Warenzeichen, hinter dem hundert Millionen Dollar stehen, ist mindestens hundert Millionen Dollar wert. Hundert Millionen hier und hundert Million da ergeben zusammen einen ganzen Haufen Geld.« Die einfache, altmodische Zeichnung eines Schiffs auf dem Etikett sollte meiner Meinung nach das visuelle Kernstück jeder neuen Werbekampagne bilden, während mir als Slogan *»Don't give up the ship«* vorschwebte, jener unvergeßliche Schlachtruf des amerikanischen Flottenkommandanten John Paul Jones während des Unabhängigkeitskrieges.

»Don't give up the ship!« wurde unsere Parole für Cutty Sark. Eine Vergrößerung des Schiffs auf dem Flaschenetikett schmückte jede Anzeige und jedes Plakat. Hinzu kamen verschiedene witzige Headlines, die geschickt auf die jeweilige Zeitschrift oder den betreffenden Markt zugeschnitten waren und die vielfältigen Variationen dieses Grundthemas ausschöpften:

> Für den *New Yorker*:
> *Sie wollen den Boxkampf, und sie will das Ballett?*
> *»Don't give up the ship!«*
>
> Zum Vatertag:
> *Der beste Rat, den mir mein Vater jemals gab, lautete ...*
> *»Don't give up the ship!«*
>
> Für ein Plakat in der New Yorker U-Bahn:
> *Wenn Ihnen Graffiti bis zur Nase stehen ...*
> *»Don't give up the ship!«*

»Don't give up the ship!« wurde zu einer der bekanntesten und meistdiskutierten Kampagnen der Getränkeindustrie, und Cutty Sarks Schiff segelte zurück in die Gewinnzone.

Ein guter Slogan komprimiert alles in eine umwerfende Pointe. Slogans setzen sich aus Wörtern zusammen, dem Grundinstrument der Kommunikation. Zu viele Werbeprofis glauben, das Bild, die visuelle Metapher, sei unsere gemeinsame Sprache. Falsch. Ich bin Grafiker und habe damit augenscheinlich ein besonderes Interesse an grafischen Ausdrucksformen, aber unsere gemeinsame Sprache war und ist für mich immer die *Sprache*. Daher habe ich mein Leben lang nach Kombinationen aus drei, vier, fünf oder sechs *Wörtern* gesucht, in denen die zündende Idee zum Ausdruck kommt.

Werbung ist kommerzielle Propaganda, die auf einer großen Wahrheit, nicht auf einer großen Lüge basiert. Joseph Goebbels wußte, was er tat, als er den Begriff der Propaganda in unser Jahrhundert einführte, aber die Propaganda der Nazis war ein Teufelswerkzeug, das auf einer großen Lüge beruhte, da man das deutsche Volk dazu verleiten wollte, seinem Führer blindlings zu folgen. Werbung, eine amerikanische Erfindung, ist phantasievolle Propaganda, um in einem freien Markt den Handel zu stimulieren.

Die richtigen Worte lenken die Aufmerksamkeit des Marktes auf eine Marke, indem sie eine schlagkräftige, attraktive zündende Idee vermitteln. Diese Vorstellung von dieser Marke fördert ganz von allein ihren Bekanntheitsgrad im Bewußtsein des Verbrauchers. Die richtigen Worte zur Beschreibung einer unerwarteten Idee verleihen der Marke Vitalität und Originalität, lange nachdem das Werbeschiff in Richtung Sonnenuntergang gesegelt ist.

8
Wie man Masse mit Klasse verkauft

Warum zielen so viele dümmliche Botschaften auf so viele intelligente Menschen ab?

Die Menschen sind klug.

Ich bin davon überzeugt, daß nur wenige Leiter von Werbeagenturen diese Meinung mit mir teilen. Ich habe ein paar Multi-Martini-Mittagessen mit anderen Agenturleitern durchlitten, und ich war entsetzt und verärgert über die herablassende Haltung dieser Kommunikationsgroßmeister. Sie beklagen sich andauernd über die Dummheit der Menschen. Aus dieser elitären Arroganz leiten sie dann eine hinterhältige Argumentation ab: Forschungsergebnisse werden zitiert, um diese Fehlannahme als Wahrheit hinzustellen, und sobald dieser Schwindel einmal abgemachte Sache ist, wird daraus mit absoluter Sicherheit gefolgert, daß witzige Werbung verboten sei, weil »die« die Witze einfach »nicht kapieren«.

Aus diesem Grund ist es (wenn man dieser Argumentation folgt) nicht nur zulässig, sondern auch *zwingend notwendig*, daß die Agenturen mittelmäßige Werbung kreieren. Dummheit wird nicht als Fehler der Werbung gesehen; Werbung ist dämlich (so wird weiter argumentiert), weil dieser Idiot auf der Straße und seine Alte in der Küche von Natur aus minderwertig sind. Viele, wenn nicht sogar die meisten Hersteller verpackter Waren glauben an dieses Evangelium von der angeblichen Einfalt des amerikanischen Verbrauchers, und als Beweis dafür legen sie achtungsgebietende Untersuchungsergebnisse vor. Daher sehen wir vor allem tagsüber so viele angsterregende Botschaften im Fernsehen, die auf Hausfrauen abzielen, die wohl zu den am gönnerhaftesten behandelten Marktteilnehmern gehören. Wachs auf dem Fußboden, Flecken auf Stoffen, Essensreste auf Tellern, Fussel auf der Kleidung, Ränder am Kragen, verrutschende Gebisse, auslaufende Windeln (für Babys und alte Leute) und andere

Schrecken des häuslichen Lebens bedrängen die amerikanische Hausfrau. Und beleidigen sie.

Viele TV-Spots – vor allem solche für verpackte Waren – werden in einzelne Sekunden zerlegt, wissenschaftlich »gemessen« und ausgewertet, und die Ergebnisse dieser Messungen gleichen Elektrokardiogrammen. Begleitet werden sie von genauen Erläuterungen zur Bedeutung jeder Spitze und jedes Tals, die jene verräterische Nadel während der Dreißig-Sekunden-Spots aufzeichnet und die genau zeigen, wann das Engagement des Konsumenten seinen – orgasmusartigen – Höhepunkt erreicht, auf den ein Abflauen des Interesses folgt. Das gibt Aufschluß über den Bekanntheitsgrad, den Erinnerungswert und die Kaufabsicht. Alles sehr erbaulich und eindrucksvoll, aber es stellt sich trotz des wissenschaftlichen Anspruchs dieser Forschungen die Frage, ob das der richtige Weg ist.

Tatsache ist immer noch, daß fast alle Konsumgüter strengen Tests unterworfen werden und daß dann, nachdem ihre Schwachstellen ausgemerzt und sie erneut überprüft wurden, ihre Markttauglichkeit verkündet wird. Nun aber mischt sich die Realität ein, und die so perfekt konzipierten Pläne erweisen sich als undurchführbar. Betrachten Sie es einmal so: Wenn alle im Fernsehen gezeigten Produkte so sorgfältig überprüft wurden, warum taugt dann die Werbung größtenteils nichts? Und wieso können sich die meisten Neueinführungen nicht auf dem Markt halten? Was geht da vor?

Die Werbung geht allzu häufig von der snobistischen Annahme aus, daß die Menschen dumm seien. Warum sollte man ihnen dann intelligente Werbung vorsetzen? Füttern wir sie doch mit vorhersehbarer, banaler Arbeit, die in den Untersuchungen gut abschneidet, aber im Supermarkt wahrscheinlich verrissen wird. Intelligente, entwaffnende, originelle, glänzende Werbung kann man nur dann machen, wenn man fest davon überzeugt ist, daß die Menschen klug und scharfsinnig genug sind, um sie »zu kapieren«. Ich halte die Menschen für äußerst intelligent, was Werbung anbelangt. In den Köpfen der Menschen befindet sich ein Mikrochip, der einen Fernsehspot blitzschnell in den marktlichen Kontext stellen kann, so daß die Zuschauer das Gesehene scharfsinnig beurteilen können.

Außerdem reagieren sie immer auf eine *Idee* – ein starkes, zentrales Konzept oder Bild –, zumal, wenn diese Idee auf warmherzige, menschliche Art und Weise präsentiert wird. *»When you got it, flaunt it!«* (Wer kann, der kann!) ist ein umgangssprachlicher amerikanischer Ausdruck, den jeder kennt und der sogar in Anthologien amerikanischer Redewendungen Eingang gefunden hat. Diesen Satz dachte sich meine Agentur 1967 als Slogan für unsere denkwürdige Werbung für Braniff aus – eine irrsinnig komische, freche Kampagne, in der einige der seltsamsten Paare der Welt die verrücktesten und anspruchsvollsten Dialoge führten, die man jemals im Fernsehen zu hören bekam. Ich bildete ein Paar aus dem Popart-Guru Andy Warhol und dem furchteinflößenden Schwergewichtsboxer Sonny Liston, ... setzte die Baseballgröße Whitey Ford von den Yankees neben den Surrealisten Salvador Dalí, ... den legendären, alterslosen schwarzen Baseballspieler Satchel Paige neben den unverschämt jungen Dean Martin, Jr., ... die Sängerin Ethel Merman mit ihrer schallenden Stimme neben den Verleger Bennett Cerf, ... die britische Komödiantin Hermione Gingold neben George Raft, den harten Mann von Hollywood, ... den effeminierten Filmkritiker Rex Reed neben den Sonnyboy Mickey Rooney ... und die Dichterin Marianne Moore neben den Krimiautor Mickey Spillane. Als Beispiel für die Dialoge, die man normalerweise nicht in der Fernsehwerbung hört, möchte ich das Paar Marianne Moore und Mickey Spillane herausgreifen. Spillane eröffnet seiner Gesprächspartnerin: »*Also, ich möchte ganz offen mit Ihnen reden. Eigentlich wollte ich mein Leben lang Dichter werden. Nur fand ich leider keine Reime. Wissen Sie, was ich meine?*« Mit ihrer angeborenen Höflichkeit antwortet Marianne Moore: »*Ich weiß, was Sie meinen.*« Eine Stimme aus dem Off verbindet dann dieses »seltsame Paar« mit einer Werbung für Braniff: »*Der harte Mickey Spillane und die große Marianne Moore fliegen oft mit Braniff. Sie mögen unser Essen, unsere Mädchen, unseren Stil. Und sie sind gerne pünktlich. Vielen Dank, daß Ihr mit Braniff fliegt, Leute.*«

Dann verkündet Marianne Moore unseren Slogan: »*When you got it, flaunt it!*« Die Schlußszene zeigt Mickey Spillane mit einer abschließenden Bemerkung (»*Wissen Sie, Sie können wirklich gut mit Worten umgehen.*«), die gut in ihre Unterhaltung paßt und gleichzeitig die Aufmerksamkeit auf unseren Slogan lenkt.

Wir präsentierten die Kampagne dem *Chairman* von Braniff, Harding Lawrence, einem dynamischen Industriemagnaten aus Dallas, der die unberechenbare Sprunghaftigkeit besaß, die man von einem Unternehmer seines Schlags erwarten sollte. Lawrence war umgeben von einem großen Stab hochbezahlter und höchst unsicherer Topmanager. Wir zeigten dieser Gruppe, wie man mit unserem Slogan alle Innovationen vorstellen könnte, die sich Braniff ausdenken könnte: buntbemalte Flugzeuge, Ledersitze, Uniformen von Pucci, einen schicken neuen Terminal in Dallas, ein neues Computersystem, neue Strecken. Nachdem wir zwei Stunden lang unsere Argumente heruntergerattert und alle Aspekte von Braniff abgedeckt hatten, belohnte uns der Stab von Lawrence mit Schweigen, dann mit nichtssagendem Geschwätz. Niemand bezog Stellung; alle warteten darauf, daß der Chef die Kampagne auseinandernehmen und mich an die Wand stellen würde. Endlich sprach Harding Lawrence: »Ich werde Ihnen sagen, was ich davon halte. Ich denke, von heute wird Braniff zeigen, was es hat!«

Harding Lawrence war einer jener Kunden, die wirklich etwas von Werbung verstanden. Eine seltene Ausnahme. Er reagierte instinktiv auf verrückte Vorschläge, oftmals mit einer witzigen Pointe, während er seine Hand in sein Hemd steckte und an seinen Brusthaaren herumzupfte. Stellen Sie sich nur vor, der *Chairman* dieser Fluggesellschaft aus Dallas genehmigte unsere unorthodoxe Kampagne, ohne ihre Extravaganz zu verwässern, die sie so schlagkräftig machte. Nehmen wir als Beispiel den Spot mit Andy Warhol und dem Schwergewichtschampion Sonny Liston. Die erste Szene zeigt Warhol in Großaufnahme, der folgenden überspannten Sermon von sich gibt: »Natürlich dürfen Sie nicht vergessen, daß Suppendosen eine inhärente Schönheit besitzen, von deren Existenz Michelangelo keine Ahnung hatte.« Die Kamera fährt zurück, zeigt auf dem Nachbarsitz einen massigen, schweigsamen Schwarzen, und man hört den Sprecher aus dem Off: »Der mitteilsame Andy Warhol und der ausgesprochen gesprächige Sonny Liston fliegen immer mit Braniff. Sie mögen unsere Mädchen. Sie mögen unser Essen. Sie mögen unseren Stil. Und sie sind gerne pünktlich. Vielen Dank, daß Ihr mit Braniff fliegt, Leute.«

Warhol verkündet dann schließlich den Slogan: *»When you got it, flaunt it!«* Liston sagt keinen Ton und starrt Warhol die ganze Zeit nur an, als wolle er fragen: »Was zum Teufel sind Sie, und von welchem Planeten kommen Sie?«

Die Kampagne baute Hürden ab und setzte sich über Präzedenzfälle hinweg; sie galt in weiten Kreisen als kühne, originelle und *faszinierende* Werbung und führte zu einem raschen Umsatzanstieg für Braniff. Aber ein Stirnrunzeln von Harding anstelle von zwanzig »Witzeleien« hätte ihr den Garaus gemacht. Glücklicherweise erkannte er die Macht der Kampagne, so wie viele Unternehmer mit sicherem Instinkt ein goldenes Nugget in dem Müllhaufen erkennen, der sich »Werbung« schimpft. *»When you got it, flaunt it!«* wurde zum geflügelten Wort und ist fast fünfundzwanzig Jahre später immer noch Teil der amerikanischen Umgangssprache.

Wer die Auffassung vertritt, daß die Kampagne sich besser für niveauvolle Konsumenten eignet als für Hinz und Kunz, dem macht die zunehmende Massenkultur Amerikas einen Strich durch seine demographische Rechnung. Seit Beginn des Jet-Zeitalters sind Flugzeuge immer mehr zu einem Massenverkehrsmittel geworden. »*When you got it, flaunt it!*« war ein Slogan für die *Massen*, der sich an intelligente Menschen wandte, und das ist nun zufällig einmal die breite Masse der Amerikaner – unser Markt.

Anfang der sechziger Jahre wurde Xerox mit einem Schlag vom billigen Hinterzimmerlieferanten zur exklusivsten amerikanischen Nobelfirma. Schuld daran war unsere Werbung. Als Xerox zu werben begann, war es ein neues, unbekanntes Unternehmen mit einem sehr kleinen Etat und einer sicheren Überzeugung, in welchen Medien die Werbung plaziert werden sollte. Sein phantastischer neuer Kopierer, der Xerox 914, konnte in Sekundenschnelle von einem Kind bedient werden, ohne daß es sich auch nur einen Finger schmutzig machte. Bei unserer Präsentation in Rochester drängten wir Joe Wilson, den Präsidenten von Xerox, sein erstaunliches Produkt im Fernsehen zu zeigen, damit sein Kopierer über Nacht in aller Munde war. Aber Wilson war eine harte Nuß. Wie fast alle unserer Kunden in jenen Anfangstagen des Fernsehens schien er uns für Wegelagerer zu halten, die seine Werbedollars in einem einzigen schnellen Gelage in diesem »teuren« Medium verprassen wollten. Wir mußten ihm diese Vorstellung austreiben. Ich sagte zu Wilson, sein Produkt würde als minderwertig abgetan werden, wenn man seine wunderbare Funktionsweise nicht im Fernsehen zeigen würde – und er fiel mit seinem Stuhl beinahe aus dem Fenster. »Die meisten Geschäftsleute halten Kopieren für eine lausige, schmutzige Arbeit, bei der irgendein Idiot in einem Hinterzimmer seine weißen Socken mit Tinte bekleckert«, fuhr ich mit liebenswürdigem Lächeln fort.

Es war die einzige Möglichkeit, wie man Wilsons Glauben erschüttern konnte, daß man Kopierer ausschließlich an ein paar tausend Einkaufsleiter mit Anzeigen in Fachzeitschriften verkaufen könne. Wir bestanden darauf, daß nur das Fernsehen, das erste wirkliche Medium für das Volk, seine Wundermaschine in ein vorzeigefähiges Produkt verwandeln könne. Wir wollten, daß Millionen von Sekretärinnen sahen, wie der Xerox 914 funktionierte, damit sie ihren Chefs in den Ohren liegen konnten, daß diese möglichst schnell ein solches Gerät kaufen sollten. Wir wollten, daß Xerox für die Amerikaner ein Begriff wurde … *berühmt* wurde! Wir schlugen vor, Xerox solle sechs Fernsehsondersendungen in »CBS Reports« sponsern. Es war keine leichte Aufgabe, Wilsons mageres Budget von ungefähr 300 000 Dollar auf sechs Sendungen zu strecken, aber wir würden auf diese Weise mit dem Fachzeitschriftenetat Millionen von Menschen erreichen – kein Vergleich zu einigen tausend Leitern von Einkaufsabteilungen. Wilson hielt mich für übergeschnappt und warf mich hinaus. Aber nachdem er die Sache überschlafen hatte, rief er am nächsten Morgen bei mir an und sagte: »Okay, Lois – drehen Sie die Kleine.«

Wir machten Xerox durch »CBS Reports« zu einem bekannten Namen. Danach wurde die Firma bei unangemeldeten Vertreterbesuchen nicht mehr mit dem Hersteller des Frostschutzmittels Zerex verwechselt oder für den Produzenten eines japanischen Abführmittels gehalten – die Leute kannten das Unternehmen, und plötzlich tauchten auf den Bürobauplänen »Xerox-Räume« auf. Aber leider brachten wir Xerox mit unserem ersten Spot über den 914 in Schwierigkeiten. Wir zeigten ein kleines Mädchen, das von seinem Vater gebeten wird, einen Brief auf dem 914 zu kopieren. Sie hüpft mit ihrer Flickenpuppe unter dem Arm zum Kopierer. Sie kopiert den Brief, legt dann die Puppe auf den 914 und drückt nochmals auf den Knopf. Heraus kam eine blitzsaubere Kopie ihrer Puppe. 1960 rief es Erstaunen hervor, daß ein Gerät eine makellose Kopie eines Briefs oder einer Urkunde auf Normalpapier ausspuckte. Als das kleine Mädchen ihrem Vater das Original und die Xerox-Kopie brachte, fragte dieser ziemlich hochtrabend: »Welches ist das Original?« – eine berechtigte Frage, denn der 914 war ein ausgezeichneter Kopierer.

Als dieser Spot in »CBS Reports« gezeigt wurde, behauptete die Kopiererfirma A. B. Dick (ein passender Name[1]), daß wir uns eines Tricks bedient hätten. Sie legte bei CBS und der Federal Trade Commision Beschwerde ein mit der Begründung, daß kein Kopierer so einfach funktioniere. Wir wurden daraufhin aufgefordert, unseren Spot aus dem Programm zu nehmen. Um zu zeigen, daß wir nicht mit gezinkten Karten spielten, beraumten wir einen neuen Drehtermin für CBS und die FTC an. Statt des kleinen Mädchens engagierten wir einen Affen. Vor der laufenden Kamera watschelte ein Schimpanse zum 914, knallte den Brief auf die Glasfläche, tippte auf die Starttaste und kratzte sich unter dem Arm, während der 914 eine Kopie des Schreibens produzierte. Der Schimpanse nahm das kopierte Blatt, packte den Originalbrief, watschelte zurück zum Vater und gab ihm die Dokumente zur Überprü-

1 Anm. d. Ü.: *Dick* heißt Schnüffler, aber auch Schwanz.

fung. Wieder untersuchte der Vater Original und Kopie und fragte im gleichen überspannten Tonfall: »Welches ist das Original?« Der Schimpanse kratzte sich am Kopf und grunzte.

Die unerhörte Idee, einen Schimpansen ein Bürogerät bedienen zu lassen (ihm fiel das noch leichter als dem kleinen Mädchen), machte den Namen Xerox über Nacht berühmt. Selbst ein Affe konnte einen Xerox-Kopierer bedienen! Das ganze Land war verrückt nach Joe Wilsons Maschine, aber nicht alle liebten unseren Affenspot. Nachdem er das erste Mal im Fernsehen über die Bildschirme geflimmert war, erhielt Xerox einen Beschwerdebrief einer peinlich berührten Sekretärin, die das Unternehmen drängte, den Spot abzusetzen, da sie am Morgen nach der Ausstrahlung einige Schriftstücke kopieren wollte und auf dem 914 ihrer Firma eine Banane vorgefunden hatte.

Der Einsatz des Fernsehens und der kühne Weg, den wir in diesem jungen Massenmedium beschritten, erlösten Xerox von seiner Position im Hinterzimmer und machten das Unternehmen über die Maßen berühmt. Sechs Monate nach Beginn der Kampagne wurde für Amerika der Name »Xerox-Kultur« geprägt. Wir bestanden darauf, daß Xerox prestigeträchtige Fernsehshows sponsern und dabei konsequent den Schwerpunkt auf Sendungen von sozialem und kulturellem Interesse legen sollte. Unser Vorschlag lautete »Masse mit Klasse«, aber die Fernsehanstalten hatten ihr Soll an Kulturprogrammen erfüllt, und so wurde Xerox nicht nur Sponsor, sondern auch Produzent von »Tod eines Handlungsreisenden«, »Die Glasmenagerie«, »Der Louvre«,

»Mark Twain Tonight« und »Der Kreml« – gedreht vom ersten westlichen Fernsehteam, das in den dunklen Jahren des Kalten Krieges dieses Bauwerk betreten durfte.

Mehrheitsmeinung: Werbung sollte die richtige »Zielgruppe« ansprechen, damit jeder ausgegebene Dollar den Endanwender erreicht. Abweichende Meinung einer Minderheit: Das wäre vernünftig, wenn Werbung eine Wissenschaft wäre, aber Werbung ist die Kunst des Volkes und das Fernsehen das perfekte Werbemedium. Wenn Werbung ein Produkt »berühmt« macht, wird die ganze Welt wissen, was da angeboten wird. »Berühmte« Werbung erreicht den Zielkunden *und* die Ehefrau (oder den Ehemann), die Kinder, die Mutter, den Bruder und die Nachbarn des Zielkunden (oder der Zielkundin). Wie kann man messen, wie die Werbung auf den Endbenutzer wirkt? Ich habe keine Ahnung, und letzten Endes weiß das niemand genau.

Eines weiß ich allerdings: In unserer heutigen Wirtschaft ist es gut, berühmt zu sein. Es ist nicht gut, wenn man unsichtbar bleibt. Berühmtheit ergibt sich aus einer fast emotionalen Bindung zwischen einem Produkt und dem Schöpfer seiner Werbung. Werbung, die mittels einer zündenden Idee der Welt den Atem verschlägt, kann nur aus diesen tiefen Gründen der Phantasie und der Überzeugung entstehen.

9

Wie man dem Produkt einen Schritt voraus ist

Gertrude Stein zu Picasso: »So sehe ich nicht aus.«
Picasso zu Gertrude Stein:
»Eines Tages werden Sie schon so aussehen.«

Werbung sollte dem Produkt einen Schritt voraus sein. Werbung sollte niemals ein Spiegel sein. Werbung kann ein Kompaß sein, dessen Zeiger den Weg zu einem neuen Zufriedenheitsniveau der Verbraucher weist. Für einige von Ihnen mag dies rätselhaft klingen. Gegnern der Werbung wird schon beim bloßen Gedanken daran übel. Für mich ist diese Überzeugung ein wesentlicher Aspekt der Werbearbeit; sie unterstreicht meine Daseinsberechtigung und die Tragweite meiner Tätigkeit. Ich kann mit einer unschätzbaren Geschichte aufwarten, die diesen scheinbar anmaßenden Gedanken erhellt:

Picasso hatte sich monatelang mit einem Bildnis seiner gestrengen Gönnerin Gertrude Stein abgemüht. Sein Porträt dieser eigenwilligen Dame wurde schließlich zu einem vollendeten Kunstwerk in einem maskenartigen afrikanischen Stil, der von den leidenschaftlichen Akzenten Picassos iberischer Herkunft durchsetzt war. Heute wird dieses Werk auf der ganzen Welt als einer der Meilensteine der Kunstgeschichte verehrt. Aber als Gertrude Stein endlich das lang ersehnte, noch feuchte Porträt zu Gesicht bekam, das sie in Auftrag gegeben hatte, war sie enttäuscht. »Mein lieber Pablo«, klagte sie, »so sehe ich nicht aus!«

Picasso erwiderte: *»Eines Tages werden Sie schon so aussehen!«*

So sollte es sich meiner Meinung nach mit großartigen Werbekampagnen verhalten. Wir sollten das *Potential* zeigen, das unserem Gespür nach in dem Produkt steckt. Die Werbemetaphorik sollte dem Produkt – buchstäblich – einen Schritt voraus sein, und zwar nicht mit einem Anschlag auf die Leichtgläubigkeit, sondern mit einem Einfühlungsvermögen, das Vertrauen in die Vorteile des Produkts weckt und jenen, die es herstellen und verkaufen, klarere Zielvorstellungen vermittelt. Mit ihrer magischen Hellsichtigkeit zeigen Künstler die inneren

Wesenszüge, die sich eines Tages in den Menschen, die ihnen Modell stehen, manifestieren werden. Ebenso kann die Werbung bisweilen aufzeigen, was eines Tages aus ihrem Gegenstand *werden* wird. In manchen Fällen, insbesondere wenn es sich um eine im Wandel befindliche Dienstleistung handelt, kann die Werbung ohne überzogene Versprechungen rechtmäßigerweise die zukünftige Entwicklung aufzeigen. Ich möchte Ihnen anhand von drei Beispielen zeigen, wie die Werbung dem beworbenen Produkt einen Schritt voraus sein kann und ihm neue Wege eröffnen kann.

1963 wünschte sich der sechsunddreißigjährige *President* von National Airlines, Lewis (Bud) Maytag, Jr., der früher einmal Pilot war, eine eindrucksvolle, prägnante Kampagne zur Rettung seiner jungen, flügellahmen Fluggesellschaft. Er wollte mit der Werbung die Sitze von National Airlines füllen, denn die Passagiere liefen ihm scharenweise davon. Wir begannen mit der Suche nach einem Slogan, der die Dynamik von National Airlines zum Ausdruck bringen sollte: Diese Gesellschaft zog ihren Stewardessen von Oleg Cassini geschneiderte Uniformen an, führte als erste Maschinen mit Jet-Triebwerken ein und bot auf bestimmten Flügen Sondermenüs an. All das wollten wir unterstreichen und gleichzeitig National zu weiteren Innovationen anregen. Wir ließen uns von dem alten amerikanischen Spruch *»Is this any way to run a railroad?«* inspirieren und kreierten folgenden Slogan:

Is this any way to run an airline?
You bet it is!

Fast von einen Tag zum anderen wirkte diese Gesellschaft, die kurz vor dem Untergang gestanden hatten, dynamisch wie ein Sieger, und die Passagiere rissen sich um Plätze für die Strecke New York–Miami!

National bot einen Hialeah-Flug an, der in New York startete und rechtzeitig in Miami ankam, so daß die Passagiere die Pferderennen in diesem Vorort der Stadt erreichen konnten. Wir schlugen einen Glücksspiel-Flug vor. Wir empfahlen National, eine Flugstrecke außerhalb des Sperrgebiets fünfzehn Kilometer vor der Küste einzurichten und in der Maschine statt der Sitzreihen Spieltische aufzustellen. In unserem Fernsehspot wollten wir eine hübsche Stewardeß zeigen, die unseren Slogan verkündete: »Führt man so eine Fluglinie? Darauf können Sie wetten!« Dann würde sie einen Zehn-Dollar-Schein auf den Tisch fallen lassen. Obwohl unsere Rechtsanwälte und ihre Kollegen bei National versicherten, daß diese Idee zulässig sei, ging das erste fliegende

Würfelspiel niemals an den Start. Dennoch gab diese eigenwillige Idee wichtige Hinweise auf die zukünftigen Möglichkeiten, und unser Slogan wurde der Treibstoff, der nicht nur National, sondern die gesamte Luftfahrtindustrie neue Wege beschreiten ließ.

Wir ersetzten die Flugplananzeigen (Werbung in den Printmedien, die sich auf Abflugs- und Ankunftszeiten konzentrierte) durch TV-Spots; National Airlines war die erste Fluggesellschaft, die massiv in diesem neuen Medium warb und 60 Prozent ihres Etats für Fernsehspots ausgab, was Anfang der sechziger Jahre ein verwegener Schritt war. (Gelegentlich tauchten in jener Anfangszeit TV-Spots für Fluggesellschaften auf, aber in der Regel handelte es sich dabei um dürftige Zehn-Sekunden-Flugplanankündigungen für bestimmte Flüge oder Verbindungen, aber nie um eine ausdauernde Imagekampagne. National Airlines nutzte als erste das Fernsehen zur Imagewerbung.) Wir setzten durch, daß auf den vollgepackten Maschinen von New York nach Miami an Passah ungesäuertes jüdisches Brot serviert wurde. Diese Fluggesellschaft war die erste, die eine Stewardeß als Unternehmensrepräsentantin im Fernsehen einsetzte: die hübsche Andrea Dromm, die Schauspielambitionen hegte (die sie später als hübsche, aber nicht gerade aufregende Schauspielerin umsetzte). Ihre hausbackene Schönheit à la Doris Day ist jedem, der vor so vielen Jahren diese Werbung sah, bis heute im Gedächtnis geblieben.

Jene undefinierbaren Faktoren, die Arbeitsmoral, Esprit und Einstellung beeinflussen, wurden bei National Airlines verstärkt, als Mitarbeiter und Manager miteinander wetteiferten, um den Werbeslogan ihrer Gesellschaft zu rechtfertigen: *»Is this any way to run an airline? You bet it is!«*

1988 war das Flaggschiff der Fernsehgesellschaft ABC, der New Yorker Channel 7, ins Trudeln geraten, weil ihm eine klar umrissene Identität fehlte. In den siebziger Jahren hatte die Nachrichtensendung »Eyewitness News« mit ihrem übersteigerten Nachdruck auf lachenden Studioredakteuren und optimistischen Reportern den Sender zum Erfolg geführt. Für das Team der »Eyewitness News« war alles Spiel und Spaß. Der Reiz dieser Neuheit im Vergleich zu herkömmlichen Nachrichtensendungen ließ nicht so rasch nach, wie man hätte meinen können. Jahrelang stand »Eyewitness News« mit dem respektlosen Roger Grimsby, dem treffsicheren Bill Beutel, der temperamentvollen, überschäumenden Roseanne Scamardella mit ihrem unverkennbaren New Yorker Akzent (die die verstorbene Gilda Radner in »Saturday Night

Live« zu »Rosanne Rosanna-Danna« inspirierte), dem Wettermann Tex Antoine mit seinem losen Mundwerk und den anderen Mitgliedern des fröhlichen Teams in den Einschaltquoten unangefochten an der Spitze. Schließlich zeigten sich bei dem ganzen fröhlichen Geplauder jedoch Verschleißerscheinungen, als die New Yorker zu verstehen gaben, daß sie die strahlenden Gesichter und die Witze in »Eyewitness News« nicht mehr amüsierten. Sie schalteten um auf Kanal 2 (CBS), auf Kanal 4 (NBC) oder auf einen der drei unabhängigen Sender, die sich voller Angriffslust um die nachrichtenhungrige Bevölkerung der Stadt bemühten.

Als Mitte der achtziger Jahre WABC-TV eindeutig seine Spitzenposition verloren hatte, befielen das Nachrichtenteam, von den Sprechern bis hin zu den Redakteuren, Selbstzweifel und zerstörerische Prognosen. Der Sender hatte eine Therapie ebenso nötig wie eine großartige Werbekampagne. Wir boten beides. Wir dachten uns eine aufwühlende und fast provozierend kontroverse Kampagne aus: »*We're here to tell you the truth.*« Dieser Slogan brachte klipp und klar die Daseinsberechtigung des Senders zum Ausdruck und erklärte so deutlich wie möglich, weshalb Grimsby, Beutel und die übrigen Mitarbeiter der »Eyewitness News« jeden Tag zur Arbeit gingen. Dieser mutige Slogan traf einen wunden Punkt bei WABC-TV und führte zu einer außerordentlichen Selbstprüfung in Form einer Gruppensitzung, in der alle offen ihre Meinung sagen durften. Alle Mitarbeiter des Senders befreiten sich in einer Art exorzistischen Übung im Familienkreis von allen Selbstzweifeln und Konflikten, die manchmal seriöse Menschen quälen, deren Ideale und Werte verwässert, gefährdet oder über Bord geworfen wurden. Einige glaubten, diese Kampagne werde ihren Sender auf der Grundlage neuer Eigenschaften wieder an die Spitze führen; andere hingegen waren der Ansicht, daß sie einem Slogan, der einen so hohen Maßstab anlegte, nicht gerecht werden konnten. Sie meinten, daß der Druck zu groß werden würde. »Unsere Aufgabe ist, Ihnen *die Wahrheit* zu sagen!«?

Stellen Sie sich diese Szene vor: Etwa dreißig der wichtigsten Mitarbeiter von WABC-TV sitzen im Szenenaufbau des Studios an der Manhattan West Side; berühmte Namen schütten ihr Herz aus, stellen sich in Frage, machen Geständnisse, flehen, finden sich selbst – und das alles ausgerechnet wegen eines *Werbeslogans*. Ich war Zeuge eines wahrhaftigen Pychodramas, das vor unseren Augen ablief, weil unsere Werbung in wenigen Worten die Berufung dieser Menschen zusammengefaßt hatte. »Hier fürchten wir uns nicht, der Wahrheit zu folgen, wohin sie auch führen mag«, sagte einst Thomas Jefferson. Wir zitierten auch Harry Truman (»Ich mache ihnen niemals die Hölle heiß. Ich sage ihnen einfach die Wahrheit. Sie halten das für die Hölle.«), Mark Twain (»Sagen Sie im Zweifelsfalle die Wahrheit.«) und andere große Persönlichkeiten aus der Geschichte.

Die Kampagne lief schließlich, aber nur kurze Zeit. Zu viele Mitglieder des »Eyewitness-News«-Klans fragten sich, ob sie mit ihrer Arbeit diesem hohen Standard gerecht werden konnten. »Unsere Aufgabe ist, Ihnen die Wahrheit zu sagen« mag zwar auf Anhieb einleuchtend erscheinen, geht aber Fernsehjournalisten durch Mark und Bein. Das mächtige Wort *Wahrheit* wird häufig von den weisen alten Vertretern des Berufsstands wie Walter Cronkite und Eric Sevareid in den Mund genommen, wenn sie ihre Aufgaben als Journalisten in den elektronischen Medien beschreiben. Das Team von »Eyewitness News« gab zwar nicht Lügen gegenüber der Wahrheit den Vorzug, aber das hypnotische Wort *Wahrheit* verstörte allzu viele ansonsten rational denkende Menschen im Sender.

Nach einem kurzen, aber ruhmreichen Leben zwang das Unbehagen, das die Mitarbeiter des Senders beschlich, das Management, eine weniger provokative Kampagne in Auftrag zu geben. Ich schwöre, das ist die ganze Wahrheit und nichts als die Wahrheit!

Als der Immobilienzar Peter Kalikow 1988 Rupert Murdoch die *New York Post* abkaufte, nahmen viele an, daß er sich nur für den Immobilienbesitz der Zeitung interessiere und keinerlei Einfühlungsvermögen für ihr journalistisches Potential besitze. Diese kränkelnde Zeitung litt unter Auflagenschwund, Widerstand seitens der Anzeigenkunden und einem von Murdoch geerbten Qualitätsproblem. (»Mr. Murdoch«, soll angeblich ein berühmter Einzelhändler aus Manhattan auf Murdochs Argumente für Anzeigen in der *Post* geantwortet haben, »Ihre Leser ... sind unsere Ladendiebe!«) So war der Stand der Dinge in New York, als Kalikow das Ruder übernahm, nach einer eindrucksvollen Reihe von Eigentümern, zu denen unter anderen Franklin D. Roosevelt (in einem Eigentümerkonsortium in den zwanziger Jahren) und Alexander Hamilton gehörten.

Um den schädlichen Gerüchten ein Ende zu bereiten und die New Yorker zu überzeugen, daß die *Post* sich wieder auf dem Weg zu einer führenden Position in der Stadt befand, stellte ich gleich zu Beginn eine starke Verpflichtung gegenüber dem Erbe der Zeitung heraus. Wir gaben Kalikows Zeitung eine neue Gestalt, begannen mit einem flotten

Zeitungskopf, in den ich einen ovalen Stich mit Alexander Hamilton setzte, der über die 1803 von ihm gegründete Zeitung wachte. Gleichzeitig kreierten wir ein riesiges Plakat für Bushaltestellen, das in der ganzen Stadt folgende mutige Botschaft verkündete:

Ein beruhigendes Wort an Alexander Hamilton,
den Gründer der Post ...
Machen Sie sich keine Sorgen, Ihre Zeitung ist in guten Händen!

Es ist gut möglich, daß dieses Plakat Kalikow dazu veranlaßte, sich für die neue *Post* zu engagieren. Ich bin sogar der Meinung, daß unser »Hamilton-Versprechen« zum Überleben der *Post* beitrug – es war eine frische Brise, es verbesserte die Arbeitsmoral, es führte der Welt deutlich vor Augen, daß es Kalikow ernst meinte ... und es bestärkte wahrscheinlich ihn in seiner Entschlossenheit.

Dann kam unser entscheidender Schlag: unsere Fernsehwerbung mit dem frechen Slogan:

We're keeping the sizzle but adding the steak!

Diese Werbung zwang die *Post* zu einer genauen Überprüfung ihrer redaktionellen Aufmachung, um sicherzustellen, daß das neue Management neben dem »Sizzle« (dem frechen Boulevardblattstil, der im Laufe der Jahre zu einem Markenzeichen der *Post* geworden war) auch wirklich ein »Steak« (neue Kolumnisten, neue Sektionen, neue Reporter) anbot. Kalikow heuerte den liberalen Kolumnisten Pete Hamill an, um einen gewissen Ausgleich zur konservativen Färbung der Zeitung zu schaffen. Er engagierte auch Jane Amsterdam als Chefredakteurin, die durch ihre Arbeit für *Manhattan, inc.* in dem Ruf stand, bestens zu wissen, wie man eine Zeitung auf Vordermann bringt. Sie war im New Yorker Raum die einzige Chefredakteurin einer größeren Zeitung – ein deutliches Indiz für Kalikows Bereitschaft, sich bei seinem Streben nach qualitativ hochwertigem Journalismus über Regeln hinwegzusetzen.

Die neue, lebendige Persönlichkeit der *Post* nahm bald Gestalt an. Wir drehten zwei einminütige TV-Spots, in denen nicht weniger als vierunddreißig (!!) Reporter der *Post* in einem berühmten New Yorker Restaurant Steaks aßen. Nach kurzer Zeit wurde unser Werbeslogan zum Maßstab für viele redaktionelle Entscheidungen der *Post.* »Wir brauchen mehr Steaks!« wurde zum Schlachtruf in den Gängen der Redaktion in 210 South Street, und wenn Peter Kalikow auf seiner Jacht vor den Küsten der Bahamas per Flugzeug oder Telefax Anzeigen erhielt, brüllte er in sein Schiffstelefon: »In dieser Ausgabe ist so wenig Steak, daß man nicht einmal Ketchup darüber schütten kann. Ich habe für ein dreipfündiges Porterhouse-Steak bezahlt, und ihr gebt mir einen Hamburger.« Die *Post* briet immer mehr Steaks, bis die New Yorker erkannten, daß Kalikow seine Rolle als guter Geist der Zeitung ernst nahm. Die Auflage kletterte von 460 000 auf 600 000, während das haarsträubende Image aus der Murdoch-Zeit (durch Skandale hochgepeitschte Auflage, reißerische Schlagzeilen – ein Paradebeispiel war »Mann ohne Kopf in Oben-ohne-Bar«) in Vergessenheit geriet. Kann die Werbung neue Wege weisen? Darauf können Sie wetten!

Der Werbung werden marktschreierische Reklame, Unehrlichkeit und Ausverkaufsmethoden vorgeworfen – und diese Kritik ist auch zu einem guten Teil gerechtfertigt. Dennoch gibt es in unserer Branche viele ehrliche Leistungen und eine ganze Menge aufrichtiger Menschen, die intelligente, menschliche und witzige Werbung machen wollen.

Zeigen Sie mir eine großartige Kampagne, und ich werde Ihnen Menschen zeigen, denen ihre Arbeit und das Wohl ihrer Mitmenschen am Herzen liegen.

Teil Zwei

Wie fördert man eine zündende Idee?

1

Alle sagen immer »Sei vorsichtig« ...

... aber meine innere Stimme sagt oft »Wer wagt, gewinnt«

Aus frühester Kindheit kann ich mich an diese drei Worte (auf griechisch) erinnern, mit denen mich meine nach Amerika eingewanderte Mutter Vasilike Thanasoulis Lois zu ermahnen pflegte: »George, sei vorsichtig.« Wie ein Refrain haben sie mich mein Leben lang begleitet – eine aufrichtige Mahnung aus dem Munde von Menschen, die es immer gut mit mir meinten, aber niemals meine Einstellung zum Leben und zur Arbeit erkannten. In der Kunst der Werbung führt Vorsicht garantiert zu Eintönigkeit und Mittelmäßigkeit, und eintönige und mittelmäßige Kampagnen bleiben unsichtbar.

Wagemut ist besser als Vorsicht.

Ein kühner Weg ist besser als ein sicherer.

Es ist besser, wenn man Ihre Arbeit sieht und sich an sie erinnert. Ihre Arbeit *muß* gesehen werden und einprägsam sein, sonst können Sie einpacken. Einen Mittelweg gibt es nicht.

Als ich mich von den Erwartungen meines Vaters Harlampos löste und erklärte, ich wolle nicht unseren Blumenladen in der westlichen Bronx übernehmen, sondern ein Kunststudium beginnen, sagte er zu mir: »George, sei vorsichtig.« Er wußte, daß ich mit dem Laden meinen Lebensunterhalt verdienen konnte, aber mit einer Künstlerkarriere war das so eine Sache ...

Als ich nach nur einem Jahr das Studium am Pratt Institute an den Nagel hängte und den Rat meines Mentors Herschel Levit (eines unvergleichlichen Lehrers auf dem Gebiet der grafischen Kommunikation) befolgte, der mir sagte, ich solle mich ins Arbeitsleben vorwagen und bei meiner ersten Stelle anfangen (die er mir verschafft hatte), weil er überzeugt war, daß ich in seinen Kursen nicht mehr lernen konnte, sagten meine Schwestern Paraskeve und Hariclea zu mir: »George, sei vorsichtig.«

Als mich Vater Staat in die Armee einzog und in den Koreakrieg schickte, wo ich asiatische Kinder töten sollte, die die anderen GIs nur »Schlitzaugen« nannten, ging ich mit dem festen Entschluß an die Front, statt dessen gegen die U.S. Army zu kämpfen. Meine junge Braut Rosemary Lewandoswki Lois sagte zu mir: »George, sei vorsichtig.«

Als ich nach nur einem Jahr Doyle Dane Bernbach den Rücken kehrte und eine phantastische Aufstiegschance in der ersten kreativen Werbeagentur der Welt ausschlug, um zusammen mit Fred Papert und Julian Koenig die zweite kreative Werbeagentur der Welt – Papert Koenig Lois – zu gründen, sagte mein normalerweise draufgängerischer Chef Bill Bernbach zu mir: »George, seien Sie vorsichtig.«

Während meiner gesamten Laufbahn in der Werbebranche haben mich meine Partner, meine Anwälte, meine Kollegen, meine Kunden und meine Freunde irgendwann gewarnt: »George, sei vorsichtig.« Das ist verständlich, denn Talent kann einen in Schwierigkeiten bringen, insbesondere in der Werbung. Ich setze mich immer für kreative Ideen ein, die mehr Mut zeigen, als man gemeinhin erwarten darf, die empfindliche Stellen treffen, die mich an den Rand der Klippe führen. Auf diese Weise bringt man Leben in seine Arbeit. Wenn etwas noch nicht gemacht wurde, bedeutet das nicht, daß man es nicht machen kann. Konventionelle Arbeit, die auf Nummer Sicher geht, führt unweigerlich dazu, daß man in Vergessenheit gerät. Talentierte Arbeit ist *ipso facto* unkonventionell.

1972 schrieb ich ein Buch über den Sohn eines griechischen Blumenhändlers in der rauhen Welt der Werbung. Ich gab ihm den Titel *»George, Be Careful«*. Wenn ich ein Exemplar davon signiere, unterschreibe ich manchmal so:

»Für ____________________: Wer wagt, gewinnt.«

(Wenn Sie in der Werbebranche arbeiten, setzen Sie bitte Ihren Namen ein. Wenn Sie nicht in der Werbebranche arbeiten, setzen Sie bitte ebenfalls Ihren Namen ein.)

2

Wie man die zündende Idee verkauft

Wenn Sie sie nicht verkaufen, bekommt sie auch niemand zu Gesicht

Das Bewußtsein, daß alles, was man macht, letzten Endes von dem Kunden, der die Rechnung bezahlt, genehmigt werden muß, führt bei vielen Kreativen häufig zu Spannungen und Wut. Die Werbung, ein entscheidendes Element unserer freien Marktwirtschaft, muß sich den Wünschen der Kunden beugen. Auch Kunden sind trotz ihrer Titel, ihrer Macht und ihres Reichtums Menschen wie du und ich. In diesem Sinne halte ich meine Präsentationen ab, und ich vergesse nie, daß Kunden Menschen sind – die zufällig ein Wunder suchen.

Werbung ist auch Theater und muß gut inszeniert werden. Ich stelle meine Arbeit einem Kunden (oder Interessenten) erst dann vor, wenn sie bis in alle Einzelheiten fertig ist und mein Zuhörer vor Überraschung fast rückwärts vom Stuhl fällt. Ob Ihnen das gefällt oder nicht, die Kunst der Werbung hängt in starkem Maße vom Verkaufsgeschick ab, und der »Verkauf« beginnt damit, daß man im Kunden die Vorfreude auf eine brillante Idee weckt, die bald wie ein Geist aus der Flasche hervorgezaubert wird.

Wenn Kunden in meine Agentur kommen, werden sie immer von einigen Kollegen in Schlüsselpositionen begleitet. Die Spannung steigt in dem Augenblick, in dem sie unseren Konferenzraum betreten, dessen Wände nach einem wohldurchdachten Konzept mit denkwürdigen Kampagnen geschmückt sind, die wir in der Gegenwart oder Vergangenheit für unsere verschiedenen Kunden durchgeführt haben. In der Mitte des Zimmers befindet sich ein großer, runder Verhandlungstisch. Der Raum hat keine Fenster. Nichts lenkt den Blick ab. Auf einem Beistelltisch finden die Kunden reichlich alkoholfreie Getränke und Eiswürfel. Findet das Treffen am Vormittag statt, so warten heißer Kaffee und Kuchen, den meine Frau selbst gebacken hat, auf unsere Gäste. Alles wird auf gutem Porzellan serviert. (Der Kunde und seine Mitarbeiter besuchen mein Zuhause, und ich behandle sie wie meine Gäste.) Vergrößerungen der Arbeiten, die wir vorstellen werden, stehen in einem ordentlichen Stapel hinter meinem Stuhl. Der Kunde weiß, daß ihm bald etwas Verlockendes gezeigt wird. Ich arbeite niemals mit Dias oder jenen einschläfernden Overhead-Projektoren. Bei mir liegt der Schwerpunkt immer auf dem Blickkontakt, auf der persönlichen Kommunikation, die Überzeugungen, Grundsätze und Leidenschaften vermittelt. Geschickt zögere ich die Enthüllung unserer zündenden Idee mit heiterem Small talk hinaus, würze mein Geplauder mit vielen Witzen – von denen einige ziemlich unanständig und alle, so möchte ich behaupten, wahnsinnig komisch sind. Das ist nicht nur eine gute Gelegenheit, die neuesten Witze auszuprobieren, sondern dient auch dem Zweck, das Eis gegenüber dem Kunden zu brechen. Da ich keine leeren Tassen sehen kann, laufe ich immer wieder in unsere Küche, um frischen Kaffee (dem eine Zimtstange ein besonderes Aroma verleiht) oder mehr Eis zu holen oder um Sonderwünsche wie Kräutertee, Honig, fettarme Milch oder Ovomaltine zu erfüllen. Wenn ich für eine solche Besorgung den Raum verlasse, höre ich, wie einer meiner Mitarbeiter dem Kunden erzählt, daß unser *Chairman*, CEO und Creative Director (meine Wenigkeit) gleichzeitig auch das Hausmädchen der Agentur sei. Meine Strategie, eine aufgelockerte Atmosphäre zu schaffen, ist in vollem Gang.

Ich habe den Kunden mit dem Small talk, den Geschichten und den Erfrischungen an der Angel, aber ich zögere die Präsentation unserer Kampagne noch ein wenig hinaus und lasse mir noch eine treffende Anekdote oder noch einen zotigen Witz einfallen. Wenn man den Höhepunkt hinauszögert, kann das manche Leute zum Wahnsinn treiben, aber man kann damit der zündenden Idee, wenn sie endlich enthüllt wird, noch mehr Zauber verleihen, sofern man es nur richtig anstellt. Bis dahin plaudern wir weiter und springen munter quer durch alle Themenbereiche. (Meine Agentur verfügt über einen unerschöpflichen Themenschatz: Neben der sagenhaften Palette von Kampagnen, die wir im Laufe der Zeit für unsere Kunden kreiert haben, können meine kenntnisreichen Mitarbeiter sich über eine Vielzahl von Themen unterhalten, wie zum Beispiel Boris Jelzin, die Basketballspiele der New York Knicks, den Treibhauseffekt, die Lafferkurve, Graphologie, Gerüchte aus der Politik, Donald Trump, lateinamerikanische Literatur, Feminismus, den Sparkassenskandal, AIDS, die Mißgeschicke des George Steinbrenner, kykladische Kunst, den Zweiten Weltkrieg, Saddam Hussein,

Bosnien und Herzegowina, oder die Baath-Partei, Schachwettkämpfe zwischen Kasparow und Karpow, aktuelle Ausstellungen in Museen, die Oper, Ivan Boeskys Bart, Nancy Reagans Astrologen, Cole Porters Liedtexte, Akira Kurosawas Filme – und vieles mehr. All das ist nicht nur Eklektizismus um seiner selbst willen; wenn der Kunde sich von Menschen umgeben sieht, die einen Bezug zum wirklichen Leben haben, ist das für ihn ein deutliches Indiz dafür, daß unsere *Arbeit* nicht theoretisch oder »wirklichkeitsfremd«, sondern in starkem Maße auf die Realität – die *Marketing*realität – bezogen sein wird.) Der Kunde rutscht jetzt unruhig auf seiner Stuhlkante hin und her und ist bereit für die Präsentation der Pappen, die in einem ordentlichen Stapel hinter mir an der Wand lehnen. Wenn ich sehe, daß der Kunde auf den Geschmack gekommen ist, beginne ich mit der Präsentation.

Den ersten Teil übernimmt in der Regel einer unserer Marketingexperten, der die Marktlage sowie die Probleme und Chancen des Kunden überzeugend und in einfachen Worten zusammenfaßt – und den Weg bereitet für unsere kreative Antwort darauf. Keine Dias, keine Folien, nur klare Worte, die auf gründlichen Untersuchungen basieren, und einige wenige Pappen mit Übersichten über die wichtigsten Punkte. Unser Schwerpunkt liegt immer auf den Geschäftsaktivitäten des Kunden. Unser Marketingleiter, von dem man erwartet, daß er sich im Unternehmen des Kunden auskennt, beschreibt die Lage ehrlich und unmißverständlich. Wir stellen bei unseren Präsentationen niemals die audiovisuellen Hilfsmittel in den Vordergrund, welche Unsicherheit, mangelndes Wissen oder Verschwendungssucht signalisieren.

Die Marketinganalyse heizt ein dringendes Bedürfnis nach einer prägnanten, durchschlagenden Idee als Antwort auf die Probleme des Kunden an – ein unabdingbares Vorspiel zu meiner Lösung. Dann präsentiere ich die zündende Idee. Ich beginne mit dem Grundthema, einigen wenigen überzeugenden Worten, die auf einer, wie ich das nenne, »Konzeptpappe« in Druckschrift gesetzt sind. Ich spreche eine Zeitlang über diesen Slogan, erkläre, warum er eine wundervolle Lösung darstellt. Bevor ich zum nächsten Schritt übergehe, stelle ich sicher, daß die Worte dem Kunden auf der Zunge zergehen. Dann enthülle ich Schritt für Schritt die fein säuberlich gestapelten Pappen und breite vorsichtig alle Facetten der zündenden Idee und die Einsatzmöglichkeiten in allen Medien aus. Falls erforderlich, spielen wir eine Demo-Kassette mit der Musik für die Kampagne vor, entweder eine Originalmelodie oder eine für unseren Slogan bearbeitete Version eines berühmten Liedes. Wir stellen auch die Ergebnisse der Untersuchungen vor, anhand deren wir überprüften, ob unsere Idee auch eine klare, überzeugende Botschaft vermittelt. Ich »verkaufe« nicht im herkömmlichen Sinne. Ich lasse alle meine Argumente aufmarschieren und zeige die zwingende Logik meines Vorschlags. (Selbst bei den scharfsinnigsten werbeorientierten Menschen muß man ein wenig nachhelfen.) Ich überschütte meinen Kunden mit allen nur denkbaren Einsatzmöglichkeiten der zündenden Idee. Er kann sich die Konzeption lückenlos vorstellen und versteht jedes noch so kleine Detail. Wenn überhaupt, könnte man meine »Verkaufsmethode« als dreistufigen Prozeß beschreiben:

1. *Sagen Sie dem Kunden, was er sehen wird.*
2. *Zeigen Sie es ihm.*
3. *Sagen Sie ihm, was er sieht.*

Ich gebe auch ein Erfolgsversprechen ab. Ich versichere meinem Kunden, daß unsere Kampagne funktionieren wird. Ich verspreche und garantiere das ohne Wenn und Aber – weil ich *weiß*, daß wir Erfolg haben werden. Die meisten Werbeagenturen denken nicht einmal im entferntesten daran, ein solches Versprechen abzugeben. Sie möchten nicht für Worte oder Gedanken geradestehen müssen, die man ihnen als Garantie auslegen könnte. Die meisten Agenturen sind sehr, sehr vorsichtig. Ich gebe ein solches Versprechen bereitwillig ab, weil ich begeistert bin von unserer zündenden Idee und tief in meinem Herzen weiß, daß wir damit Erfolg haben werden.

Auf die kreative Präsentation folgt die Mediaplanung und die Etatübersicht, die eine realistische Einschätzung der Produktionskosten beinhaltet. Dann überreichen wir allen Anwesenden ein Präsentationsbuch, das Kopien aller gezeigten kreativen Vorschläge enthält – vom Slogan über das Storyboard eines TV-Spots bis hin zu T-Shirts – sowie eine einfach formulierte Marketinganalyse, eine Zusammenfassung der Untersuchungsergebnisse, unsere Mediaplanung und das Budget. Ich lege Wert darauf, daß meine Mitarbeiter besondere Mühe auf die Erstellung dieses Präsentationsbuchs verwenden. Es enthält unsere Kerngedanken und ist unser Aushängeschild. Dieses Buch landet oftmals beim Kunden zu Hause und wird von seiner Frau oder sogar von Freunden und Nachbarn gelesen. (Wenn es gut gemacht ist, liest es sich wie ein spannender Roman, den man nicht mehr aus der Hand legen kann.)

Während der Präsentation steuern viele Begleiter des Kunden hier und da einen Vorschlag zu unserer Idee bei und werfen damit schwerwiegende Probleme auf. Es besteht die Gefahr, daß sie das Konzept so weit verfeinern, bis es seine Zugkraft verliert. In der Regel retten aber Logik, Tatsachen und leidenschaftlicher Einsatz die Situation, und eine weitere zündende Idee kann umgesetzt werden. In vielen Fällen fahre ich mit meinen Erläuterungen und Argumenten selbst dann fort, wenn der Kunde die Idee bereits gekauft hat. Ich gebe zu, daß ich zu Übereifer neige, und manchmal gerate ich bei der Beschreibung unserer Kampagne ins Schwärmen, koste die Brillanz unserer Idee aus und wiederhole unseren magischen Slogan. Das hat einige meiner Kunden dazu veranlaßt, mir – natürlich ganz sanft – auf die Finger zu klopfen. Charles Revson warnte mich einmal: »Lois, rennen Sie keine offenen Türen ein.« Al Neuharth, der Chef von Gannett (und Gründer von *USA TODAY*), sagte einmal zu mir: »Lois, Sie geben sich nicht mit einem Ja zufrieden.«

Am Ende der Präsentation räume ich ein, daß eventuelle Fragen und Vorbehalte wichtig sind – und bin dabei jedoch immer auf der Hut vor Reaktionen wie dieser: »Die Idee gefällt mir sehr gut, aber *eine* Kleinigkeit bereitet mir Kopfzerbrechen ...«, denn diese Kleinigkeit könnte sich dann als das Herzstück meiner Idee herausstellen. Dann zitiere ich den berühmten Satz von Beethovens Mäzen, der sich die Fünfte Symphonie anhörte und dann meinte: »Ganz vortrefflich, Ludwig – bis auf die ersten vier Noten.«

In vielen Fällen führen wir nach einem solchen Treffen weitere Untersuchungen bei den Verbrauchern durch, um dem Kunden die Sicherheit zu geben, daß unsere Kampagne die gewünschte Wirkung erzielen wird. Man bittet mich zudem immer, die Kampagne auch Managern aus anderen Führungsebenen zu präsentieren, um einen möglichst breiten Konsens zu erzielen. In seltenen Fällen bleibt ein Kunde trotz gründlichster Vorbereitung und einer ausgezeichneten Präsentation bei seinem unerbittlichen und unumstößlichen Nein. Das tut weh. Aber nach dem anfänglichen Schock, der auf die Ablehnung folgt, setzen wir uns erneut zusammen und schuften wie die Verrückten, bis wir mit einer noch zündenderen Idee aufwarten können. *Ich* lasse mich von niemandem herumschubsen!

3

Wie man widerstrebende Kunden für sich gewinnt

Geben Sie erst auf, wenn man Sie buchstäblich vor die Tür setzt (und schicken Sie dann ein Telegramm)

Ich muß nicht immer auf ein Fensterbrett klettern, um meine Ideen zu verkaufen, aber ich würde es immer wieder tun, wenn ich keine andere Möglichkeit sähe, um einem unwilligen Kunden eine Kampagne schmackhaft zu machen.

Wenn ich mit einem Kunden in einer trauten, von Teamgeist und Partnerschaft geprägten Atmosphäre zusammenarbeite, wenn klar ist, daß die von mir kreierte Werbung die Lösung für die Probleme des Kunden darstellt – dann bin ich der Arzt. So anmaßend das auch klingen mag, ich weiß, was am besten ist für diese wohlmeinenden Giganten, die entweder zu betriebsblind sind, um eine Lösung für ihre Probleme zu erkennen, oder die Lösung selbst dann nicht sehen, wenn sie ihnen auf einem Silbertablett serviert wird. Lassen Sie mich von drei Fällen berichten, in denen ich widerstrebende Kunden von der Richtigkeit meiner Pläne überzeugt habe:

Wie ich Quaker Oats von einem erfolgreichen, neuen Produkt überzeugte, das sich einen seiner geheiligten Markennamen zunutze machte

Heute muß man keine Daten zu Marktanteilen nachlesen, um zu wissen, daß Pfannkuchenmischungen und Sirup der Marke Aunt Jemima – Produkte der Firma Quaker Oats – in ihren jeweiligen Warengruppen zu den Marktführern gehören. Doch obwohl Aunt Jemima einer der bekanntesten Markennamen Amerikas ist, gab es einmal keinen Aunt-Jemima-*Sirup*, auch wenn viele Menschen glaubten, daß ein solches Produkt bereits seit Jahren auf dem Markt erhältlich sei.

Als ich in den sechziger Jahren für verschiedene Quaker-Marken arbeitete, konnte ich es nicht fassen, daß Aunt Jemima niemals einen Sirup auf den Markt gebracht hatte. Ich fragte den jungen Produktmanager Bill Smithburg, wie das möglich war. Er nannte uns verschiedene Gründe, die alle nicht überzeugten. Die Führung von Quaker Oats schien dem Trägheitsmoment ihrer äußerst erfolgreichen Geschäftsaktivitäten erlegen zu sein, und offenbar war niemand bereit, sie aufzurütteln, damit sie sich auf ihre eigenen ungenutzten Stärken besannen. Niemand in diesem riesigen Verwaltungsstab machte auch nur einen Finger krumm, wenn er nicht seine Handlungen mit unwiderlegbaren Beweisen rechtfertigen konnte. Daher beschlossen wir, den ersten Schritt zu wagen. Wir führten eine detaillierte Konsumentenumfrage zum Thema Pfannkuchen durch, die auch eine Frage zum Sirup enthielt. Wir baten die Verbraucher, den zuletzt gekauften Sirup anzugeben – und wir nahmen Aunt-Jemima-Sirup in eine Liste von zehn Markennamen auf, obwohl es dieses Produkt überhaupt nicht gab. Das Resultat: Ein hoher Prozentsatz der von uns befragten Frauen behauptete, sie hätten zuletzt Aunt-Jemima-Sirup gekauft!

Wir eilten mit diesen Ergebnissen zu Quaker Oats, trieben Smithburg in die Enge und überredeten ihn, einen Termin mit dem Marketingleiter der Firma anzuberaumen. Eine Tagesordnung wurde aufgesetzt. Sie enthielt die üblichen Statusberichte zu unseren verschiedenen Projekten; unsere Pläne für den Aunt-Jemima-Sirup erwähnten wir jedoch mit keinem Wort. Während der Sitzung wichen wir dann von der Tagesordnung ab, zogen unsere Untersuchungsergebnisse aus der Tasche und plädierten für die Einführung von Aunt-Jemima-Sirup. Wir sagten, daß der Erfolg des neuen Produkts vorprogrammiert sei, weil so viele Frauen glaubten, *es bereits gekauft zu haben* – was unsere Studie belegte. Zunächst waren die Vorgesetzten von Smithburg fassungslos, weil das Thema Sirup nicht auf der Tagesordnung stand und deswegen nicht hätte angesprochen werden dürfen. Aber unsere Ergebnisse sprachen für sich, und unser Vorschlag, ein Produkt einzuführen, von dem die Leute glaubten, daß es bereits im Handel erhältlich sei, würde mit Sicherheit zum Erfolg führen. Also stürzte sich Quaker ins Sirupgeschäft. In unserem Werbeslogan stellten wir die einfache Frage: *»Aunt Jemima … warum hast du uns so lange warten lassen?«* (Heute ist Bill Smithburg *Chairman* bei Quaker Oats; sein brillanter Coup hat ihn in diese Stellung katapultiert.)

Wie ich einem Unternehmen aus einer Sackgasse heraushalf und für eine größere Investition in ein neues Produkt sorgte, indem ich mich nicht mit einem Nein abfand

In den späten siebziger Jahren, als die Schlankheits-/Gesundheits-/Fitneßwelle noch ein kleiner Punkt am Marketinghimmel war, gewannen wir einen neuen Kunden: den Tiefkühlkosthersteller Stouffer's. Bei unserem »Hochzeitsmahl« mit dem Topmanagement von Stouffer's fragte ich höflich (um zu zeigen, daß ich mich in ihrer Branche auskannte), ob sie planten, kalorienarme Tiefkühlmenüs der Gourmetklasse auf den Markt zu bringen. Sie antworteten höflich (um zu zeigen, daß *sie* sich in ihrer Branche auskannten), daß Diätkost ein eher bedeutungsloser Sektor mit mageren Gewinnspannen sei, für den man noch dazu teure Zutaten benötige. Sicher, sie hätten einige Untersuchungen durchgeführt, aber ein definitiver Schritt in diese Richtung sei aller Wahrscheinlichkeit nach nicht geplant. Ich wies darauf hin, daß sich der Trend in Richtung Gesundheit deutlich abzeichne und daß immer mehr Amerikanerinnen berufstätig seien. Wolle sich Stouffer's nicht zumindest absichern, so fragte ich, für den Fall, daß ein anderer Hersteller beschließe, kalorienarme Feinschmeckermenüs zu vermarkten? Könne Stouffer's denn nicht wenigstens ein qualitativ hochwertiges Produkt entwikkeln, so fuhr ich unbeirrt fort, und sei es nur als mögliche Abwehrmaßnahme gegen die Konkurrenz? Ja, räumten sie ein, Stouffer's könne gewiß ein gutes Produkt herstellen, aber sie hätten das Projekt ad acta gelegt.

Am darauffolgenden Wochenende bastelte ich mit meiner Frau Rosie an einem Namen für kalorienarme Gourmetmenüs aus der Tiefkühltruhe. Unter anderem fiel uns der Name *»Lean Cuisine«* ein. Wir waren beide vom Klang und vom Schriftbild dieses phantastischen Namens hingerissen. Am Montag ließ ich *Lean Cuisine* in schlanken Buchstaben setzen und schickte diese Pappe mit Federal Express an meinen Dinnergast von Stouffer's mit der Bitte, einen Blick auf diesen Namen für eine Produktlinie von kalorienarmen Feinkostmenüs zu werfen. Als der Manager das Paket öffnete, nahm sogleich ein ganz neuer Geschäftszweig vor seinen Augen Gestalt an. Dieses Konzept mußte man nicht verkaufen oder anpreisen. *»Lean«* bedeutet schlank, *»Cuisine«* steht für köstliche Speisen, und die beiden Worte zusammen zergehen auf der Zunge. Er trommelte unver-

züglich seinen Stab zusammen, zeigte den Managern »Lean Cuisine« und verkündete, das Projekt für Diätgerichte in Feinschmeckerqualität rangiere von nun an an der Spitze der Prioriätenliste. Die Umfragen, die Stouffer's bei den Verbrauchern zum Namen *Lean Cuisine* durchführte, übertrafen sämtliche Erwartungen, und alles sprach für die Einführung dieser Produktgruppe. Lean Cuisine kam auf den Markt, war auf Anhieb erfolgreich und wurde später zu einer der großen Marken im Bereich der Tiefkühlmenüs. Vierzehn Jahre nachdem mein widerstrebender Ansprechpartner bei Stouffer's sich zum Handeln entschloß, als er meine Pappe mit den Worten *Lean Cuisine* sah, erzielt diese neue Produktlinie immer noch Umsätze von mehr als 300 Millionen Dollar!

Ein Topmanager von Stouffer's erzählte später einem meiner Kollegen: »Als Lois den Namen *Lean Cuisine* erfand, hat er damit meine Karriere gerettet.« Auch das *Wall Street Journal* (28. November 1989) bezeichnete *Lean Cuisine* als einen der Meilensteine im Marketing in jenem Jahrzehnt. Die beiden Worte *Lean Cuisine* in Magerschrift sagten *alles* aus, was für die Beschreibung und den Verkauf dieses neuen Produkts erforderlich war – für meinen Kunden ebenso wie für Millionen kalorienbewußter Verbraucher.

Wie ich einem internationalen Verwaltungsapparat eine Kampagne verkaufte, indem ich mich auf das Wesentliche konzentrierte, meine Kräfte schonte – und über die Maßen geduldig war

Ein gemeinsames Merkmal aller höchst erfolgreichen Unternehmer in Amerika ist ihre unerschöpfliche Energie – was bedeutet, daß sie sich fast totarbeiten. Unerschöpfliche Energie ist auch unbedingt erforderlich, wenn man eine Idee an ein Großunternehmen verkaufen möchte, das einen Konsens zwischen den vielen Sprossen der Hierarchieleiter und allen Generalstabschefs erreichen möchte. Franchise-Organisationen sind berüchtigt wegen ihrer Konsensentscheidungen, aber eine internationale Hotelkette kann noch schwerwiegendere Probleme aufwerfen, da man den Segen eines Hotelleiters in Khartum für eine Kampagne braucht, die in Amerika und Europa laufen soll.

Inter-Continentel Hotels bat mich zu einer Zeit, als der Terrorismus die Touristen in Angst und Schrecken versetzte und der Dollar Schwächetendenzen zeigte, ein kreatives Konzept für die Kette zu erarbeiten. Bei Umsätzen von 42 Milliarden Dollar litt das amerikanische Hotelgewerbe gleichzeitig auch unter ungeheuren Überkapazitäten und einer zunehmenden Wettbewerbsintensität im Markt der Geschäftsreisenden, der Stammkundschaft von Inter-Continental. Sheraton, Hyatt und Marriott scheuten keine Ausgaben, um diesen Markt zu erobern, während der Bekanntheitsgrad von Inter-Continental (dem sein wenig markanter Name alles andere als zuträglich war) nahezu auf Null gesunken war. Das Topmanagement von Inter-Continental erteilte uns folgenden Auftrag: »Fangen Sie den Geist unserer Unternehmens ein, und verkünden Sie der Welt diese Botschaft.«

Als wir uns die Untersuchungen der Kette ansahen, stießen wir auf eine aufschlußreiche Zahl: 75 Prozent der Gäste wählten nach ihrem ersten Besuch wieder ein Inter-Continental-Hotel. Wir reisten dann (im wahrsten Sinne des Wortes) um die Welt und besuchten neunzehn Hotels, und dabei stießen wir auf eine weitere beachtliche Tatsache: Alle neunzehn Hotelmanager erzählten uns voller Stolz, daß ihre Gäste wegen der herausragenden Qualität der Inter-Continental-Hotels immer wieder kämen. Daraus entstand unser Slogan:

Inter-Continental, Again and Again.

Mit einfachen, unverblümten Worten beschrieb dieser Slogan die außergewöhnliche Treue der Kunden, während sein rhythmischer Klang das Motiv eines immer wiederkehrenden, wunderbaren Erlebnisses verstärkte. Alles sprach für diese Konzeption: die Forschungsergebnisse des Kunden, die einmütige, internationale Betonung der Qualität seitens der neunzehn General Manager, der Wunsch nach einem unvergeßlichen Slogan, der Inter-Continental zu einer direkten Markenpräsenz bei Geschäftsreisenden verhelfen sollte und überall auf der Welt eingesetzt werden konnte.

Keine Entwicklung verläuft jedoch jemals so reibungslos wie meine Argumentationsketten. Wir mußten Hierarchieebenen und Führungskräfte für uns gewinnen, bevor der eigentliche Startschuß für die Kampagne gegeben werden konnte. Nachdem wir uns der Unterstützung des Marketingleiters von Inter-Continental, des vernünftigen Peter Smith, versichert hatten, wurde ich zusammen mit Ted Veru (einem ehemaligen Kunden und griechischen Landsmann, der heute *President* unserer Agentur ist) mit einer Frist von vierundzwanzig Stunden nach Paris beordert, um die Kampagne in einer Klausurtagung den Geschäftsführern der Inter-Continental-Hotels aus Europa und dem Nahen Osten zu präsentieren. Sie stimmten der Kampagne zu, aber ich hatte in ein Wespennest gestochen, als ich empfahl, in jedem Fernsehspot den Geschäftsführer eines anderen Inter-Continental-Hotels die »Hauptrolle« spielen zu lassen. Ich wollte damit den individuellen Charakter jedes einzelnen Hotels unterstreichen, aber einige dieser Darsteller waren (wie ich später bei den Dreharbeiten feststellen mußte) verwöhnte Primadonnen, die gestreichelt und verhätschelt werden wollten.

Nachdem ich mich im europäischen Raum und im Nahen Osten durchgesetzt hatte, mußte ich die Kampagne den Geschäftsführern der einzelnen amerikanischen Inter-Continental-Hotels in New York, Washington, San Francisco, Miami und in Hilton Head in South Carolina vorstellen. Die Konzerneigner der Kette, Grand Met in England, wollten ebenfalls sehen, wie der wilde Grieche ihren Hotels zu einem neuen Aufschwung zu verhelfen gedachte.

Als ich für die Kampagne weltweit das Okay erhalten hatte, machte ich Pläne für eine erneute Reise um die Welt, um auf jedem Kontinent Inter-Continental-Hotels und ihre Geschäftsführer zu filmen. Aber bis zum Start unseres Pan-Am-Fluges mußte ich Guerilla-Angriffe von den Linguisten der Kette abwehren, die darauf beharrten, daß man *»Again and Again«* nicht richtig ins Deutsche oder in Suaheli übersetzen könne. Die Unterlagen meiner Agentur zur weltweiten Übersetzbarkeit von »Again and Again« waren dick genug, um damit ein Seminar der Modern Language Association zu bestreiten. Nachdem ich die Bürokraten und Heckenschützen der Kette erfolgreich abgeschüttelt hatte, erhielt ich endlich die Genehmigung für die Produktion der Kampagne in Englisch und ihre länderspezifische Anpassung. Gegen diese internen Machtkämpfe war der Kampf mit Tsetsefliegen und Montezumas Rache ein leichtes Spiel. »Again and Again« wurde auf französisch »*Encore et encore*«, auf deutsch »*Wieder und wieder*«. Der Slogan wurde in zig andere Sprachen übersetzt. Die Produktion der Kampagne lief an. (Ich war besonders stolz, weil alle Fotos für die Printmedien vom talentierten Luke Lois stammten – meinem Sohn natürlich!)

Spätere Untersuchungen belegten, daß *»Again and Again«* ein durchschlagender Erfolg für Inter-Continental war: Die Zahl der Reservierungen über die gebührenfreie 800-Nummer in den USA schnellte in die Höhe, das Markenbewußtsein nahm deutlich zu, und die Einnahmen stiegen beträchtlich. Die Entwicklung dieser Kampagne war kurz und schmerzlos; sie an diesen übervorsichtigen, vielköpfigen Kunden zu *verkaufen* erforderte eine strengere geistige und körperliche Disziplin, denn ich mußte Hunderte von Flugstunden hinter mich bringen und litt permanent unter Zeitverschiebung. Aber die Mühen lohnten sich schließlich. Wie ich wieder und wieder gesagt habe, würde ich alles tun, um eine brillante Kampagne zu verkaufen.

4

Wie man seine Arbeit verteidigt

Ich würde alle Register ziehen, um meine zündenden Ideen zu schützen (und habe das bereits getan!)

Binsenweisheit: Man braucht Mut, wenn man freche Kampagnen verkaufen will.

Weisheit: Man braucht Mut, wenn man miserable Kampagnen verkaufen will.

Wie kann man feststellen, ob eine Kampagne miserabel ist? Wenn sie einem nicht ins Auge sticht oder man sich nicht mehr an das Gesehene erinnern kann oder sie einem nicht den Atem verschlägt ... dann ist sie miserabel. Bei einer großartigen Kampagne bleibt einem der Mund offenstehen – aber weil brillante Kampagnen so auffällig sind, kann es passieren, daß sie nach kurzer Zeit abgesetzt werden. Als Enfant terrible der Werbewelt komme ich mir oftmals vor, als würde ich russisches Roulett mit fünf Kugeln spielen. Ich laufe Gefahr, abgeschossen zu werden, *während* ich an einer Kampagne arbeite, und selbst wenn mein Kunde seine Zustimmung erteilt hat, balanciere ich immer noch am Rande einer Katastrophe. Großartige Werbung ist das Produkt von Intuition und Wagemut – aber diese Eigenschaften können sehr kurzlebig sein. (Eine Kampagne kann eine durchschlagende Wirkung erzielen, und die daraus resultierenden Umsätze des Kunden können alle Erwartungen übertreffen, aber auch nur ein Beschwerdebrief eines empörten Kunden kann verheerenden Schaden anrichten.) Mit den richtigen Worten und Taten kann man dennoch brillante Werbeideen retten.

Wenn ein Kunde ein Tyrann ist, sollten Sie ihn zwingen, Ihre Fähigkeiten zu respektieren ... und Unmut in Umsatz ummünzen

Die Ronson Corporation stellte Elektrorasierer her und machte ihren Werbeagenturen das Leben schwer, weil sich ihr Gründer und Chef Louis Vincent Aronson II. wie ein tyrannischer, kläffender Terrier aufführte. Mein Partner Julian Koenig wußte bereits zu Beginn unserer Arbeit für Ronson, daß der herrschsüchtige und arrogante Aronson nicht gerade erfreut sein würde über die Anwesenheit des Straßenkämpfers Lois in seinem Allerheiligsten. Koenig fungierte daher als entmilitarisierte Zone zwischen uns.

Während der kurzen Perioden des Friedens in unserer Beziehung gelang es uns, diesem schwierigen Kunden gelegentlich ein paar phantastische Anzeigen unterzujubeln. Eine einfache, wirkungsvolle Druckanzeige in einem kleinen senkrechten Kasten nahm der Werbung für Elektrorasierer mit dieser atemberaubenden Botschaft das Geheimnisvolle: *»Kein Pinsel. Kein Schaum. Keine Klingen. Kein Blut. Keine Tricks. Kein doppelter Boden. Keine leeren Versprechungen. Alles, was Sie bekommen, ist eine optimale Rasur.«*

Aber diese produktiven Pausen, in denen Aronson nicht das letzte Wort haben wollte und damit allen auf die Nerven ging, waren mehr die Ausnahme als die Regel. Normalerweise schlugen mir unsere Begegnungen auf den Magen. Während einer Sitzung, in der wir viele Anzeigen präsentiert hatten, zerbrach sich Aronson den Kopf über das Layout einer zweiseitigen Anzeige, die ihm schon seit Monaten vorlag. »Hey, Julian«, sagte er. »Wie würde das auf nur einer Seite aussehen?« Julian hielt das zweiseitige Layout in die Höhe und sagte: »So« – und er zerriß den Entwurf in zwei Hälften.

Ronson schaltete eine zweiseitige Anzeige.

Wenn Sie sich von einem Kunden zu sehr auf die Finger sehen lassen, ist das Ihr Fehler. Wenn Sie ihn nicht auf Distanz halten können, sollten Sie ihn auslaugen, indem Sie ihn zu Ihrem »Partner« machen

Während der Zeitungskriege Anfang der sechziger Jahre wurde die *New York Herald Tribune* mein Kunde. Ich half dieser Zeitung bei ihrem harten Auflagenkampf gegen die *New York Times*. Der Herausgeber der *Tribune*, Jock Whitney, holte sich mit John Denson einen Chefredakteur der Spitzenklasse, der aus einem sterbenslangweiligen Blatt eine quicklebendige, moderne Zeitung machte. Die neue *Trib* hatte ein derart neues und ungewöhnliches Gesicht, daß viele New Yorker ihr mit Mißtrauen begegneten und sie nicht kauften, weil die vielen Veränderungen sie verwirrten. Julian Koenig und ich formulierten daher den immer noch berühmten Slogan »*Who says a good newspaper has to be dull?*«, der die Auflage sofort drastisch in die Höhe trieb, während die *Times* immer nervöser wurde!

Die Aktualität und Vitalität, die dieser denkwürdige Slogan der neuen *Trib* verlieh, fingen wir auch in unseren abendlichen TV-Spots ein, bei denen die Titelseite der Ausgabe des nächsten Tages im Vordergrund stand. Der Spot wurde immer um Punkt 23 Uhr gesendet – unmittelbar vor den CBS-Nachrichten. Die Kamera schwenkte über die noch feuchte Titelseite; es wurden verführerische Anspielungen auf die hinter den Schlagzeilen verborgenen Meldungen gemacht. Der Clou aber war die Ankündigung des CBS-Sprechers wenige Sekunden vor Ausstrahlung des Spots: »Douglas Edwards und die Nachrichten kommen gleich wieder – doch zuerst eine Meldung:« Während die Kamera über die Titelseite der *Trib* schweifte, sagten wir: »›James Meredith – Unterricht am Mississippi.‹ So lautet die Schlagzeile. Aber Nachrichten bestehen nicht nur aus Schlagzeilen, denn jetzt gibt es eine neue Methode für Herausgeber einer seriösen Morgenzeitung – die Methode der *Tribune*. Sie hat die langen, grauen Spalten unkommentierter Nachrichten abgeschafft.« Die Kamera schwenkte auf die Glanzlichter der Titelseite, ohne jemals Aufschluß über die Meldungen zu geben. Statt dessen sagten wir: »Nachrichten bestehen aus mehr als nur aus dieser Schlagzeile – und aus mehr, als Sie in dieser Sendung hören werden.« Dann wurde wieder Doug Edwards mit den Abendnachrichten eingeblendet.

Jeden Abend um 20.15 Uhr, weniger als drei Stunden vor der Sendezeit des Spots, schnappten wir uns in der Stadtredaktion der *Trib* die ersten Korrekturabzüge der Titelseite für den nächsten Tag. Auf dem Weg von der *Trib* zum CBS-Studio formulierten der Texter Ron Holland und ich im Taxi den Text für den Spot und entschieden über die Kameraführung. CBS gab uns ganze dreißig Minuten zur Aufzeichung und Überarbeitung unseres Spots – keine leichte Aufgabe –, aber wir brachten das mit Hilfe von drei Kameras zuwege. Jeden Abend wurde ein origineller Spot gesendet, der die unvorhersehbare Sprengkraft des New Yorker Lebens widerspiegelte. Dann eilte ich nach Hause, um mir den fertigen Spot selbst im Fernsehen anzusehen, und ich hörte voller Erstaunen, wie der Sprecher sagte: »Nachrichten bestehen aus mehr als nur aus dieser Schlagzeile – und aus mehr, als Sie in dieser Sendung hören werden.« Es war mir unbegreiflich, daß CBS uns Abend für Abend diese Gaunerei durchgehen ließ. Monate später, als der *Chairman* von CBS, Willian Paley, endlich kurz vor seiner bevorzugten Nachrichtensendung einen unserer Spots sah, war auch er erstaunt – und dann tobte er vor Wut. Er verbot uns, diesen Satz jemals wieder zu verwenden.

So schwierig es auch war, jeden Abend aufs neue einen ausgefeilten Spot zu produzieren, es war noch härter, vor den Augen der Topmanager und Bürokraten der *Trib* zu arbeiten, die uns im CBS-Studio bei den Dreharbeiten zusahen und jeden unserer Schritte überprüften und genehmigten, während wir auf die Uhr starrten und Blut und Wasser schwitzten. Aber unter dem allnächtlichen Zeitdruck wurde die Schar der Schaulustigen bald kleiner und kleiner. Wir ermüdeten sie, indem wir einfach unserer Arbeit nachgingen. Mit einem solchen Problem wird man am besten fertig, wenn man sich im Schützengraben verschanzt und mit Granaten um sich wirft.

In einer Gruppendiskussion kann der Blick für die Realität verlorengehen. Eine Prise Humor kann da Wunder wirken

Heute kennt jeder in Amerika den Namen Jiffy Lube, aber als wir 1982 mit der Werbung für die schnellen Ölwechsel dieser bahnbrechenden Firma begannen, war das Unternehmen unbekannt und hatte nur eine Handvoll Niederlassungen in einigen wenigen US-Bundesstaaten. (Heute verfügt Jiffi Lube über mehr als eintausend Stationen in den meisten der fünfzig Bundesstaaten.) Trotz ihrer anfangs relativ geringen Größe hatte diese ums Überleben kämpfende junge Firma bereits mit einem halben Dutzend Logos die amerikanischen Straßen verschandelt. Als Auftakt zu unserer Werbekampagne überzeugte ich Jiffi Lubes draufgängerischen Gründer, den ehemaligen Football-Trainer Jim Hindman, daß wir noch ein weiteres Logo gestalten sollten, das dann für alle Ewigkeit das Logo aller Jiffy-Lube-Niederlassungen bleiben sollte, so wahr mir Gott helfe!

Ich kreierte als Wegweiser ein rundes »J«, das aussah wie ein gebogener roter Pfeil, der den Vorüberfahrenden sofort ins Auge fiel und sie förmlich zwang, von der Straße in die Einfahrt von Jiffy Lube abzubiegen. Weil dieser rote Pfeil, der zu einem kreisförmigen Schwung ausholte und dann auf die Jiffy-Lube-Einfahrt zeigte, ähnlich auffällig war wie ein Verkehrsschild – vor allem für diejenigen hinter dem Steuer eines Wagens –, nannte ich mein Werk ein *»Action Logo«*. Quer über den roten Pfeil setzte ich in horizontaler Richtung in weißer Schrift den Namen *Jiffy Lube*. Ich erläuterte, daß dieses *»Action Logo«*, bei dem der geschwungene rote Pfeil die Grundform darstellte (ein Design, das Jiffy Lube mit dynamischer Bewegung assoziierte), im Gegensatz zu herkömmlichen, »passiven« Logos zu sehen sei, die in der Regel statische, unauffällige Designs verwendeten. Ich hielt auch einen kurzen Vortrag über den wirtschaftlichen Hintergrund des Logo-Designs – wie manche Firmen sich auf »Unternehmenskommunikation« spezialisieren und Designs entwerfen, die wie Computergrafiken aussehen und weder ein Bild noch eine Idee vermitteln, wie ihre Schöpfer aber normalerweise dafür Unsummen kassieren – zwischen 200000 und einer Million Dollar oder mehr, je nach Etatumfang.

Ich war selten so stolz auf eines meiner Logos, und Jim Hindman, sein Marketingleiter und andere Angehörige seines innersten Kreises unterstützten meinen Vorschlag bereits. Um die Zustimmung des Jiffy-Lube-Stabs in Baltimore zu erhalten, bat mich Hindman, das Logo seinem Führungsausschuß zu präsentieren. Ich fuhr also zusammen mit einigen Mitarbeitern unserer Agentur nach Baltimore. In der Jiffy-Lube-Zentrale führte man uns in einen riesigen Konferenzsaal, wo eine große Anzahl von Konzernmanagern, die wir niemals zuvor gesehen hatten, auf unsere Präsentation warteten. Darunter befanden sich beispielsweise der Verkaufsdirektor, der Finanzleiter, der Personalleiter und der Rechtsberater.

Ich gab den Anwesenden einen Überblick über die wechselhafte Geschichte der grauenhaften Sammlung von schwer entzifferbaren Jiffy-Lube-Logos – und drückte mir selbst dabei die Daumen, daß wir nicht irgendeinen der Anwesenden beleidigten, der möglicherweise für eine jener grafischen Mutationen verantwortlich zeichnete. Dann ließ ich einen überzeugenden Diskurs über die Bedeutung eines schlagkräftigen Logos vom Stapel und beschrieb, wie dieses Logo an allen Stationen der Firma Synergieeffekte hervorrufen würde, wie es den gleichen Bekanntheitsgrad wie das Auge von CBS erreichen könne (ein Entwurf von Bill Golden in Zusammenarbeit mit meinem langjährigen Geschäftspartner Kurt Weihs) und einen wesentlichen Beitrag zum Image von Jiffy Lube als moderne, einheitliche Kette mit einer standardisierten Qualitätskontrolle und allem, was sonst noch dazugehört, leisten könne. »Eines Tages werden Sie eintausend Stationen besitzen«, erklärten wir den Managern, »und daher ist es unerläßlich, daß Sie das gegenwärtige Sammelsurium fürchterlicher Logos, die für Ihr Unternehmen schädlich sind, durch ein überzeugendes, sauberes und einheitliches Erscheinungsbild ersetzen.«

Sie hörten aufmerksam zu, und als ich sie an der Angel hatte, enthüllte ich unser neues Jiffy-Lube-Logo, das in leuchtendem Rot auf einer großen weißen Pappe aufgedruckt war. Ich erläuterte, wie und warum Jiffi Lube stark von diesem Logo profitieren könnte – und ich spürte, wie in mir Begeisterung für meine *perfekte* Leistung aufstieg. Ich hatte alle Aspekte behandelt, und ich würde mir später keine Vorwürfe machen, weil ich ein wichtiges Verkaufsargument ausgelassen hatte. Selbstsicher fragte ich das Management von Jiffy Lube: »Gefällt es Ihnen?« Die Manager klatschten Beifall, und meine Mitarbeiter stießen erleichterte Seufzer aus. Der Rechtsberater der Firma, Arnold Janofsky, ein kleiner, rundlicher Mann, hob die Hand. Ich erteilte ihm dankbar das Wort und rechnete mir dabei aus, wie die vollmundige Unterstützungserklärung des juristischen Wachhunds das Geschäft besiegeln würde. Statt dessen legte er uns einen Stein in den Weg:

»George«, sagte Janofsky zögernd, »meinen Sie nicht, daß Ihr Design ... mit diesem gebogenen Pfeil ... gewisse Ähnlichkeit mit einem *Phallussymbol* hat?« Ich war fassungslos. Man unterstellte *mir*, eine unterschwellige pornographische Botschaft zu verbreiten?

»Nun, Arnold«, sagte ich mit ernster Miene, »ich weiß nicht, welche Form *Ihr* Pipi hat, aber *mein* Pipi schaut ganz bestimmt nicht so aus!«

Jiffy Lube kaufte das Logo. Heute kennt es fast jeder Amerikaner. Wäre ich ernsthaft auf Arnolds Frage eingegangen, hätte die Firma dieses Logo vielleicht niemals eingeführt.

Es bereitet mir kein Vergnügen, meine Arbeit vor Leuten verteidigen zu müssen, die aus allen Himmelsrichtungen aus dem Hinterhalt auf mich schießen. Aber meistens gibt es doch ein Happy End, denn selbst wenn die zündende Idee letztendlich abgelehnt wird, so kann man hinterher zumindest mit einer unterhaltsamen Anekdote mehr aufwarten!

5

Hüten Sie sich vor den juristischen Wachhunden

Wie eine zündende Idee einen neuen Präzedenzfall schaffen kann

In der Werbung, und insbesondere in der Fernsehwerbung, gelten strenge Vorschriften. Rechtliche Fragen werden im Rahmen eines ernsthaften und gründlichen Genehmigungsverfahrens abgeklärt. In den USA darf kein Spot von einem Fernsehsender ausgestrahlt werden, der nicht zuvor vom Sender oder von der Rechtsabteilung der Fernsehanstalt, an die der betreffende Sender angeschlossen ist, freigegeben wurde.

Diese rechtlichen Zwänge können der Arbeit eines kreativen Profis deutliche Grenzen setzen. Die Realität der Werbung läßt kaum Platz für kreative Ideen, die sich über die Grundregeln hinwegsetzen: Behauptungen müssen belegt werden; Texte dürfen keine mündlichen oder schriftlichen Verleumdungen darstellen; die Privatsphäre darf nicht verletzt werden; bei vergleichender Werbung darf man sich nicht abfällig über Konkurrenzmarken äußern; Warenzeichen müssen respektiert werden; wer Testimonials einsetzt, muß eidesstattlich versichern, daß die zitierten »Zeugen« das Produkt auch tatsächlich verwenden. Darüber hinaus dürfen TV-Spots die »Politik« des Senders oder der Fernsehanstalt nicht verletzen – jenes weite, subjektive Feld des *Geschmacks*, ein vieldeutig auslegbarer Begriff.

Das Werberecht ist – wie auch das Verfassungsrecht – ein kontinuierlichen Änderungen unterworfenes Regelwerk, das die deutliche Handschrift einer Minderheit einflußreicher Kreativer der Madison Avenue trägt, die mit ihrer großartigen Werbung das Establishment aufrütteln und neue Präzedenzfälle schaffen. Aber das sind Ausnahmen. Die meisten Werbeagenturen nehmen viele (*zu* viele) Mühen auf sich, um sicherzustellen, daß ihre Arbeit die rechtlichen Vorgaben auch ja *erfüllt*. Sie wollen in allererster Linie Konflikten aus dem Weg gehen.

Ich stehe den juristischen Genehmigungsverfahren seit jeher subversiv gegenüber. Viele Werbeleute stoßen einen erleichterten Seufzer aus, wenn die Fernsehanstalten ihre Arbeit billigen, und reagieren nervös, wenn Einwände erhoben werden. Bei mir verhält es sich umgekehrt. Wenn meine Storyboards ohne Murren abgesegnet werden, ist das ein schlechtes Zeichen. Es deutet möglicherweise darauf hin, daß ich langsam senil werde. Wenn meine Arbeit Rechtsanwälte in Panik versetzt, kümmert mich das nicht im geringsten – ganz im Gegenteil, ich liebe das. Wenn ein Rechtsanwalt Zeter und Mordio schreit, ist das ein wichtiger Garant für meine künstlerische Integrität; das zeigt mir, daß ich mich vielleicht auf dem Weg zu einem neuen Präzedenzfall befinde.

Eine winzige Gesetzeslücke kann genügen, um einen neuen Präzedenzfall zu schaffen

Das Image der Warenhauskette Alexander's, die seit Jahrzehnten ein fester Bestandteil der turbulenten New Yorker Einzelhandelsszene war, mußte neu belebt werden. 1982 war ihr Ruf als Mekka der Preiswürdigkeit, insbesondere bei Damenbekleidung, am Verblassen. Alexander's verlor in der Gunst der Verbraucher und Einzelhändler immer mehr an Boden und galt als Billigkette.

Die Eigentümer von Alexander's, die verfeindeten Farkas-Brüder (Robin und Steve), die das Unternehmen von jenem Farkas geerbt hatten, der Alexander's ein halbes Jahrhundert zuvor gegründet hatte, erteilten meiner Agentur den Auftrag, das Image wieder aufzupolieren. Sie kippten uns mehrere Pfund Forschungsmaterial vor die Füße, in dem man nachlesen konnte, was jeder gewiefte New Yorker instinktiv wußte: Das Image der Kette war miserabel, aber bei den Kundinnen fand sich noch ein Abglanz der Bewunderung wegen der besonderen Werte, die Alexander's verkörperte. Um der Sache auf den Grund zu gehen, befragten wir selbst Kundinnen in detaillierten Einzelinterviews, die die Befragten zu einer größeren Ehrlichkeit ermutigen und so heikle gesellschaftliche Einstellungen ans Tageslicht bringen. Wir stellten fest, daß viele Frauen insgeheim leidenschaftliche Anhängerinnen von Alexander's waren: Sie kauften ihre Kleidung dort und tauschten dann das Etikett der Kette gegen einen Nobelnamen wie Bloomingdale's oder Saks Fifth Avenue aus. Diese Ergebnisse bestätigten das Syndrom der »heimlichen Verehrerinnen«, das wir bei den Mitarbeiterinnen unserer Agentur festgestellt hatten.

Nachdem wir unsere Hausarbeiten gemacht hatten, kreierten wir unsere Kampagne und legten die Entwürfe den Gebrüdern Farkas vor. Die zündende Idee bestand darin, in einem Dreißig-Sekunden-Spot eine elegante berufstätige Frau zu zeigen, die sich in den führenden Kaufhäusern New Yorks umsieht, dann aber bei Alexander's einkauft und dabei zu einer neu komponierten Melodie diesen Text singt:

I browse at Bloomingdale's,
I breakfast at Tiffany's,
But I buy at Alexander's!
I buy at Alexander's!
I am sauntering through Saks,
Meandering through Macy's,
But I buy at Alexander's!
I buy at Alexander's!
I never forget to go to the Met,
But I buy at Alexander's!
(Ich sehe mich bei Bloomingdale's um,
ich frühstücke bei Tiffany's,
aber ich kaufe bei Alexander's!
Ich kaufe bei Alexander's!
Ich schlendere durch Saks,
bummle durch Macy's,
aber ich kaufe bei Alexander's!
Ich kaufe bei Alexander's!
Ich vergesse nie, zur Met zu gehen,
aber ich kaufe bei Alexander's!)

Die uneinigen Farkas-Brüder reagierten nicht mit der gleichen Begeisterung auf unsere Kampagne. Robin war davon hingerissen, aber Steve *gefiel* sie lediglich. Nachdem Robin seine Meinung nach unten korrigiert hatte – jetzt *gefiel* ihm die Kampagne nur noch, aber er war nicht mehr davon *hingerissen* –, revidierte Steve seine Meinung nach oben und verkündete, er sei nunmehr von unserem Vorschlag *hingerissen.* Steve besaß im Unternehmen mehr politischen und finanziellen Einfluß als Robin, also erhielten wir grünes Licht.

Vor Beginn der Dreharbeiten legten wir das Drehbuch zur rechtlichen Abklärung den Fernsehanstalten vor. Die drei großen Fernsehgesellschaften waren alle wie vom Donner gerührt und gestanden, daß sie nicht wüßten, wie sie mit dieser rätselhaften Ausnahme aller Regeln der vergleichenden Werbung umgehen sollten. Wir hatten uns keiner

»Schrottpolitik« (abschätzige Bemerkungen über Alexander's Mitbewerber) schuldig gemacht, aber irgendwie war ihnen unser Werbespot nicht ganz geheuer. Alle drei Fernsehanstalten gelangten zur gleichen Nichtentscheidung: Sie meinten, sie könnten die Kampagne *eventuell* genehmigen, wenn auch die beiden anderen Gesellschaften mit ihr einverstanden seien. Daher wies ich unseren Etatdirektor an, zu einer Notlüge zu greifen. Dieser führte den Befehl seines Vorgesetzten gehorsam aus, rief bei ABC an und verkündete triumphierend, daß NBC die Kampagne gebilligt habe. ABC druckste ein wenig herum und gab schließlich sein Einverständnis. Der Kontakter erzählte dann NBC, ABC habe die Kampagne abgesegnet. NBC schloß sich voller Begeisterung an. Mit CBS hatten wir nun leichtes Spiel, und wir konnten endlich mit den Dreharbeiten zu unserem Spot beginnen – da taten sich neue Hindernisse auf:

Wir wollten direkt an der Eingangstür unserer Feinde drehen – Bloomingdale's, Saks, Gimbel's, Macy's und andere bekannte New Yorker Kaufhäuser, wobei unser singendes Fotomodell schmettern sollte *»I saunter through Saks«* oder *»I browse at Bloomingdale's«* oder *»I meander through Macy's«*. Als erstes gewannen wir die New Yorker Polizei für unsere Sache. Sie erlaubte uns, Außenaufnahmen zu drehen, für die unsere vielköpfige und perfekt ausgerüstete Crew den Verkehr anhielt und Autofahrern wie Fußgängern vor diesen stark frequentierten Läden den Weg versperrte. Am wenigsten Probleme bereiteten die Dreharbeiten vor Saks Fifth Avenue, nur wenige Meter von der weltberühmten St. Patrick's Cathedral entfernt. Die zahlreichen Mitarbeiter unserer wendigen Fernsehcrew beeindruckten den Portier von Saks so sehr, daß er uns mit großem Vergnügen behilflich war, damit sein Geschäft in dieser sichtlich teuren *Saks*-Produktion auch gebührend zur Geltung kam.

Vor Gimbel's, einem anderen vielbefahrenen und -begangenen Ort, zog unsere große Crew die Aufmerksamkeit des Werbeleiters des Ladens auf sich, eines intelligenten Mannes, mit dem ich einmal bei CBS Television zusammengearbeitet hatte – und er merkte, daß da etwas faul war. Er wußte, daß diese Produktion nicht aus *seinem* Etat stammte, und er befahl uns, zu verschwinden – trotz unserer polizeilichen Genehmigung. Wir sagten ihm, er solle vernünftig sein – schließlich sei dies ein freies Land und ich ein erfahrener Profi. Unser Bluff wäre uns beinahe gelungen – doch da stürmte er in den Laden, um die Sache mit Gimbel's Rechtsanwälten zu besprechen. Wenige Minuten später kehrte er zurück und forderte uns zum Gehen auf – seine Rechtsanwälte hatten gesagt, wir hätten kein Recht, auch nur einen Zentimeter von Gimbel's zu filmen. Ich versprach ihm, daß wir es nie *wieder* tun würden (wir hatten unsere Dreharbeiten beendet, während er sich mit den Anwälten beriet). Wir bauten die Kulissen ab und machten uns so schnell wir konnten aus dem Staub.

Durch schnelles Denken und Handeln gelang es uns, den Spot in den Kasten zu bekommen. Wir taten nichts Ungesetzliches, aber da wir Szenen drehen, für die es keine Präzedenzfälle gab, traten wir mit jedem Schritt jemandem auf die Füße. Einige Kaufhäuser schrieben direkte Beschwerdebriefe an die Farkas-Brüder, aber niemand wollte vor der Öffentlichkeit als Spielverderber dastehen, da alle wußten, daß Alexander's von einem derartigen Medienrummel profitieren würde.

Nach der ersten Ausstrahlung im Fernsehen wurde *»I browse at Bloomingdale's but I buy at Alexander's«* zur bekanntesten TV-Kampagne eines Einzelhandelsunternehmens seit Menschengedenken. (Bei einem Mittagessen für Geschäftsleute entdeckte der New Yorker Bürgermeister Ed Koch einen der Farkas-Brüder unter den Gästen und sang den vollständigen Jingle, den er im Fernsehen gesehen hatte.) Diese schlagkräftige Werbekampagne rückte die Kette im Bewußtsein der Öffentlichkeit an oberste Stelle und führte zu einer spürbaren Imageverbesserung – und die Leute von Alexander's lobten uns in den höchsten Tönen.

Wenn die Vorschriften die geringste Lücke aufweisen, brause ich wie ein Lastwagen durch diesen Spalt hindurch. Insbesondere in der Werbung und vielen anderen kreativen Aktivitäten ist der rechtliche Rahmen immer in Bewegung und reagiert oftmals auf kreative Unruhestifter. Heute werden in der amerikanischen Werbung die Namen der Konkurrenten oftmals heruntergerattert, und man zeigt sogar ihre Firmenlogos – nicht nur im Wettbewerbsvergleich, sondern auch, um offen und ehrlich über den Marketingdschungel da draußen zu sprechen.

Wenn ein Kunde einem Konkurrenten den Krieg erklären möchte, sollten Sie sich vergewissern, ob er auch bereit ist, alle Konsequenzen zu ziehen – Sie könnten sich sonst die Finger verbrennen

Es war einmal eine ungestüme Kette namens Crazy Eddie, die Unterhaltungselektronik im Raum New York feilbot. Ihr unvergeßlicher Werbeslogan lautete: *»Our prices are* insane*!«* Vorgetragen wurde er vor einem äußerst dynamischen Werbesprecher, der wie ein Maschinengewehr reden konnte und die Figur des Crazy Eddie spielte. Er wurde zum lebenden Warenzeichen des Unternehmens und machte aus ihm eine bedeutende Einzelhandelskette. Crazy Eddie gehörte der Markt in den Bundesstaaten New York, New Jersey und Connecticut, doch wurde dieses mächtige Unternehmen bald zur Zielscheibe für Konkurrenzfirmen wie zum Beispiel Circuit City, die sich vorgenommen hatten, Crazy Eddie einen Teil seines gewaltigen Marktanteils abzujagen.

Unsere Agentur bewarb sich um den Etat von Circuit City, die in New York unter dem Namen Lafayette firmierte, und wir gewannen diesen Kunden (1986) mit unserer Kampagne, die allen Käufern, die des Feilschens überdrüssig waren (unseren Untersuchungen zufolge der Großteil der Bevölkerung), verkündete: »*Warum feilschen? Die neue Lafayette Circuit City gibt es im ganzen Land, und die Zugkraft unserer Marke ist zehnmal so groß wie die von Crazy Eddie. Um unsere Niedrigstpreise braucht man nicht zu feilschen. Wir sind so sehr davon überzeugt, daß wir die niedrigsten Preise bieten, daß wir Ihnen den Unterschied plus 10 Prozent zurückerstatten, wenn Sie uns jemanden nennen können, der billiger ist.*« In einem unserer Fernsehspots zeigten wir Don King, König der Feilscher und Veranstalter von Boxkämpfen. Die Kamera zeigt sein Gesicht in Großaufnahme (nicht aber seine charakteristische Punkfrisur), und er sagt in seinem unnachahmlichen Verkäuferstil: »*Manche Leute nennen mich einen Agenten der Unterhaltungsbranche. Für andere bin ich ein gerissener Geschäftemacher. Beide haben recht! Wie damals, als ich zu Lafayette Circuit City ging und zum Feilschen bereit war. Ich stand vor phantastischen Markenfernsehern und Markenstereoanlagen zu niedrigen, garantierten Festpreisen. Und man sagte mir, daß man mir den Preisunterschied* plus 10 Prozent *zurückerstatten werde, wenn ich einen billigeren Anbieter fände. Und das alles ohne Feilschen. Das versetzte mir einen solchen ›Schock‹*« – hier fährt die Kamera zurück und zeigt seine ›elektrisierten‹ Haare, die wie immer kerzengerade in die Höhe stehen –, »*daß mir die Haare zu Berge standen!*«

Wir setzten den Slogan »*Kein Feilschen*« in verschiedenen Varianten ein, und ich wußte, daß wir mit dieser schlagkräftigen Kampagne Circuit City trotz seiner schlechten Chancen in New York zu einem Namen verhelfen könnten, auch wenn der Kampf hart werden würde – Crazy Eddie mit seinem einprägsamen Slogan »Unsere Preise sind der helle Wahnsinn!« schien unbezwingbar. Aber Lafayette Circuit City hatte nun eine Kampagne, mit der die Firma ihre Marktanteile deutlich ausweiten konnte.

Nachdem die Kampagne einige Wochen gelaufen war, eröffnete uns unser Kunde jubelnd, daß man Crazy Eddie bei seinen kurzen Haaren gepackt hatte. Circuit Citys hartnäckige Marketingleute in New York hatten einen eindeutigen Beweis dafür, daß die Produkte des Konkurrenten irreführend ausgezeichnet waren. Das sah so aus: Ein Videorecorder war bei Crazy Eddie beispielsweise mit 200 Dollar ausgezeichnet. Ein anderer Code auf dem Preisschild sagte dem Verkäufer, wie weit er vor dem Geschäftsabschluß mit dem Preis hinuntergehen konnte – zum Beispiel bis auf 150 Dollar. Dem Kunden wird vorgespiegelt, er könne Crazy Eddie um 50 Dollar herunterhandeln, aber der wirkliche codierte und festgelegte »Niedrigstpreis« war um einiges niedriger als der sogenannte »Endpreis«. Es war ein abgekartetes Spiel. Der »Feilschbereich« war eine Manupulation – während man bei Circuit City den gleichen Videorecorder ohne Handeln für weniger als 150 Dollar kaufen konnte. Neben dem Weihnachtsmann gingen bei Crazy Eddie noch viele andere dunkle Gestalten um.

Angesichts dieses durchschlagenden Beweises machten die Leute von Circuit City vor Freude einen Luftsprung und drängten uns, dem Konkurrenten den Garaus zu machen – wir sollten Crazy Eddie buchstäblich die Luft abdrücken. Ich durfte unseren Kunden nicht enttäuschen, und daher erarbeitete ich eine tödliche Anti-Eddi-Kampagne.

Ich gab Crazy Eddie einen Part als reuiger Sünder in einem Beichtstuhl. »Das ist sogar noch besser, als ihm die Luft abzudrücken«, versicherte ich den Geiern von Circuit City. »In dieser Kampagne geht es an Crazy Eddies *Seele*!«

Im Beichtstuhl zeigte die Kamera einen von Schuldgefühlen geplagten Eddie, der seine Sünde aufdeckt: »*Ich versuche die Leute davon zu überzeugen, daß meine Preise der helle Wahnsinn sind. Aber selbst wenn die Leute wie verrückt feilschen, kennen sie meinen wirklichen Niedrigstpreis nicht, weil ich ein kodiertes Preissystem verwende.*« Danach beanspruchte Circuit City für sich, seine Waren zu ehrlichen Discountpreisen anzubieten.

Als wir den Fernsehanstalten unser Drehbuch schickten, griffen sie zu ihrem Nitroglyzerin. Wir sagten nicht nur, daß Crazy Eddie ein einziger Schwindel war, sondern ironisierten – wenn auch auf gutmütige Art und Weise – einen Beichtstuhl. Die Fernsehgesellschaften sahen das als diffamierende Botschaft, die möglicherweise eine Verleumdung oder ein Sakrileg oder beides darstellen könnte, aber wir beruhigten sie rasch, als wir ihnen schwarz auf weiß Beweise für die irreführende Etikettenkodierung vorlegten, und dazu noch einen Preisvergleich für das gesamte Stadtgebiet, der unsere Behauptung untermauerte.

Voller Elan machten wir uns an die Arbeit und drehten den Spot. Als ich mich zurücklehnte und auf die bedingungslose Kapitulation von Crazy Eddie wartete, geschah etwas Unerwartetes. Nur wenige Tage nach Beginn der Kampagne wies uns unser Kunde an, die Anti-Eddie-Spots abzusetzen. Crazy Eddie hatte gegen Lafayette Circuit City Klage eingereicht mit der Begründung, das Warenzeichen der Firma sei durch die Parodie ihres Sprechers/Symbols verletzt worden. *Wie bitte?* Wir hatten sogar einen Weihnachtsspot gedreht, in dem Crazy Eddie als junger, vorlauter Balg auf dem Knie des Weihnachtsmannes sitzt und mit ihm um den Preis eines Fernsehers feilscht, den Santa Claus in seinen Kamin werfen soll – aber dieses kleine Meisterwerk sollte niemals gesendet werden, weil Crazy Eddie mit einer Klage drohte. Rasch und ohne Medienzirkus einigten sich der Kläger und der Beklagte. All unsere Werbespots wurden vernichtet, woraufhin Crazy Eddie seine Klage gegen Circuit City zurückzog. Damit war der Fall abgeschlossen.

Irgend etwas hatte Circuit City einen Schrecken eingejagt, und unser Kunde hatte sich von einem Tiger in ein Kätzchen verwandelt. Kurz nach dieser Kapitulation verkaufte Circuit City alle seine Lafayette-Läden in New York und zog sich aus diesem Markt zurück. Für mich war das ein ernüchternder Augenblick, der mein Leben veränderte. Ich wurde dadurch, wie man in Rechtsanwaltskreisen zu sagen pflegt, prozeßsüchtig. Ich reiche jetzt eine Klage ein, wenn jemand nur die Augenbraue hebt oder ein falsches Wort fallenläßt.

Wer sich kreativer, innovativer Werbung verschreibt, muß natürlich auch juristische Hürden überspringen. Die Regeln und Präzedenzfälle im Bereich der Werbung spiegeln lediglich die Entwicklung bis zum gegenwärtigen Zeitpunkt wider. Zu viele junge Kreative betrachten die Richtlinien und Prinzipien der Fernsehgesellschaften als unumstößliche Gesetze, und ihre Arbeit wird aus Achtung vor dieser imaginären höchsten Instanz steif und leblos. *Die höchste Instanz für Ihre Arbeit sollten immer Sie selbst sein.* Wenn Ihre Arbeit den rechtlichen Status quo in Frage stellt, tragen Sie möglicherweise zu einer Verbesserung und Lockerung der Gesetze bei. Es ist Aufgabe der Kreativen, rechtmäßige Mittel und Wege zu finden, um juristische Hürden zu überwinden, indem sie diese Herausforderungen in kreative Lösungen umsetzen, ohne ihre eigentlichen Werke zu verwässern und sie ihrer Essenz zu berauben.

6

Eine vierfarbige Anzeige auf der Titelseite ... *kostenlos?*

Wieso eine großartige Werbekampagne *ipso facto* eine PR-Goldgrube ist

Eine großartige Werbekampagne sollte auf eine explosive Kombination aus dem Produkt und der Populärkultur abzielen. Dadurch kann (nicht jedesmal, aber wenn, dann ist das unvergeßlich) eine Art magischer Funke überspringen, der die Werbung zum Teil der Kulturszene macht. Die nationale Politik ist eine Quelle der Faszination für die Massen, die sich alle vier Jahre auf wundersame Weise erneuert. Auch das Showbusineß und der Sport sind ein fruchtbarer Nährboden für die Entstehung von Mythen, aber die Politik, in der es um Geschichte und Macht geht, bietet das größte Potential von allen. Und wenn in der Politik Herzensangelegenheiten aufgerührt werden, entsteht ein in der Allgemeinheit deutlich präsenter Mythos. Für kühne Werbetreibende mit kritischem Blick, die eine explosive Mischung anstreben, ist das eine ausgezeichnete Chance.

Im Rennen um die Nominierung zum Präsidentschaftskandidaten der Demokraten lag Gary Hart 1988 eindeutig an der Spitze, bis ans Tageslicht kam, daß er mit einer dümmlichen Blondine namens Donna Rice auf einem Boot namens *Monkey Business* in den Gewässern vor Bimini herumgeschäkert hatte. Nach Senator Harts Sündenfall und Donna Rice' Aufstieg zur Berühmtheit verpflichtete sie der ideenreiche Unternehmer Neil Cole, *President* und Gründer der Firma New Retail Concepts, für eine Werbekampagne seiner Jeansmarke *No Excuses*. Mit dieser Kampagne wurde No Excuses schlagartig berühmt.

Angesichts des Hintergrunds von Donna Rice – sie war eine attraktive Frau, Typ Fotomodell, die sündigte und keine Reue zeigte – war mir klar, daß es No Excuses nicht leichtfallen würde, eine andere Frau zu finden, die in ihre Fußstapfen treten konnte, wenn Donna Rice' fünfzehn Warhol-Minuten im Rampenlicht der Öffentlichkeit abgelaufen waren. Die neue Werbefigur müßte eine perfekte Schönheit sein, der No-Excuses-Jeans wie angegossen paßten und die der Welt verkündete, daß sie sich für ihr unanständiges Verhalten nicht zu entschuldigen gedachte. Mit diesen Anforderungen geriet No Excuses in eine Sackgasse. In Ermangelung einer besseren Alternative wählte das Unternehmen als Nachfolgerin für Donna Rice Joan Rivers: Sie war so schlank, daß sie in Jeans annehmbar aussah, hatte sich aber bisher keine ausgesprochene Sünde zuschulden kommen lassen, die ihr die Berechtigung gab, der Welt mit einem trotzigen *»No excuses, folks!«* entgegenzutreten.

Als die Kampagne an Schwung verlor, traf ich zufällig Neil Cole. »Was sagen Sie zu meiner Werbung?« fragte er mich. Ich sagte ihm, daß ich sie für nicht sonderlich beeindruckend oder faszinierend halte, daß sie aber zumindest einen großen Reklamewert besaß. »Wenigstens machen Sie Werbung, die die Leute wachrüttelt«, sagte ich. »Ich würde daher nicht behaupten, daß Ihre Werbung nichts taugt, aber man müßte ihr bestimmt noch den richtigen Biß geben.«

Einige Zeit später erhielt ich einen Anruf von Cole. »Ich weiß, daß Sie kein Fan meiner Kampagne sind«, sagte er, »aber ich benötige Ihre Hilfe. Ich stecke in der Krise. Ich bin auf der Suche nach einer neuen No-Excuses-Blondine, aber es gibt weit und breit keine Kandidatinnen. Amerika ist wirklich in einer verzweifelten Lage, George.« Ich habe eine Schwäche für derartige Herausforderungen. Cole war ein couragierter, risikofreudiger Werbetreibender, der sich eine Kampagne mit direktem Draht zur Populärkultur und zum Klatsch wünschte und sich keineswegs davor scheute, die Leute wachzurütteln. Meine erste Aufgabe bestand darin, mir eine Werbeidee auszudenken, die No Excuses eine deutliche Präsenz im Bewußtsein der Öffentlichkeit verschaffte – und insbesondere beim Einzelhandel, der immer ein wachsames Auge für geschickte Werbeaktionen hat, aber Werbetreibenden, deren Kampagnen nach einem kurzen Aufflackern verlöschen, zumeist mit Mißtrauen begegnet. Nach Neil Coles Aussage standen uns lumpige 100000 Dollar zur Verfügung, um das Unmögliche möglich zu machen, während wir darauf warteten, daß eine Nachfolgerin von Donna Rice die Aufmerksamkeit Amerikas auf sich ziehen würde. Mit diesem Etat konnte man wohl kaum eine Nation in Aufruhr versetzen, aber ich erzielte trotzdem gute Ergebnisse.

Unsere Lösung bestand in der Vergabe eines *»No Excuses Award of the Month«*, der einer Persönlichkeit aus dem öffentlichen Leben »verliehen« wurde, die gerade Schlagzeilen machte und »uns daran erinnert, daß Irren menschlich ist, Sündigen ohne Reue aber göttlich«. Ab Januar 1989 fand die Preisvergabe jeden Monat in Form einer ganzseitigen Anzeige statt, die ausschließlich in *Women's Wear Daily* erschien. (*WWD* war eine so einflußreiche Stimme in der Modewelt, daß wir in keiner anderen Publikation eine Anzeige schalten mußten.)

Als ich mich in jene Grauzone vorwagte, in der die »Verletzung der Privatsphäre« ihr häßliches Haupt erheben konnte, warnte man mich allerorts: »George, sei vorsichtig« – aber ich sagte: »Den Teufel werd' ich tun«, und überzeugte Neil Cole davon, daß wir, wenn die Welt um uns herum zusammenbrechen würde, in der gleichen Gefängniszelle sitzen und uns (da wir dann jede Menge Zeit hätten) in Erinnerungen an attraktive Blondinen ergehen würden. Als ersten Preisträger für den *»No Excuses Award of the Month«* wählte ich den damaligen designierten Vizepräsidenten J. Danforth Quayle. Noch vor seiner Amtseinsetzung bemühte sich der unerfahrene Quayle nach Kräften, seriös und staatsmännisch zu erscheinen. Wir zollten ihm genau zur rechten Zeit Tribut:

Begierig auf seinen Platz in der Geschichte,
macht er fleißig seine Hausaufgaben,
macht Striche durch sein I und Punkte auf sein T
und bereitet sich auf seine Führungsrolle vor.

Einen Tag vor dem geplanten Erscheinen der Anzeige wies uns ein Reporter von *USA TODAY* darauf hin, daß es laut Bundesgesetz verboten sei, ein Bild eines Präsidenten oder Vizepräsidenten für kommerzielle Zwecke zu verwenden. Aber man kann immer einen neuen Präzedenzfall schaffen, und wir beschlossen, Quayle dennoch unseren monatlichen Preis zu verleihen, weil unsere Anzeige, laut unserem scharfsinnigen Kunden Neil Cole, »freundlich gesonnen« war. Wir schickten dem Vizepräsidenten auch eine kleine Bronzestatue unserer Jeans und wollten ihm auch ein Dutzend No-Excuses-Jeans stiften (die er dann als Geschenke an seine Golfpartner verteilen konnte). Über die Quayle-Anzeige berichtete *USA TODAY* auf der Titelseite. Auch die Nachrichtenagenturen, *Entertainment Tonight* und andere Fernseh- und Radioshows in ganz Amerika erwähnten sie. Quayle war kein Spielverderber. Sein stellvertretender Pressesekretär wurde so zitiert: »So etwas passiert alle Tage«, obwohl die Statuette zurückgesandt wurde und man No Excuses mitteilte, daß gemäß den Regelungen der Regierung die Jeans ins Nationalarchiv wandern müßten. Wir gerieten nicht weiter unter Beschuß, und die No-Excuses-Kampagne mit ihrem Mini-Etat und ihrer erstaunlichen Reklamewirkung befand sich eindeutig im Aufwind.

Wir wählten eine schlagzeilenträchtige Persönlichkeit nach der anderen: LaToya Jackson, die gerade eine Doppelseite im *Playboy* gefüllt hatte *(»Weil sie uns gezeigt hat, daß die Ähnlichkeit zu ihrem berühmten Bruder unterhalb des Halses aufhört.«)* ... Frank Lorenzo während des Streiks von Eastern Airlines *(»Der, wenn er einmal seine Memoiren schreibt, wahrscheinlich nicht über Kapitel 11 hinauskommt.«)*[1] ... Exxon für das Auslaufen eines Öltankers vor Alaska *(»Weil sie das Schwarze Meer an die Küste von Alaska verlagert haben.«)* ... den Schauspieler Rob Lowe für seine Videoeskapaden in Atlanta *(»How Lowe can you go?«)* ... die wegen Steuerhinterziehung verurteilte Leona Helmsley *(»Hey ... seit wann ist Renovieren ein Verbrechen?«)*. Im August entschieden wir uns für Malcolm Forbes, der sich gerade in der internationalen Presse wegen seiner aufsehenerregenden Party in Marokko anläßlich seines siebzigsten Geburtstags einer fragwürdigen Berühmtheit erfreute: Er hatte eine Orgie veranstaltet, wie sie die Welt seit den Tagen Neros und Caligulas nicht mehr gesehen hatte. Unter sein Foto setzte ich folgende Bildunterschrift: *»An Malcolm Forbes, der 880 hungrigen Menschen in Afrika Essen gegeben hat!«* Ich muß gestehen, daß ich befürchtete, ich könnte dadurch meine Freundschaft zu Malcolm Forbes aufs Spiel setzen, aber ich bin eher bereit, einen Freund zu verlieren und eine zündende Anzeigenkampagne zu schalten, als einen Freund zu behalten und dafür auf eine brillante Anzeige zu verzichten. Am Morgen nach dem Erscheinen unserer Anzeige rief mir meine perfekte Sekretärin Emily Paxinos zu: »George, Malcolm Forbes hat gerade angerufen, um Ihnen zu sagen, daß er von Ihrer Anzeige *hingerissen* war und 880 Abzüge davon haben möchte!«

In keiner dieser Anzeigen wurden No-Excuses-Jeans gezeigt oder beschrieben. Wir stellten jedoch eine Verbindung her zwischen No Excuses und der wichtigsten Zielgruppe (den großen Einzelhandelsunternehmen), die einfach sehen wollte, ob Neil Cole wieder einmal einen kühnen Coup gelandet hatte, um den hohen Bekanntheitsgrad seiner Jeans zu erhalten. Unsere Anzeigen enthielten freche, unverschämt witzige Botschaften, die landesweit Aufmerksamkeit auf sich zogen und die Vertreter des Handels ansprachen, da sie durch zeitgemäße, raffinierte Anspielungen auf das aktuelle Tagesgeschehen ihrer Intelligenz schmeichelten und mit den Texten (auch wenn sie noch so kurz waren) ihren Sprachwitz und ihren Sinn für Humor auf die Probe stellten.

---

1 Anm. d. Ü.: Anspielung auf das berühmte *Chapter 11* des amerikanischen Konkursgesetzes.

Derweil wurden gegen Neil Cole und mich weder Klagen angestrengt noch Rachefeldzüge geplant oder Komplotte geschmiedet. Wir hörten nichts als gute, gesunde Publicity, die den Namen No Excuses in den Schlagzeilen hielt, während wir darauf warteten, daß eines Tages eine neue Donna Rice aus der Versenkung auftauchen werde. Wo war sie denn bloß? Es mußte jemand sein, der sich für irgendeinen Skandal nicht entschuldigte – eine schwer erfüllbare Bedingung, aber wir waren geduldig. In den Boulevardblättern hatte noch niemand die Nachfolge von Donna Rice angetreten, als uns Donald Trump die perfekte Kandidatin lieferte.

Als die Ehe zwischen »The Donald« und Ivana in die Brüche ging, öffnete sich Botticellis Muschel, und heraus trat unsere Venus: die »Andere«, Marla Maples. Sie war jung, ein Fotomodell, attraktiv, und sie hatte ungeniert gesündigt. Sie war ein Naturtalent, die Erfüllung der Wunschträume eines Kenners von der Seventh Avenue und eines Werbemanns.

Als wir Kontakt zu ihrem Agenten aufnahmen, gewannen wir deutlich den Eindruck, daß sie das Geld gut brauchen könne, um ihrem Vater, einem nicht sonderlich erfolgreichen Geschäftemacher aus Georgia, helfen zu können. Als Marla Maples mitten im Kreuzfeuer einer außergewöhnlichen Publicity stand, trafen Neil Cole und ich sie in ihrem Hotelzimmer an der Central Park South. Die junge Dame schien mir recht clever zu sein, bis sie sagte: »Ich würde wahnsinnig gerne etwas zum Thema Umwelt machen.« Ich warf Neil einen mißtrauischen Blick zu und sagte ganz langsam und zögernd mit undurchdringlicher Miene: »*Phantastisch* – Ihr jungen Leute habt echt Ahnung davon, was auf dieser Welt wichtig ist. Ich werde mir diese Idee ein wenig durch den Kopf gehen lassen; vielleicht fällt mir dazu ja ... mmh ... eine interessante Möglichkeit ein.« Neil Cole brummte ein ungläubiges »Mmh?«. Als wir das Hotel verließen, fragte er mich: »Wird Ihnen wirklich etwas zum Thema Umwelt einfallen, ohne daß wir dabei wie die Idioten dastehen?«

»Für jedes Problem gibt es eine Lösung«, sagte ich. »Keine Ursache ohne Wirkung. Kein Anfang ohne Ende.«

»Sie hören sich an wie ein verdammter Mystiker«, sagte Neil.

»Ich bin Grieche«, sagte ich. »Das kommt aufs gleiche hinaus.«

Ich machte natürlich keine Witze. Ich wußte, daß es eine Antwort auf dieses anscheinend unlösbare Problem gab. Wenn wir das Problem knakken wollten, mußten wir sicherstellen, daß unsere Botschaft als *Witz* aufgefaßt wurde. Als ich Neil Cole und seinem scharfsinnigen Marketingleiter Dari Marder unsere Lösung zeigte, verstanden sie, worauf ich hinauswollte. Dann zeigten wir unsere Idee Marla Maples: ein Storyboard für einen TV-Spot und eine Printanzeige, in der Marla in No-Excuses-Jeans den *National Enquirer* und den *Star* mit ihren erbarmungslosen Schlagzeilen zu ihrer Affäre mit Trump in einen Papierkorb wirft. Marla sagt in ernstem Tonfall: »*Das Wichtigste, was wir heute tun können, ist, unsere Erde sauberzuhalten. Und ich fange gleich hiermit an ...*« Dann wirft sie den *National Enquirer* und den *Star* in den Papierkorb und meint lächelnd: »*Damit sieht alles viel besser aus.*« Das Mädchen aus der tiefsten Provinz Georgias begriff, daß dieser ironische Ansatz nicht nur witzig war, sondern sie auch als Kämpfernatur zeigte, die aus einer Botschaft für den Umweltschutz einen frechen Racheakt machte. Cole und Maples kamen miteinander ins Geschäft.

Wir verkündeten die große Neuigkeit bei einer Pressekonferenz im Restaurant Four Seasons. Zu den meisten Pressekonferenzen kommen nicht alle der Eingeladenen, obwohl eine Veranstaltung im Four Seasons immer eine große Schar von Journalisten anlockt. Als Neil Cole den Vertragsabschluß mit Marla Maples bekanntgab, war das Lokal gerammelt voll. Marla war ganz schlicht gekleidet – in einem weißen T-Shirt und einer Jeans von No Excuses, die ihr wie angegossen paßten. Als sie verkündete, sie werde einen Fernsehspot zum Thema Umwelt machen –

»Weil das wichtig für unsere Zukunft ist« –, ging ein dumpfes Raunen durch die Reihen der Journalisten, während die Fotografen die ersten »Live«-Fotos der berühmt-berüchtigten, aber von der Öffentlichkeit völlig abgeschirmten Marla Maples schossen, die erstmals seit Beginn der Affäre vor der Presse erschien.

Die Meldung, daß wir Marla Maples verpflichtet hatten, stand auf den Titelseiten der Zeitungen und wurde in sämtlichen Nachrichtensendungen im Fernsehen erwähnt – und alle konzentrierten sich auf die Tatsache, daß die Freundin von Donald Trump für den *Umweltschutz* werben würde! Die ganze Situation stand kurz davor, von der Satire ins Absurde abzugleiten – es sei denn, die Werbung würde irgendwie einen Ausgleich schaffen zu diesem ganzen abwegigen Zirkus.

Ich wußte, daß die Fernsehanstalten den Spot mit Sicherheit wegen seiner himmelschreienden Verunglimpfung ablehnen würden, auch wenn sie mit einem breiten Lächeln vorgeführt wurde, das bedeutete: »Hey, Leute, wir meinen das nicht wörtlich. Wir nehmen uns selbst auf die Schippe, indem wir aus einem langweiligen Thema einen lustigen Sketch machen.« Aber selbst wenn uns die Fernsehgesellschaften einen Strich durch die Rechnung machen sollten, konnten wir immer noch den Spot im Kabelfernsehen zeigen, das den Werbetreibenden mit seiner flexiblen Haltung gegenüber der Selbstzensur eine ganz neue Welt eröffnet hatte. Außerdem standen uns einige unabhängige Sender zur Verfügung, darunter vor allem Channel 5, das Aushängeschild von Fox, das sich als vierte nationale Fernsehanstalt etablieren wollte. Wie erwartet, machten die großen Fersehanstalten uns das Leben schwer. CBS sagte, unser Spot verunglimpfe ein anderes Produkt. NBC verkündete: »Unsere Einrichtungen sind nicht dafür da, private Zwistigkeiten auszutragen.« ABC zog den Kopf ein und blieb stumm. Daraufhin gab Neil Cole eine Pressemitteilung heraus, in der er die Welt über die ablehnende Haltung der Fernsehgesellschaften in Kenntnis setzte. Die Kolumnistin Joanne Lipman berichtete darüber im *Wall Street Journal* (30. Juli 1990):

> *Die New Yorker Tageszeitung* Newsday *brachte einen Farbabdruck der Anzeige auf ihrer Titelseite. Fast jeder Fernsehsender, darunter auch einige, die den Spot abgelehnt hatten, berichteten in den Abendnachrichten darüber. George Lois, dessen Werbeagentur für den TV-Spot verantwortlich zeichnet, meinte dazu in schönster Offenheit: »Selbst wenn dieser Spot nicht ausgestrahlt wird, sieht es immer noch so aus, als hätten wir einen Etat von 50 Millionen Dollar ausgegeben. Wie könnte man sich eine solche Publicity je kaufen?«*

Wenn der – *farbige* – Nachdruck der Anzeige quer über die ganze Titelseite von *Newsday* das einzige Kapital gewesen wäre, das wir aus diesem Spektakel geschlagen hätten, wäre allein diese kostenlose Werbung schon ein Vermögen wert gewesen. Meines Wissens hat noch nie zuvor eine größere New Yorker Zeitung auf der ersten Seite eine Farbanzeige abgedruckt! Außerdem berichteten die Nachrichten in Fernsehen und Hörfunk, *Entertainment Today*, Talkshows, Lokalsender und alle möglichen Zeitungen über unseren »verrufenen« TV-Spot, dessen Ausstrahlung die Fernsehanstalten nicht erlaubten.

Dieses Paradebeispiel zeigt, warum und wieso eine großartige Werbekampagne immer auch eine phantastische PR-Kampagne ist. Neil Cole gab 600 000 Dollar aus, die die Gage für Marla Maples, die Pressekonferenz im Four Seasons, die Drehkosten für den TV-Spot und die Produktion der vierfarbigen Printanzeige abdeckten – ein wahrhaft winziger Etat, der einen Rattenschwanz kostenloser Reklame nach sich zog. Barbara Lippert von der *Adweek* schrieb für die Leser ihrer Kolumne »Adweek Critique« (30. Juli 1990):

> *... in dieser Werbung sieht Marla wirklich und wahrhaftig gut aus. Sie darf nicht einfach drauflosquasseln. Was sie statt dessen tut, ist erträglich: Sie macht sich über sich selbst lustig ... Das Geniale an diesem Spot ist die künstlerische Gestaltung, die sich George Lois ausgedacht hat. Die Natur ringsumher ist üppig, wie ein Garten Eden, und Maples spielt eine bescheidene Eva. Mit dem Wasserfall hinter ihrem Kopf sieht sie aus wie Botticellis Venus in einer frisch gebügelten Jeans ... Ein phantastischer Werbespot ...*

Wenn man auf eine explosive Mischung aus dem Produkt und der Popülärkultur abzielt, kann eine Art magischer Funke überspringen, der die Werbung zum Teil der Kulturszene macht. In dieser Kampagne mit Marla Maples ist uns dies gelungen. Als wir No-Excuses-Jeans mit der Affaire des Donald Trump verbanden, entstand ein ganz neues Wesen. (Wenn Sie mir hier nicht folgen können, sollten Sie sich vielleicht überlegen, ob Sie nicht lieber eine Karriere als Wirtschaftsprüfer einschlagen sollten.)

Eine großartige Werbekampagne ist immer *ipso facto* eine großartige *PR-Kampagne.* Wenn Sie nicht glauben, daß Ihre Werbung genügend Dynamik besitzt, um zum Gesprächsthema für die gesamte Nation zu werden, lassen Sie damit die Chance, Berühmtheit zu erlangen, ungenutzt verstreichen.

7

Eine kreative Einstellung zur Forschung

Wenn alles, was wir im Fernsehen vorgesetzt bekommen, getestet wird, wieso gibt es dann soviel miserable Werbung?

Kreative Werbeagenturen mußten jahrelang mit dem ungerechtfertigten Vorwurf leben, sie seien Gegner der Marktforschung. In meiner Eigenschaft als Werbemann, der sich während seiner gesamten Karriere für die These eingesetzt hat, daß eine von Kreativen geführte Werbeagentur die einzige Organisationsform darstellt, die kontinuierlich zündende Werbeideen hervorbringen kann, möchte ich Ihnen einen Überblick darüber geben, welche Rolle meiner Ansicht nach die Forschung spielen kann und sollte.

Ich betrachte Marktforschung als eine wesentliche Disziplin in der Welt der Werbung, aber ich bin auch der Auffassung, daß ein übermäßiger Einsatz der Forschung der Inspiration abträglich sein kann. Man muß ein vernüftiges Gleichgewicht finden, so daß die Wissenschaft der Marktforschung den kreativen Prozeß nicht hemmt, sondern vielmehr stärkt und sogar stimuliert. Meiner Meinung nach kann die Werbung, die ja eine Kunst ist, sich nicht auf Prognosen oder Behauptungen stützen, die auf der Grundlage *wissenschaftlicher* Methoden aufgestellt wurden. Aber die Forschung ist ein wichtiges Hilfsmittel für alle seriösen Werbeleute, wenn man sie zur Sammlung von *Marktdaten* einsetzt und den Kreativen damit verdeutlicht, was ihre Hörfunk- und Fernsehspots und ihre Printanzeigen *vermitteln.*

Wenn Markt*daten* – Konkurrenzmarken, Marktanteile, lang- und kurzfristige Trends, Einstellungen der Verbraucher, Preisfaktoren, Branchenklatsch, Werbung der Konkurrenz – geschickt gesammelt und strukturiert werden, können sie einem einen nützlichen Überblick über das Marktgeschehen liefern. All das fällt unter die Überschrift *Hausaufgaben.*

Angesichts der Notwendigkeit solcher Hintergrundinformationen läßt mich meine Werbeleidenschaft eine kreative Antwort anstreben, die einen Slogan oder eine Botschaft auf unvergeßliche Art und Weise an den Mann oder die Frau bringt – und die Menschen zum Handeln veranlaßt. Wann immer dies möglich ist, ziele ich auf eine magische Verbindung mit Mythen und/oder der Populärkultur ab, die dem Produkt eine unwiderstehliche Aura verleiht. Aus diesem Grund ist die Kommunikationsforschung so wichtig, denn sie zeigt den Kreativen, ob ihre Arbeit ankommt ... ob die Menschen ihre Slogans verstehen und sich daran erinnern können ... ob der Markenname des Produkts auf eindrucksvolle, ansprechende Weise vermittelt wird ... und ob der Konsument mit der Werbung ein positives Bild verbindet. Kommunikationsforschung kann Antworten auf diese Fragen liefern, aber sie kann nicht testen, ob die Werbung »gut« ist – ob sie die geheimnisvolle Kraft besitzt, die Menschen tief im Inneren emotional anzusprechen. Die Forschung kann Ihnen *gewisse* Anhaltspunkte zur Qualität liefern, wenn Sie damit den *Bekanntheitsgrad* Ihrer Werbung messen. Wenn sich mehr Menschen an Ihre Werbebotschaft als an die der Konkurrenz erinnern, läßt das zumindest einige Schlüsse auf die Wettbewerbskraft Ihrer Werbung zu.

Die Überzeugungskraft ist ein weiterer wichtiger Indikator, der in traditionellen Untersuchungen zur Werbewirksamkeit herangezogen wird. Für Werbeleute sind die »Top Two Boxes« ein Begriff, d. h. der Prozentsatz der Verbraucher, die sagen, daß sie die beworbene Marke *definitiv* kaufen werden (das oberste Feld in einem Forschungsbericht), und derjenigen, die sie *wahrscheinlich* kaufen werden (das zweite Feld im Bericht). In vielen Fällen entscheiden diese beiden Meßzahlen darüber, ob eine Kampagne durchgeführt wird oder nicht. Wenn diese Werte hoch sind und sich dazu noch ein hoher Erinnerungswert (Einprägsamkeit) gesellt, dann ist der Werbespot vermutlich irgendwie richtig. Ein Großteil der Werbung verzeichnet allerdings einen niedrigen Erinnerungswert – und das bedeutet, daß hohe Prozentsätze in den »Top Two Boxes« kein Grund zum Frohlocken sind. Bevor Sie die Verbraucher überzeugen können, muß ihnen zunächst einmal Ihre Werbung auffallen. Ein Großteil der Werbung ist *unsichtbar*.

Die Forschung kann ein wunderbares Hilfsmittel darstellen, wenn man sie mit gesundem Menschenverstand paart. Eine Fixierung auf Zahlen führt zu unsichtbarer Werbung. (Sex kann ebenfalls wundervoll sein und tut einem mit Sicherheit gut, aber wenn die Leistung im Vordergrund steht, wird er zu einer ziemlich öden Angelegenheit!) Entscheidend ist die Spontaneität. In der Forschung bedeutet das, daß die Kreativen einer Agentur an den Untersuchungsverfahren mitwirken sollten.

Procter & Gamble, General Food und die meisten anderen großen Konsumartikelhersteller geben niemals ihre Zustimmung zur Ausstrahlung eines für sie produzierten TV-Spots, wenn er nicht zuvor mit Hilfe der Forschung überprüft wurde. Sie loten das Engagement, die Motivation und die Überzeugungskraft aus – all jene Aspekte der Werbung, die einen direkten Bezug zur Metaphorik und zur künstlerischen Gestaltung haben. Werbeagenturen bezahlen Kreative dafür, daß sie Bilder und Symbole heraufbeschwören, die auf dem Markt den Wunsch nach einem Produkt wecken. Diesen künstlerischen »Zauber« erleben die Verbraucher zu Hause, wenn sie sich Fernsehwerbung ansehen – ohne jemals genau sagen zu können, *warum sie auf diese Weise reagieren.* Dieses undefinierbare Erlebnis versuchen Marketingwissenschaftler in ihren Untersuchungen zu analysieren, aber sie werden diesem Geheimnis aller Geheimnisse niemals auf die Spur kommen. In Gruppendiskussionen verbergen die Menschen ihre innersten Gefühle, die häufig schon von vornherein in ihrem Unterbewußtsein zu finden sind. Diese Emotionen treten nur dann an die Oberfläche, wenn die Menschen Werbung *zu Hause in ihrem privaten Umfeld* sehen.

Die Verbraucher ignorieren die *meisten* der im Vorfeld getesteten Werbespots, wenn sie auf ihrem Fernsehschirm erscheinen. Diese ach so schlechte Werbung ist häufig ein heimtückisches Nebenprodukt der *Pretests.* Die Beliebtheit solcher Pretests bei der Gestaltung einer Werbekampagne (und in der Produktentwicklung) zwingt allzu viele Kreative, einen nichtssagenden Mittelweg zu wählen. Viele gewiefte Werbeleute sagen sich bereits frühzeitig, daß man nichts gewinnt, wenn man sich gegen das System sträubt, und daher verbünden sie sich mit der Wissenschaft, anstatt sie zu bekämpfen. Statt sich der Herrschaft der Technokraten zu widersetzen, knacken sie den »Forschungscode« und machen Werbung, *die in den Tests gut abschneidet.* In den meisten Agenturen bestimmen Kontakter und Marktforscher, welche Untersuchungen durchgeführt und welche Fragen gestellt werden, während die kreativen Mitarbeiter der Agentur, die am besten die Reaktionen und Antworten der Konsumenten auf ihre Arbeit visualisieren könnten, außen vor bleiben. Wenn dann die Forschungsergebnisse vorliegen, *weist man sie an,* diese Szene oder jene Formulierung zu ändern oder wieder ganz von vorne zu beginnen und sich eine neue Kampagne auszudenken. Eine derartige Forschungsmethode erstickt jede zündende Idee im Keim. Vernünftig eingesetzt kann die Forschung jedoch die Kommunikation und den Erinnerungswert verbessern ... und gleichzeitig die wesentlichen kreativen Kerngedanken der Kampagne schützen.

Wenn ein Kunde verzweifelt und in Zeitnot ist, kann hemdsärmelige Forschung Zeit und Geld sparen und dem Management gleichzeitig die Beweise für einen neuen Werbeansatz liefern

Purolator Courier war 1986 ein kränkelndes Unternehmen mit einem Umsatz von 600 Millionen Dollar, das als Expreßkurierdienst gegen die übermächtige Konkurrenz von Federal Express ums Überleben kämpfte. Es bedurfte eines Wunders, um die Telefone von Purolator *sofort* zum Klingeln zu bringen und die Umsätze in die Höhe schnellen zu lassen, da das Unternehmen andernfalls binnen weniger Wochen seine Pforten hätte schließen müssen. Ich wußte, daß wir eine Art symbolischen Repräsentanten finden mußten, mit dessen Hilfe die Werbung von Purolator sich klar von der in der Kurierbranche vorherrschenden »Lobotomie-Schule« abgrenzen konnte (Werbung, die in ihren Spots dümmlich dreinblickende Geschäftsleute zeigt, die aussehen, als hätten sie einen Eingriff in ihre Gehirnsubstanz hinter sich). Aber wer sollte diese Rolle übernehmen? Wir mußten eine Persönlichkeit finden, die allgemein bekannt war (wir hatten keinen einzigen Tag übrig, um unser Leitbild der Öffentlichkeit vorzustellen) und den schnellen Service der Firma Purolator sowie ihre Anstrengungen, sich als David gegen den Goliath Federal Express durchzusetzen, verkörperte.

Wir ließen das erforderliche Wunder wahr werden, indem wir die Zeichentrickfigur Road Runner als Symbol für Purolator wählten. Dieser gerade fünfzig Zentimeter große Wüstenvogel zischt mit Lichtgeschwindigkeit über die Erde; die Zeichentrickfigur zieht eine Rauchwolke hinter sich her und sagt nur zwei Worte: *»Beep Beep!«* Unser Werbetext lautete: *»The Road Runner works for Purolator. We run rings around the Coyote Courier!«* (Raten Sie mal, wer damit gemeint war!) Wir wählten auch eine einzigartige gebührenfreie Nummer aus: 1-800-BEEP-BEEP. (Sie hatte acht Stellen, aber wen interessierte das? Die letzte Stelle war ohne Bedeutung und hatte keinen Einfluß auf die gewählte Nummer.)

Unser findiger Marketingleiter Jon Tracosas und unsere Kreativen steckten die Köpfe zusammen und dachten sich ein Forschungsmodell aus, um folgende Schlüsselfragen beantworten zu können:

1. Kennen die Leute den Road Runner?
2. Kennen ihn nicht nur Kinder, sondern auch Erwachsene?
3. Wissen sie, wer für den Kojoten-Kurier Pate gestanden hat?
4. Mögen sie die Zeichentrickfiguren?
5. Würde diese Werbung einen potentiellen Kunden eines Kurierdienstes veranlassen, Purolator anzurufen?

Dann schickten wir Mitarbeiter unserer Agentur mit einem einfachen Fragebogen und einer Zeichnung des Road Runners, die ihn mit einer Kappe von Purolator Courier und den fettgedruckten Worten *»Beep Beep!«* zeigte, in die Feldforschung. Unsere Untersuchung erbrachte folgende Ergebnisse:

1. Die dreißig Personen, denen wir den Fragebogen vorlegten, erkannten allesamt den Road Runner auf den ersten Blick. Angehörige der Altersgruppe zwischen zwanzig und vierzig hatten als Kinder den Road Runner im Fernsehen gesehen. Leute über vierzig kannten den Road Runner aus dem Kino, wo das Publikum zu applaudieren pflegte, wenn dieser mutige, gewitzte Vogel auf der Leinwand erschien.
2. Sechsundzwanzig der dreißig Teilnehmer an unserer Umfrage wußten, daß der Kojoten-Kurier eine Anspielung auf Wile E. Coyote[1] war, und siebenundzwanzig unserer Interviewpartner konnten diesen Namen richtig buchstabieren.
3. Alle liebten Road Runner und den Kojoten; manche waren leidenschaftliche Fans, andere vergötterten die Figuren geradezu. Beim Anblick der Zeichnung des Road Runners riefen viele unwillkürlich »Beep Beep« und brachten damit kurzzeitig das Interview zum Entgleisen.
4. Alle gaben an, sie würden Purolator in Erwägung ziehen, wenn sie das nächste Mal einen Expreßkurier benötigten.

Eigentlich hätten diese dreißig Interviews vollständig ausgereicht, aber wir befragten weitere einhundert Leute, um dem Management von Purolator zu beweisen, daß der Road Runner sofort ein durchschlagender Marketing- und Werbeerfolg werden würde. Die Ergebnisse waren die gleichen – der Road Runner war offenbar eine der beliebtesten Figuren Amerikas und somit ein perfektes Symbol für den neu zu belebenden Kurierdienst.

Wir vereinbarten mit dem Vorstand von Purolator einen Termin für die Präsentation unserer Kampagne und unserer Forschungsergebnisse. Zu den Mitgliedern dieses Gremiums gehörten so illustre Vertreter des öffentlichen Lebens wie Nicholas Brady, der ehemalige Chef von Dillon Read und spätere Senator von New Jersey (sowie Finanzminister im Kabinett der Regierung Bush), General Brent Scowcroft,

1 Anm. d. Ü.: Der englische Name des Kojoten Karl ist ein Wortspiel mit *wily* (listig).

die führende Koryphäe Amerikas auf dem Gebiet der Stationierung von Marschflugkörpern (und nationaler Sicherheitsberater von Präsident Bush). Auch die übrigen Direktoren konnten ehrfurchtgebietende Ahnentafeln vorlegen; alle waren sie offensichtlich wohlhabende Männer in dunklen Maßanzügen, mit weißen Haaren und Hängebacken – und dazu noch eine Dame vom Typ Margaret Thatcher, aber distinguiert. Sie waren lebende Karikaturen der einflußreichen protestantischen Elite – und gehörten auch zu der kleinen Gruppe der Amerikaner, für die der Road Runner *kein* Begriff war. Als ich diesen flinken Wüstenvogel mit einem lauten »Beep Beep« nachahmte, schreckte ich einige der Anwesenden aus ihrem Nickerchen auf. Die Gruppe lachte höflich in sich hinein, was bei diesen feinen Leuten ein Ausdruck glühender Begeisterung ist, obgleich Scowcroft weise schmunzelte (wie es sich für einen General gehört) und Brady ein vorsichtiges Lächelte probierte, als wolle er auf den neuesten Stand des Dow-Jones-Index warten, bevor er sich festlegte. Mein Forschungsleiter präsentierte dann die Ergebnisse unserer Interviews und parodierte dabei voller Beigeisterung unsere Interviewpartner (*ich* werde sie nicht »Probanden« nennen), wie sie ein lautes *»Beep Beep«* von sich gaben. Dann zeigten wir einen alten Zeichentrickfilm mit dem Road Runner. Es war ein außergewöhnliches Schauspiel: Die Elite der amerikanischen Wirtschaft sah sich während der Arbeitszeit einen Zeichentrickfilm für Kinder an, um über das Schicksal eines großen amerikanischen Unternehmens zu entscheiden.

In Wirklichkeit wußten wir bereits nach den ersten dreißig Interviews, daß wir einen wirklichen Helden der Massen- und Populärkultur gewählt hatten. Das bestätigte später auch mein Gespräch mit Phil Dougherty von der *Times*, in dem ich die Geschichte dieser Kampagne erzählte. Am nächsten Morgen berichtete er in einer aufsehenerregenden Reportage über unsere Werbung. Er erwähnte auch unsere gebührenfreie Nummer 800-BEEP-BEEP. Noch am gleichen Tag liefen die Telefone heiß – zu unserem Leidwesen, denn die Nummer gehörte noch nicht Purolator. Die Verhandlungen mit dem damaligen Eigentümer der Nummer – der amerikanischen Niederlassung eines deutschen Chemieunternehmens – waren noch im Gange, und die Leitungen dieser Firma wurden von den Anrufern blockiert. Um sie zu besänftigen, stellte sich ein Dutzend Führungskräfte von Purolator eilends für den Telefondienst zur Verfügung.

Sobald Purolator offizieller Eigentümer der Nummer war, starteten wir unsere TV-Kampagne. Von diesem Augenblick an konnte sich Purolator vor Anrufen nicht mehr retten. An einem einzigen Tag gingen sage und schreibe 15 000 telefonische Bestellungen ein. Sobald unser Road-Runner-Spot in einem Markt gesendet wurde, schoß die Zahl der telefonischen Bestellungen am nächsten Tag durchschnittlich um 58 Prozent in die Höhe. Das Schicksal von Purolator wendete sich zum Guten – und zwar in kürzester Zeit. Wenige Monate später veranlaßte der bessere Zustand des Unternehmens Emory zu einer freundlichen Übernahme, und die Großaktionäre der Firma Purolator machten über Nacht ein Vermögen. Untersuchungen auf der Basis des gesunden Menschenverstands hatten es uns ermöglicht, das Management von Purolator davon zu überzeugen, daß unsere Kampagne Erfolg zeitigen werde, und die erstaunlichen Resultate bewiesen, wie richtig wir mit unserer Ad-hoc-Studie gelegen hatten.

Da wir diesen Etat nur ganz kurze Zeit betreuten, glaubten viele Branchenkenner, wir hätten einen Reinfall erlebt. In Wirklichkeit hatten wir Purolator eine sensationelle Erfolgsspritze verpaßt, und die Akquisition brachte vielen Menschen hohe Gewinne ein.

Wie man der Werbung einer nationalen Institution eine neue Stoßrichtung gibt

Das Magazin *Time* wechselt nur selten seine Werbeagentur – eigentlich nur alle fünfzig Jahre einmal. Ende der achtziger Jahre hatten sich die Zeiten jedoch drastisch geändert, und die wöchentlich erscheinenden Nachrichtenmagazine – und sogar *Time* – bekamen die schlechte Lage zu spüren. Die Leser werden generell mit einer unaufhörlichen Informationsflut überschüttet, und kein Mensch auf der Welt kann bei den wichtigsten Publikationen auf dem laufenden bleiben. Außerdem ist auch noch das Fernsehen, und insbesondere die Kabelprogramme, deutlich auf dem Vormarsch. (1989 hatte ein an das Fernsehnetz angeschlossener US-Haushalt im Durchschnitt 27,7 Programme zur Auswahl!) Zudem stehen die Werbetreibenden bei der Mediaplanung vor einer schwindelerregenden Anzahl von Alternativen, was zur Folge hat, daß die für die Werbung Verantwortlichen Anzeigen in *Time* nicht mehr als absolut unerläßliches »Muß« betrachten.

Der Herausgeber der *Time*, der unkonventionelle Chip Weil, rief mich an und fragte, ob meine Agentur sich um den Etat der *Time* bewerben wolle. Es war ein Angebot, das ich nicht ablehnen konnte – *Time* ist eines der führenden Nachrichtenmagazine, und der Gedanke, daß sich diese Zeitschrift für eine aggressivere Werbung erwärmen könnte, begeisterte mich.

Ohne Untersuchungen durchführen zu müssen, erkannten wir instinktiv, worin das Problem von *Time* lag: Wer zum Teufel hat denn heutzutage noch Zeit zum Lesen? Das liegt nicht nur an der Fülle des angebotenen Materials, nicht nur an den vielen Nachrichtensendungen, die allabendlich von so vielen Fernsehsendern ausgestrahlt werden, sondern auch an dem unglaublichen Druck, unter dem wir alle stehen. Ich fühlte mich sogar selbst ein wenig schuldig, weil es mir jeden Monat schwerer fiel, *Time* so gründlich zu lesen, wie ich das gerne getan hätte – trotz der hervorragenden wöchentlichen Zusammenfassung und Analyse des aktuellen Tagesgeschehens und der sportlichen und kulturellen Ereignisse. Wenn ich dieses Magazin jede Woche lesen wollte, mußte ich mir dafür Zeit nehmen. Ich wußte insgeheim, daß der kreative Slogan für das Magazin so lauten mußte:

Make time for Time

Ein aus vier Wörtern bestehender Slogan, in dem der Produktname zweimal vorkam! Um ganz sicherzugehen, daß wir uns in die richtige Richtung bewegten, führten wir Einzelinterviews mit Lesern von Zeitschriften und Zeitungen durch, deren demographische Daten ziemlich genau denen der *Time*-Leser entsprachen. Wir stellten fest, daß die Leser zwar *Time* Bewunderung entgegenbrachten, daß aber ihre Treue dem Nachrichtenmagazin gegenüber nachließ unter dem Druck der Informationsflut und durch den hartnäckigen Eindruck, daß sie »nicht genug Zeit« für *Time* hatten.

»Make time for Time« war der Schlachtruf, der ihrem Magazin unserem Dafürhalten nach eine neue Bedeutung, eine neue Eindringlichkeit und den erforderlichen »modischen« Touch verlieh. (Heutzutage wird ein nationales Kleinod oder eine nationale Institution eher als Monument betrachtet und gilt nicht als spannender Lesestoff.) *»Make time for Time«*, so argumentierten wir, war also ein aktiver Satz, der für den Kauf warb, der eingestand, wie viel beschäftigt wir alle sind, und der dem Leser deutlich suggerierte, daß er ein wenig seiner kostbaren Zeit für *Time* reservieren sollte. Außerdem machte es Spaß, diesen Satz zu sagen – oder zu singen. Der Slogan war ferner wunderbar wohlklingend und auf so geschickte Weise einprägsam, daß sich jedermann sofort daran erinnern würde.

Unsere Agentur gewann den Etat und wurde die zweite Werbeagentur von *Time* innerhalb von fünfzig Jahren. Die Kampagne *»Make* *time for Time«* lief im Herbst 1989 in den größeren Märkten an. Neben einer zündenden Werbeidee – *»Make time for Time«* – präsentierten wir auch eine brillante *Medien*idee, die es uns ermöglichte, das Titelblatt von *Time* im Fernsehen zu zeigen, bevor die jeweilige Ausgabe am Kiosk erhältlich war. Wir vollbrachten eine logistische Glanzleistung: Das tatsächliche Titelblatt der jeweils am Montag erscheinenden wöchentlichen Ausgabe ist erst ab Samstagnachmittag verfügbar. Wir schrieben daher unsere Werbespots am Freitagnachmittag und drehten am Samstagabend die TV-Spots, damit sie am Sonntag in Sendungen wie »Meet the Press«, »Face the Nation« und »60 Minutes« ausgestrahlt werden konnten. Wir wollten damit auf Sendung gehen, *bevor* das Magazin im Handel erhältlich war. Wir wollten, daß die Menschen im ganzen Land das brandaktuelle *Time*-Cover am Sonntag zu Gesicht bekamen, *bevor* es am Montagmorgen, wenn sie sich auf dem Weg zur Arbeit befanden, am Kiosk auftauchte.

Über vierzig Fernsehstationen erklärten sich bereit, eine Satelliteneinspielung unserer Spots erst um 23 Uhr am Samstagabend in Empfang zu nehmen. Ein ähnliches Wunder vollbrachten wir für unsere Zeitungsanzeigen, die am Montagmorgen erscheinen sollten und per Satellit an Zeitungen im ganzen Land übermittelt wurden. Aus kreativer Sicht verlieh unsere zündende Idee *»Make time for Time«* dieser großartigen Zeitschrift eine neue Eindringlichkeit und Tragweite. Mit Hilfe von ebenso findiger, aktiver *Media*planung machten wir dann das Unmögliche möglich und gaben den Amerikanern am Sonntag Informationen, die normalerweise erst am Montag erhältlich waren. Wir hatten eine zündende kreative Idee geliefert, während unsere zündende Medienidee beeindruckte, da wir durch den erfinderischen Einsatz neuer Technologien unmögliche Fristen einhalten und somit mehr Exemplare von *Time* verkaufen konnten.

Nach unserem Medienwunder wollte man in der Branche wissen, wie uns diese unvorstellbare Leistung gelungen war. Das war gar nicht so schwierig – wir machten uns einfach die vorhandene Technik zunutze und legten dabei Einfallsreichtum und Dynamik an den Tag. (Und trotz meines Abscheus gegen Preise war unser Medienleiter Chris Tinkham, der sich niemals mit einem Nein zufriedengab, so stolz auf den Coup, den seine Abteilung für *Time* gelandet hatte, daß er mich dazu überredete, an einem Wettbewerb für Media-Preise teilzunehmen. »Nur wenn man keinen Smoking ausleihen muß, um seinen Preis in Empfang zu nehmen«, lautete meine Bedingung. Einige Wochen später überreichte man Tinkham, der einen Straßenanzug trug, für unsere Agentur den *Adweek Award* von 1990 für den kreativsten Einsatz des lokalen Fernsehens.)

Während der Ausarbeitung der Kampagne spielte die Forschung die ganze Zeit über eine adäquate Rolle. Wir interviewten Werbetreibende und Agenturmitarbeiter in drei Großstädten und setzten das Verfahren der »Adjective Selection« ein (ein nützliches Instrument der Forschung, das die Einstellung vor und nach der Werbung mißt). Daher konnten wir unsere Annahmen bereits zu dem Zeitpunkt überprüfen, als wir über die Werbekampagne für *Time* nachzudenken begannen.

Ich muß Ihnen gestehen, daß die Forschung, die für unsere Kunden durchgeführt wird – sei es von unserer Agentur oder von externen Forschungsinstituten –, größtenteils genau mit unserer Strategie und Vorgehensweise übereinstimmt. Nur in seltenen Fällen erfahren wir etwas Überraschendes oder Unerwartetes, das unsere Arbeit in eine ganz andere Richtung lenkt. Forschung bedeutet letzten Endes, mit Menschen zu sprechen und herauszufinden, was sie denken und wie sie auf die Werbung reagieren – und insbesondere für die Untersuchungen zum Thema *Time* bin ich selbst vermutlich das demographische Idealbild. Ich bin ein Werbeprofi, und ich lese gerne alles, was mir in die Finger kommt – aber ich stehe unter Zeitdruck, und ich fühle mich immer ein wenig schuldig, wenn ich nicht dazu komme, die wichtigsten Publikationen zu lesen ... wie zum Beispiel *Time*. Mit dem Slogan *»Make time for Time«* richtete ich eine Botschaft an *mich selbst* – und der einzige Unterschied zwischen meiner Resonanz und der meiner Pendants in anderen amerikanischen Großstädten ist die Tatsache, daß ich mit einem eleganteren Akzent spreche. Aber verstehen Sie mich nicht falsch: Wenn die Forschung ein Konzept *bestätigt*, von dem ich weiß, daß es richtig ist, dann ist das von ausnehmend großer Bedeutung – denn die Kunden erwarten, daß die Instinkte und Annahmen der Kreativen von einer dritten Seite für richtig befunden werden. Für *Time* führten wir Untersuchungen nach allen Regeln der Kunst durch, und alle gingen zufrieden nach Hause.

Die Kampagne *»Make time for Time«*, die nunmehr bereits das zweite Jahr läuft, hat dieser Zeitschrift jene zusätzliche Schlagkraft verliehen, die eine so entscheidende Rolle spielt in Anbetracht der Tatsache, daß der Markt für Zeitschriften im allgemeinen und für Nachrichtenmagazine im besonderen seit dem Zweiten Weltkrieg selten so hart umkämpft war wie heute.

Die Forschung ist für Kreative eine Ressource von unschätzbarem Wert, denn sie zeigt im voraus, ob eine Kampagne die richtige Botschaft vermittelt, den Verbrauchern im Gedächtnis bleibt und sie zum Handeln veranlaßt. Aber leider ist Forschung für viele Werbeleute mit mäßiger Begabung ein »Test«, den sie »bestehen« müssen, wenn sie ihre Arbeit veröffentlichen wollen. Die Fernsehspots für verpackte Waren gehören zu den mit am gründlichsten überprüften Werbemitteln – und die meisten (ja sogar nahezu *alle*) Spots für Konsumartikel, die über unsere Bildschirme laufen, haben ihre Forschungstests »bestanden«. Es funktioniert immer alles so reibungslos in diesem Konsumgüterhimmel – ach, wenn das nur im richtigen Leben ebenso wäre! (Wenn 99 Prozent der Werbespots für verpackte Waren getestet wurden, warum taugen dann 98 Prozent davon nichts?)

Wenn wir Werbung machen, damit sie die Tests der Forschung besteht, dann wird die »Wissenschaft« der Werbung am Ende den Sieg davontragen. *»I want my MTV!«* hätte die Pretests nicht bestanden. *»When you got it, flaunt it!«* wäre in den Pretests mit Pauken und Trompeten durchgefallen. *»Think small«* wäre mit atemberaubender Geschwindigkeit aus dem Rennen gefallen. Glücklicherweise folgten Bob Pittman von MTV, Harding Lawrence von Braniff und der Mann an der Spitze von Volkswagen ihren Instinkten. Und General Scowcroft und Minister Brady erfahren hoffentlich niemals, daß es so etwas wie Testwerbesendungen gibt.

8

Immer Ärger mit dem Ego

Auch Sie würden unter Verfolgungswahn leiden, wenn die Leute ständig hinter Ihnen her wären!

Der Revisionismus gehört zu den Gefahren im Leben der Werbeleute. Auseinandersetzungen um die Frage, wem die Ehre für eine zündende Idee gebührt und wer was wann gesagt oder geschrieben hat, können einen auf die Palme bringen, wenn man sich kein dickes Fell gegenüber derartigen Schlammschlachten zulegt. Die Werbung lockt leidenschaftliche Persönlichkeiten an, die heftige Auseinandersetzungen, der Reiz eines Sieges und die Qual der Niederlage erst richtig aufblühen lassen. Die Werbung ist auch ein Magnet für viele Menschen, denen es an Talent mangelt, die aber kreative Brillanz vortäuschen und sich Arbeiten als ihr Verdienst anrechnen, die sie niemals geschaffen haben. Mehrmals im Jahr legen mir Kreative Mappen vor, in denen einige meiner eigenen Arbeiten enthalten sind. Ich zucke die Achseln und gehe meiner Wege.

Mehr als in den meisten anderen Berufen treibt das Ego in der Werbung wilde Blüten, und das meine ich nicht im negativen Sinne. Bei allen großen Innovatoren (in und außerhalb der Werbebranche) handelte es sich um Männer und Frauen mit überragendem Selbstbewußtsein. Das Ego ist eine Brutstätte für große Werke, aber man darf sich daran nicht die Finger verbrennen. Ich arbeite immer eng mit anderen Menschen zusammen, die alle ganz genau wissen wollen, wer was getan hat und wer für welchen zündenden Slogan und für welches Bild verantwortlich zeichnet. Ich kann diese Sorgen verstehen, möchte diesen Rummel aber nicht mitmachen.

Ich muß auch mit dem »Faktoidenfaktor« leben – mit dem Trugbild einer *Tatsache*, das allem Gedruckten verliehen wird, selbst wenn es falsch oder unwahr ist. Sobald etwas im Druck erscheint, kann keine Korrektur in zukünftigen Auflagen eines Buches und auch keine Gegendarstellung in Zeitungen und Zeitschriften etwas an seiner Existenz als neues *Faktum* ändern. Norman Mailer hat dieses Phänomen treffend als *Faktoid* bezeichnet. Solche Zerrbilder von Tatsachen gibt es in der Werbung zuhauf. Die Fachblätter beschäftigen viele Autoren, die nicht nur unbeleckt in Sachen Werbung sind, sondern auch keine große Erfahrung als Reporter oder in der Recherche vorweisen können. Sie erzählen die Geschichte der Werbung auf der Grundlage unvollständiger Informationen, geben diese »Fakten« in Druck und erschaffen so ein Faktoid, das für andere Verfasser zu einer anerkannten Tatsache wird. Vor kurzem stieß ich in einem Buch auf eine höchst erstaunliche Behauptung zum Thema Xerox:

> Seit Jahrzehnten war die treibende Kraft für den Kauf oder das Leasing [eines Kopierers] einfach die Funktionsweise des 914, die für den Beobachter an ein Wunder grenzte. Erst Anfang der achtziger Jahre, als die Konkurrenz schließlich zur Bedrohung wurde, begann Xerox, wirklich für sein Produkt zu werben, und in seiner »größten Kampagne aller Zeiten« sah man einen frommen Mönch, der uns daran erinnerte, was für ein Wunder diese ursprüngliche Erfindung gewesen war.

Ein neues Faktoid ist erschaffen worden, und eine neue Generation von Studenten, Gelehrten und Reportern aus der Fachpresse werden dieses Zerrbild einer Tatsache immer wieder und wieder zitieren. Ich könnte den Rest meines Lebens damit verbringen, Briefe an Verlage und Herausgeber zu schreiben, in denen ich darauf hinweise, daß ich mindestens *zwanzig Jahre* zuvor für den Xerox 914 einen Fernsehspot mit einem Affen drehte und daß aufgrund dieser Werbung und der darauffolgenden Fernsehkampagnen mit einer Reihe von klassischen CBS-Kulturprogrammen (»Tod eines Handlungsreisenden«, »Der Kreml«, »Mark Twain Tonight«) – die »Xerox-Kultur« zum integralen Bestandteil der amerikanischen Wirtschaft wurde und allen Xerox-Aktionären viel Geld einbrachte.

Der Ego-Faktor findet seinen korrumpierenden Ausdruck in der Preisverleihungswut, unter der die Werbewelt leidet. Obwohl die Konkurrenz so zahlreich ist, können einige weniger talentierte Agenturen eingerahmte Zertifikate für Spitzenleistungen an ihren Wänden zur Schau stellen. Als ich in der Werbebranche anfing, gab es nur einige wenige Preise, auf die sich die ganze Aufmerksamkeit konzentrierte: Der wichtigste Wettbewerb fand um die vom New York Art Directors Club verliehenen Preise statt; an zweiter Stelle stand die AIGA-Konkurrenz (organisiert vom American Institute of Graphic Arts). Später rief man alle möglichen Arten von Wettbewerben ins Leben: für Texter (die sogenannten ANDYs), für Fernsehwerbesendungen (die EFFIEs) und für »kreative« Leistungen in einzelnen Branchen, Bundesstaaten, Ländern, Kontinenten, Welten und Galaxien. Um diese zeitaufwendigen und kostspieligen Aktivitäten einzudämmen (allein die Rechnungen des Smoking-Verleihs hätten mich in den Ruin getrieben), faßten der damalige Präsident des Copy Clubs, Ed McCabe, und ich 1974 die wichtigsten Wettbewerbe in nur einer Veranstaltung zusammen, die wir »*The One Show*« nannten. Ich besaß bei meinem kurzen Auftritt als Präsident des New York Art Directors Club genügend Einfluß, um diese radikale Schlankheitskur durchzusetzen, aber indem ich der Vernunft Geltung verschaffte, reizte ich die verschiedensten Seiten zum Widerstand. Der Gedanke, daß die Zahl der Preisverleihungen reduziert würde, schürte die Wut vieler Agenturleiter und Kreativer, und die aggressiven Veranstalter von Seminaren für Preiswettbewerbe hätten mich am liebsten kastriert. Ich war nicht sonderlich beliebt, und meinen Reformen war nur ein kurzes Leben beschieden.

Trotz meiner Bemühungen schießen Preiswettbewerbe weiterhin wie Pilze aus dem Boden, und Agenturen versuchen, ihre Kreativität unter Beweis zu stellen, indem sie sich mit allen möglichen Auszeichnungen brüsten. Schließlich sind Preisverleihungen ein lukratives Geschäft. Es kostet eine ganze Stange Geld, an einem Wettbewerb teilnehmen zu dürfen (und der Papierkram dazu beschäftigt derweil viele hervorragende Mitarbeiter eine unerhört lange Zeit) – ganz zu schweigen von den Kosten des Festessens, wo den Gewinnern ihre Statuetten überreicht werden.

Jahrzehntelang habe ich mich an den festen Grundsatz gehalten, an keinem dieser Wettbewerbe teilzunehmen. Meine Kunden sind oftmals überrascht, daß keine eingerahmten Zertifikate die Wände meiner Agentur schmücken. Ich hätte vielleicht von allen Werbeagenturen die meisten Preise seit Bestehen der Branche einheimsen können, aber ich habe über zwanzig Jahre lang an keiner einzigen Preiskonkurrenz teilgenommen, da ich glaube, daß solche Preise die Werbung abwerten – man kann den größten Unsinn produzieren und dennoch Dutzende von Zertifikaten für Spitzenleistungen erhalten. Die Veranstalter befriedigen die Egos der Madison Avenue, während die Fachpresse pflichtschuldig berichtet, wer was wo gewonnen hat.

Stellen Sie sich vor, es gäbe dreißig Shows, die der Oscar-Verleihung ähneln und alle Leistungen in der Filmindustrie gewidmet wären! Jener einzigartige Oscar, der so viele Kategorien der Filmbranche abdeckt, ist ein durchschlagender Beweis dafür, daß weniger *tatsächlich* mehr ist. In der Werbung gibt es nur zwei Preise, die mein Herz schneller schlagen lassen und mich mir Stolz erfüllen: Preise für ein Lebenswerk, die durchaus begehrenswert sind. In unserer Zunft werden die wichtigsten von der Art Directors Hall of Fame (für Art Directors) und von der Creative Hall of Fame (für Texter und Art Directors) vergeben. Diese beiden Ehrungen lebenslanger kreativer Tätigkeit lassen auch in den Augen der fanatischsten Preisgegner Tränen aufsteigen.

Gelegentlich schlägt ein Kunde vor, wir sollten an einem bestimmten Wettbewerb teilnehmen, um den Mitarbeitern in seinem Unternehmen Anerkennung zu verschaffen, denen solche Ehrungen andernfalls wohl nicht zuteil würden. Die meisten Kunden legen jedoch mehr Wert auf Umsätze als auf Auszeichnungen – amen.

Es macht mir nichts aus, daß manche Bewerber in die Mappe ihrer kreativen Werke meine eigenen Arbeiten hineinschmuggeln, und ich kann über all diese unsinnigen Preisverleihungen nur lachen, aber wenn jemand sich fälschlicherweise als Schöpfer einer wahrhaft zündenden Idee ausgibt, dann halte ich das für unverzeihlich. Ein solcher Fall war das Magazin *New York*. 1962 erhielt meine Agentur den Etat der *New York Herald Tribune* – was zu dem immer noch denkwürdigen Slogan »*Who says a good newspaper has to be dull?*« führte. Aufgrund dieser Kampagne schoß der Absatz werktags in die Höhe und gab der Zeitung neuen Aufschwung. Die Sonntagsausgabe der *Trib* hingegen war eine einzige Katastrophe. Mein Partner Fred Papert und ich dachten uns einen Plan aus, wie wir mit Hilfe einer hervorragenden neuen Magazinbeilage für den Sonntag eine größere Leserschaft gewinnen konnten. Unseren Schätzungen zufolge würden dadurch weitere 100 000 Einwohner von Manhattan die *Trib* kaufen. Das Sonntagsmagazin der *Times* war bis zum Bersten mit Anzeigen gefüllt, aber sterbenslangweilig, während die *Trib* eine kärgliche Gemeinschaftsbeilage bot. Wir sahen hier eine hervorragende Gelegenheit, etwas Aufregendes anzubieten und gleichzeitig einen unschlagbaren Beweis dafür zu liefern, daß eine gute Zeitung nicht langweilig sein mußte. Wir trafen uns mit Jock Whitney, dem Eigentümer der *Trib*, und ihrem neuen Chefredakteur Jim Bellows, um ihnen einen Entwurf für unser neues Magazin vorzulegen – eine Mischung aus *New Yorker* und *Cue*, mit Artikeln, die die New Yorker, und vor allem die Bewohner von Manhattan, unmittelbar ansprechen würden. Als Zeitschrift für Intellektuelle und College-Studenten war der *New Yorker* eher auf ein landesweites

Publikum zugeschnitten, und obgleich das Magazin der *Times* die Attraktion des Sonntags darstellte, war es entsetzlich langweilig (und daran hat sich bis heute nichts geändert).

Unsere Sonntagsbeilage für die *Trib* hieß *New York, New York* – meine Liebeserklärung an diese wunderbare Stadt. Jimmy Breslin und andere Mitarbeiter der *Trib* hatten Artikel zu meinem Probeexemplar beigesteuert, das ich gemeinsam mit meinem Kollegen (und ehemaligen Schulkameraden) Tom Courtos, einem der besten Designer der Welt, zusammengestellt hatte. Whitney hörte unseren Ausführungen aufmerksam zu. Aber er sagte kein einziges Wort und verließ schließlich den Raum. Ich stand vor einem Rätsel. Ein paar Tage später rief mich Bellows an und sagte, Whitney habe unseren Vorschlag gebilligt. »Mit einer Einschränkung, George«, sagte Bellows. »Jock Whitney möchte diese Publikation nicht *New York, New York* taufen. Er ist der Meinung, sie sollte schlicht und einfach *New York* heißen.«

»Auch nicht übel«, meinte ich. *New York* war geboren.

Ich legte besonderen Wert darauf, daß Bellows einen beträchtlichen Teil seines Budgets für einen Art Director der Spitzenklasse beiseite legte, und ich empfahl ihm Peter Palazzo, einen Profi mit gutem Geschmack. Als ich die Gehaltsvorstellungen eines Experten von Palazzos Schlag erwähnte, meinte Bellows, es sei wohl wenig angebracht, dem Art Director von *New York* ein höheres Gehalt zu zahlen als dem Chefredakteur. »Höchste Zeit, daß dies geschieht«, erklärte ich Bellows. Palazzo wurde angeheuert, er gab dem Magazin ein besonderes grafisches Layout, und dann erschien *New York*. Aber in den sechziger Jahren hatten es Zeitungen in unserer Stadt nicht leicht. Der hundertvierzehntägige Streik 1962/63 richtete bei der *Trib* beträchtlichen Schaden an. Vor dem Streik waren ihre Auflagezahlen kontinuierlich gestiegen. Danach mußte der Preis angehoben werden. Die Auflage erlebte einen Einbruch, und 1966 – nach einem zweiten Streik – nahm Jock Whitney das Blatt vom Markt. Wir alle, die wir der neuen *Trib* bei ihrem Aufstieg behilflich gewesen waren, teilten die offensichtliche Trauer, die Gentleman Jock empfand, als er nach seinem couragierten Kampf die Zeitung einstellen mußte. Die neue Magazinbeilage *New York* wurde jedoch später von Clay Felker wiederbelebt und in eine unabhängige Wochenzeitschrift umgewandelt. Diese Publikation blüht und gedeiht heute – und ist die Frucht einer meiner liebsten Konzeptionen.

Zum Zeitpunkt der Drucklegung des vorliegenden Buches bin ich in einen Rechtsstreit verwickelt, in dem meine Wenigkeit als Kläger gegen die Honda Tri-State Dealer (New York, New Jersey, Connecticut) als

Beklagte antritt, weil diese Händler sich eine Kampagne meiner Agentur mit dem Slogan »*Honda. The car that sells itself*«. unter den Nagel gerissen haben. Derartige Zwischenfälle lassen sich niemals vermeiden, denn bei so vielen Menschen in unserer Branche spielt das Ego eine derart wichtige Rolle. Aber von Zeit zu Zeit muß man seinem Ärger freien Lauf lassen und einen Prozeß anstrengen. Meine Klage gegen Honda ist in gewisser Hinsicht ein Novum in der Rechtsgeschichte, und ich werde bis zum Äußersten gehen. Meine Geduld ist erschöpft. Jeder, der in Zukunft eine meiner Ideen stiehlt, wird mich vor Gericht wiedersehen.

Teil Drei

Wie setzt man eine zündende Idee um?

1

Zusatznutzen durch Werbung

Wenn Sie das für unmöglich halten, lesen Sie hier bitte nicht weiter

In seinem bedeutenden Buch zum Thema Werbung *Madison Avenue, U.S.A.* (1953) zog Martin Mayer den Schluß, daß Werbung einem Produkt einen »Zusatznutzen« verleihe. Das heißt mit anderen Worten, daß Werbung, ganz für sich betrachtet, den Wert des Produktes steigern kann – aber nur, wenn sie lebendig und unvergeßlich ist. Großartige Werbung kann also durch einen solchen »Zusatznutzen« bewirken, daß Nahrungsmittel oder Bier besser schmecken, Kleidung eleganter aussieht und Autos besser fahren.

Das ist eine der grundlegenden Triebfedern unserer freien Marktwirtschaft, des *kapitalistischen Systems*. In allen Produktgruppen sind die verschiedenen Marken einander ähnlich oder gleich. Unsere Märkte werden überschwemmt von äquivalenten Produkten. Im Laufe meiner Karriere stieß ich nur ein einziges Mal auf ein unbestreitbar einmaliges Produkt: den Xerox-Kopierer. Doch selbst ein revolutionäres Unternehmen wie Xerox verlor zu guter Letzt seinen Vorsprung auf dem Markt, als andere, wie zum Beispiel Canon, Kodak und die Japaner, Varianten der Vervielfältigungsmethode von Xerox entwickelten und in dieser bedeutenden Produktkategorie gleichwertige Erzeugnisse herausbrachten.

Meistens sind zwar die *Unternehmen* neu, nicht aber ihre *Produkte*. Bei ihnen handelt es sich um Varianten oder direkte Nachbauten der von Marktführern angebotenen Erzeugnisse. Der einzige Unterschied zwischen diesen äquivalenten Produkten liegt ihn ihrer *Wahrnehmung* durch den Konsumenten, im *Image*. Die Werbung bestimmt das Image. Die Werbung erweckt den *Anschein*, daß ein gleichwertiges Produkt den Marken der Konkurrenz überlegen sei. Dieser Anschein wird jedoch in vielen Fällen zur Wirklichkeit, wenn die Marke versucht, mit ihrem Werbeimage Schritt zu halten und die Lücke zwischen Wahrnehmung und Realität zu schließen. Ein qualitativ hochwertiges Erzeugnis mit einem bis ins letzte definierten, *ansprechenden* Image macht es möglich, daß die für Werbung empfänglichen amerikanischen Konsumenten eine Marke als überlegen *erleben.*

In Diskussionen über Produktmetaphorik und das äußere Erscheinungsbild werden Kritiker der Werbung zu selbstgerechten Moralisten; mit anklagendem Zeigefinger tragen sie ihre Argumente gegen unseren Berufsstand vor. Werbung, so behaupten sie, erzeuge künstliche Wünsche und Bedürfnisse. Dem ist nicht so. Die Werbung ist die Zündkerze im Motor unserer Wirtschaft. Sie ermöglicht durch ansprechende Symbolik, die einen »Zusatznutzen« schafft, gleichwertigen Qualitätsprodukten ein Überleben und ein Wachstum auf dem Markt. Aber Vorsicht: Wir sprechen hier von gleichwertigen Produkten von *hoher Qualität.* Auf einem freien Markt können sich die meisten miserablen Produkte nicht durchsetzen, ganz gleich, wieviel man in ihre Werbung investiert. Der Zauber der Werbung – ihre Fähigkeit, den Geschmack von Nahrungsmitteln und Biersorten und das Fahrgefühl eines Wagens zu verbessern – funktioniert *nur dann*, wenn er für qualitativ hochwertige Produkte eingesetzt wird. Brillante Werbung für ein Qualitätserzeugnis hebt dieses Produkt aus der Masse der gleichwertigen Marken heraus und definiert es auf ansprechende Art und Weise.

Nachdem ich vor einigen Jahren eine Rede zu diesem Thema gehalten hatte, übte eine der Werbefachzeitschriften an mir Kritik, weil ich mehr an der Werbung als am Produkt interessiert sei. Ich entschuldige mich nicht für meine Leidenschaft für den Zauber der Werbung; ich gestehe stolz, daß ich fast ehrfürchtig an die Macht der Werbung glaube, an ihre achtunggebietende Fähigkeit, Berge zu versetzen und Wunder zu wirken. Die meisten Werbemoguln teilen meine Ansicht nicht. Sehr viele Agenturleiter glauben eigentlich nicht, daß ihre Arbeit drastische Wirkungen erzielen kann, aber sie sind fest entschlossen, ihren Umsatz auszuweiten. Leider beeindruckt die Höhe eines Etats die meisten Werbeleute mehr als der Inhalt einer kreativen Kampagne.

Was eigentlich als »Hauptprodukt« unserer Branche gesehen und akzeptiert werden sollte, wird durch die Abhängkeit vom Geld verborgen und entwürdigt: die *Werbung* nämlich. In den großen Marketingagenturen der Madison Avenue liefern große Etats überzeugende Argumente für prosaische Arbeit. »Riskante« Werbung kann einen hohen Umsatz gefährden, aber wenn man ganz auf Nummer Sicher geht, dann wird *beliebig austauschbare Werbung* für gleichwertige Produkte erzeugt. Herausragende Werbung, eine Seltenheit in unserer Branche, kann einen Etat von einer Million Dollar wie zehn Millionen aussehen lassen; ein Großteil der Werbung macht aus zehn Millionen eine. Lassen Sie mich eine wahre Geschichte erzählen, die aus den umfangreichen Annalen der Dummheit in der Werbung stammt und ein Paradebeispiel dafür darstellt, wie bei so vielen führenden Werbetreibenden die traditionelle Abhängigkeit vom Umfang des Budgets an die Stelle kreativen Einfallsreichtums tritt.

1979 kürte die Zeitschrift *Advertising Age* den *President* von Burger King zum Marketingmann des Jahres. Sein Etat erreichte in jenem Jahr die gewaltige Summe von 80 Millionen Dollar. Als er die Ehrung dankend entgegennahm, beteuerte der *President* von Burger King, er hätte mit einem *noch höheren* Budget sogar noch eindrucksvollere Arbeit leisten können: »Wir [Burger King] hatten lediglich 80 Millionen Dollar für unsere Werbung. McDonald's hat 200 Millionen. Man kann mit nur 80 Millionen Dollar nicht jeden Amerikaner erreichen.«

Es muß schon hart sein, mit nur 80 Millionen Dollar über die Runden zu kommen. Wenn ich einen solchen Etat zur Verfügung hätte, würde ich persönlich jede Stadt und jedes Dorf Amerikas bereisen und jede einzelne Familie besuchen. Ich würde mich zu all diesen Menschen an den Tisch setzen und jeden einzelnen persönlich davon überzeugen, daß er bei Burger King essen sollte. Das würde mehr Zeit in Anspruch nehmen als die gegenwärtige Kommunikationsmethode, aber nach meinen Besuchen bei allen Familien in allen fünfzig Bundesstaaten hätte ich immer noch 40 Millionen Dollar übrig, um mir einen wohlsituierten Ruhestand leisten zu können.

Es ist gut, wenn man viel Geld zur Verfügung hat, aber der Schlüssel zu einer Werbekampagne, mit der ein äquivalentes Produkt wirksam konkurrieren kann, ist nur in der *Werbung*, nicht im Etat zu finden. Brillante Werbung kann *per se* einen Vorteil für das Produkt darstellen. Dieser Vorteil ist der »Zusatznutzen«, der ein Produkt aus der Masse gleichwertiger Marken herausragen läßt. Dieser Vorteil bewirkt, daß der freie Markt funktioniert. Dieser Vorteil macht meiner Ansicht nach den Kapitalismus zu einem spannenden, lebendigen *Theater*.

2

Die Folgen »scheinbarer Ungeheuerlichkeiten«

Zwischen dem anfänglichen Schock und der Erholung erobert man sein Publikum

Der verstorbene Alexey Brodovitch, der in den vierziger Jahren als Art Director von *Harper's Bazaar* eine bahnbrechende Rolle spielte, pflegte seinen Studenten zu sagen: »Überraschen Sie mich.« Meiner Meinung nach genügt das nicht. Manch ein gutes und *schlechtes* Stück Werbung ist voller Überraschungen. Ich sage lieber, Sie sollten mich *verblüffen* ... *frappieren* ... mir den Atem rauben und mich umhauen. Ich ziehe »scheinbare Ungeheuerlichkeiten« vor. Das Schlüsselwort ist hier *scheinbar*. Werbung sollte einen *einen Moment lang* frappieren ... sie sollte unerhört *scheinen*. In jener kurzen Zeitspanne zwischen dem anfänglichen Schock und der Erkenntnis, daß das, was wir zeigen, nicht so haarsträubend ist, wie es scheint, erobern wir unser Publikum.

Es ist scheinbar ungeheuerlich, wenn man mit seinem Motorrad in einem Beschleunigungsrennen auf den Rand der Klippe zufährt und dann möglichst nahe am Abgrund zum Stehen kommt. Wenn man zu weit fährt, stürzt man hinunter in den Feuertod. Wenn man zu früh anhält, kneift man. Wenn man genau am Rand der Klippe mit quietschenden Reifen zum Stehen kommt, wird das Publikum vor Spannung die Luft anhalten, aber man hat die Mutprobe überlebt und ist als Sieger daraus hervorgegangen. Meine Kunden halten den Ausdruck »scheinbar ungeheuerlich« vielfach für eine seltsame und ungewohnte Redewendung. Nur wenn sie den Schock erleben, den eine derartige Idee bewirkt, begreifen sie, worauf ich hinaus will.

Wie ein scheinbar belangloses Produkt durch extreme Selbstironie eine Stadt im Sturm erobern kann

1960, kurz nach der Gründung meiner ersten Werbeagentur, nahmen zwei Hausfrauen aus New Jersey mit mir Kontakt auf, die sich eine Delikatesse namens Dilly Beans ausgedacht hatten: in Essig und Dill eingelegte, rohe grüne Bohnen. Mit einer Kriegskasse von insgesamt 30000 Dollar (für *alles*) hofften sie, wir könnten die Aufmerksamkeit der Menschen in einer Stadt, die in Delikatessen ertrank, irgendwie auf ihre Spezialität lenken. Wir mußten aus den 30000 Dollar eine Million zaubern. Wie gelang uns das?

Wir kreierten eine Reihe von Werbebotschaften, angefangen mit kleinen Printanzeigen und Hörfunkspots. Der gemeinsame Nenner all dieser Anzeigen und Spots war eine freche, nicht ernstgemeinte Respektlosigkeit, mit der wir uns selbst auf die Schippe nahmen. In unserer Anzeige war eine Frau zu sehen, die eine Dilly Bean wie eine Zigarette »rauchte«. Der Text lautete: »Hören Sie auf zu rauchen, essen Sie Dilly Beans.« Als wir erfuhren, daß eine Dilly Bean nur 1,2 Kalorien im Vergleich zu einer Olive mit 7,2 Kalorien hatte, verordneten wir unserer Sekretärin eine Schnellmastkur mit Dilly Beans und verkündeten das Ergebnis in einer winzigen Anzeige: »Diane Shugrue aß im vergangenen Monat 3925 Dilly Beans. Sie hat kein Gramm zugenommen. Dilly Beans hängen ihr ganz schön zum Hals heraus!« Ein anderer witziger Anzeigenwinzling (einspaltig und etwa zwanzig Zentimeter lang) stellte eine unheilschwangere Frage: »Sind Dilly Beans eine Gefahr für die Erdnuß und die Knabberbrezel?«

In einem Werbespot im Hörfunk sagten wir: »Wenn der freundliche Lebensmittelhändler von nebenan keine Dilly Beans hat, *dann sollten Sie beim Verlassen des Geschäfts etwas vom Regal stoßen.*« Dieser Spot veranlaßte etliche ansonsten wohlerzogene Damen von der New Yorker East Side, in ihren Supermarkt einzufallen und Dosen und Gläser von den Regalen zu stoßen, wenn sie dort keine Dilly Beans vorfanden. (In solchen Augenblicken erschaudere ich vor der Macht ironischer Werbung. Alle wußten, daß wir nur Spaß machten – und alle wollten ihren Anteil daran haben!) Viele Lebensmittelhändler beschwerten sich verärgert bei den New Yorker Radiosendern, und wir waren gezwungen, unsere Botschaft abzumildern: *»dann ziehen Sie in eine andere Gegend«*.

Unsere Kleinanzeigen (ein ausgezeichneter Werbeträger für auffällige Knallkörper, die sozusagen auf der Zeitungsseite explodieren) waren so schlagkräftig, daß allein diese bescheidenen Anzeigen Dilly Beans berühmt machten. Die Radiospots verwandelten die Begeisterung für Dilly Beans in einen wilden Run auf die Läden. Als wir noch einen Fernsehspot hinzunahmen, wurden Dilly Beans zum berühmtesten Lebensmittelprodukt in New York. Unser erster Spot war das TV-Pendant zu der Anzeige »Gewöhnen Sie sich das Rauchen ab, essen Sie Dilly Beans« – eine irrwitzige Zehn-Sekunden-Botschaft, in der wir eine attraktive junge Frau zeigten, die eine Dilly Bean »rauchte« und dann ein Ende abbiß. In einem weiteren Zehn-Sekunden-Spot stopfte sich eine wunderschöne Frau den Mund voller Dilly Beans, während eine getragene Stimme aus dem Off fragte: *»Ist es vulgär, wenn man sich mehr als eine Dilly Bean in den Mund steckt?«*

Wir baten möglichst viele Barkeeper, Klappkarten für einen neuen Cocktail auf die Tische ihrer Lokale zu stellen: für den Dillatini, einen Martini mit einer Dilly Bean. Man rührte den Drink mit der Dilly Bean um und aß diese dann auf. Der Text auf den Klappkarten lautete: *»Bestellen Sie einen Dillatin und sagen Sie dem Ober, er solle seine verdammten Finger von der Dilly Bean lassen.«*

Der Ansturm dieser glattweg ungeheuerlichen Botschaften löste in New York eine wahre Dilly-Bean-Euphorie aus, und viele Geschäfte erhöhten den Abgabepreis um 20 Prozent. Der intellektuelle New Yorker Radiosender WQXR verlieh unserer Agentur (gänzlich ohne unser Zutun) einen Sonderpreis für »den ungewöhnlichen, phantasievollen und wirksamen Einsatz der Hörfunkwerbung im Auftrag von Dilly Beans«. Es war das dritte Mal in der fünfundzwanzigjährigen Geschichte dieses zurückhaltenden Senders, daß eine solche Auszeichnung vergeben wurde. Passenderweise hatte das Nachrichtenmagazin *Time* das letzte Wort in dieser Angelegenheit: »Der Erfolg von Dilly Beans macht der Macht der Werbung alle Ehre.« Und die beiden Hausfrauen aus New Jersey baten uns, die Werbung bitte ein wenig einzuschränken, bis ihr Angebot wieder mit der Nachfrage Schritt halten konnte.

Ganz Madison Avenue sprach über den erstaunlichen Erfolg von Dilly Beans, der ausschließlich auf scheinbar ungeheuerliche Werbung für ein haarsträubendes Produkt zurückzuführen war. Unsere noch junge Firma erlangte als »Dilly-Bean-Agentur« Berühmtheit und lockte so neue Kunden mit einem viel größeren Geldbeutel an.

Wie man ein Kosmetikprodukt verkauft, indem man Kosmetikwerbung parodiert

Die Kosmetikindustrie war sklavisch der Vorstellung verhaftet, daß Frauen nur auf Bilder exquisiter Schönheiten reagieren, und lehnte ausnahmslos jeden Vorschlag ab, der von diesem Hirngespinst abwich. Als die Firma Coty 1966 ihre »Cremestick«-Lippenstifte auf den Markt brachte, wünschte sie sich eine Werbung, die den Frauen an den Theken der Einzelhandelsgeschäfte, wo so viele Lippenstifte augenblickliche Schönheit versprachen, ins Auge stach.

Ich ging davon aus, daß die meisten Frauen die landläufigen Lippenstiftanzeigen als die üblichen Tricks der Kosmetikindustrie betrachteten, und daher entwickelte ich für Coty eine Kampagne, die eine *ganz und gar* impertinente Parodie auf die Instantschönheit beinhaltete. In

einer doppelseitigen Farbanzeige setzten wir auf die linke Seite unter der Überschrift »VORHER« eine Großaufnahme der Komödiantin Alice Pearce, die sich Cremestick aufträgt. Alice Pearce war eine wunderbare, komische Frau, die allerdings nicht sonderlich gut aussah (sie verdiente ihren Lebensunterhalt, indem sie einen Hund spielte), und ihr verzerrtes Gesicht spiegelte das komische Pathos aller verzweifelten Frauen dieser Erde wider, die sich sehnlichst wünschen, schön zu sein.

Neben Alice Pearce setzten wir auf die rechte »NACHHER«-Seite eine Großaufnahme der jungen, sinnlichen Joey Heatherton. Quer über beide Seiten schrieben wir ohne jede Entschuldigung oder Ausschmükkung: *»Ein Coty-Cremestick machte aus Alice Pearce ... Joey Heatherton.«* (Was für ein Schlag für den »Wahrheitsgehalt der Werbung«.)

Würden die Frauen auf eine Kosmetikwerbung reagieren, die das Versprechen der sofortigen Schönheit spöttisch nachahmte? Ja, wenn sie geschickt gemacht war – wenn ihre geistreiche und respektvolle Aussage lautete: »*Sie* wissen genausogut wie *wir*, daß es so etwas wie Instantschönheit nicht gibt, also machen wir uns nichts vor, aber lassen wir uns auch nicht den Spaß verderben!« Als Anzeige und Thekendekoration verkaufte diese gigantische Parodie viele Lippenstifte von Coty.

Bevor ich zusammen mit dem Fotografen Richard Avedon einen TV-Spot produzieren konnte, starb Alice Pearce. Es wäre ein Kinderspiel gewesen, einen Ersatz für eine schöne Frau zu finden, aber es gab nur eine Alice Pearce. Schließlich fand ich Alice Ghostley, eine weitere hochbegabte Frau, die keine Schönheit war. In Millionen von Wohnzimmern verwandelte sich ihr hausbackenes Gesicht in die üppige Schönheit der Joey Heatherton. Cremestick wurde in jener Saison zu einem Hit.

Wenn der schöne Schein trügen kann, dann ist das Märchen von der Verwandlung eines Mauerblümchens in eine Sexbombe leicht durchschaubar. Das Thema der Schönheit in der Werbung wurde immer mit einer Ehrfurcht behandelt, die einen Dämpfer verdient. Den gab ich ihr. Mein Konzept ging davon aus, daß die Werbung mit der Schönheit, wie jeder weiß, eine fadenscheinige Angelegenheit ist – aber wer sagt denn, daß man sich nicht ein bißchen darüber lustig machen kann, Puppe! (Und *mich* nennen sie einen Chauvinisten?)

Wie ein schockierendes Bild einer Marke zu durchschlagendem Erfolg verhelfen kann. (Bei einigen »relativ uninteressanten« Produkten muß man die Menschen förmlich aufrütteln, damit sie darauf aufmerksam werden)

Als unerfahrener Art Director bei Doyle Dane Bernbach lautete mein erster Auftrag 1959, eine Kampagne für ein neues Produkt zu entwikkeln: Ohrentropfen von Kerid. Ich war ein Grünschnabel (gerade siebenundzwanzig Jahre jung) in der ersten und einzigen kreativen Werbe-

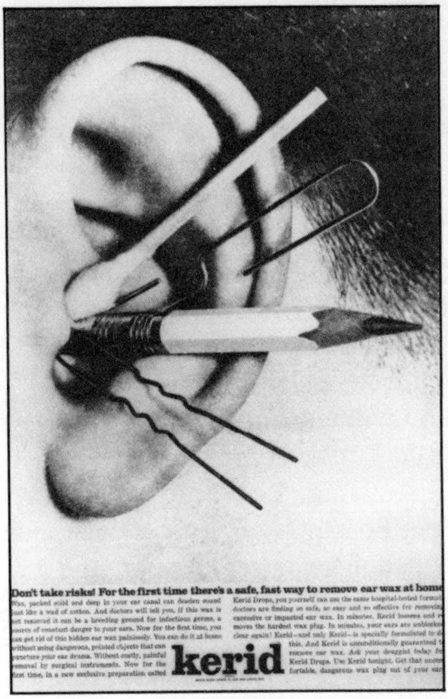

agentur der Welt, und ich wollte diese Herausforderung mit Brillanz meistern. Bei der Durchsicht der Forschungsunterlagen von Kerid stellte ich fest, daß die meisten Menschen ihre Ohren mit Bleistiften oder Haarklemmen reinigten. Bei der graphischen Umsetzung dieser Erkenntnis ging ich bis zum Äußersten und zeigte eine gigantische Großaufnahme eines Ohrs, in dem Bleistifte, Haarklemmen und alle möglichen anderen spitzen Gegenstände steckten. Diese Warnung hätte man nicht deutlicher aussprechen können: Fummeln Sie damit nicht an Ihren Ohren herum, verwenden Sie lieber Ohrentropfen von Kerid.

Bill Bernbach wußte, daß dies eine sensationelle Möglichkeit war, Aufmerksamkeit zu erregen und Kerid zu verkaufen, aber ein Trupp von Art Directors und Textern von DDB galoppierte in sein Büro, um gegen diese »ekelerregende« Kampagne zu protestieren. (Damals war das Lieblingswort bei DDB »geschmackvoll«. Geschmackvoll, fürwahr! Ich war immer der Meinung, daß alles, was man mir durchgehen ließ, geschmackvoll war.) Bernbach hörte sich den Protest der Kreativen an und komplimentierte sie dann freundlich aus seinem Büro hinaus. Bernbach und ich präsentierten Kerid die Kampagne, die Anzeigen wurden geschaltet, Kerid verkaufte viele Ohrentropfen, und viele Menschen hörten auf, Haarklammern zur Reinigung ihrer Gehörgänge zu mißbrauchen.

Es war mein Glück, daß ich für einen so scharfsinnigen und weitblikkenden Mann wie Bill Bernbach arbeitete. Er war der erste Werbemann, dem die Macht der *Metaphorik* unmittelbar einleuchtete: auffallende verbale Slogans und/oder anschauliche visuelle Symbole. Er kannte auch den Unterschied zwischen Bildern, die die Menschen um des Schocks willen brüskierten, und solchen, die aufgrund einer sinnvollen und bedeutsamen Botschaft ihre Aufmerksamkeit erregen und halten konnten. Jeder, der diese Anzeige sah, erinnerte sich daran, daß er irgendwann einmal mit ungeeigneten Gegenständen in seinen Ohren herumgebohrt hatte. Über dreißig Jahre später weiß man in der Welt der Werbung mehr über Metaphorik, aber die Unterschiede, die Bernbach intuitiv einleuchteten, sind immer noch für viele schwer verständlich.

Wie man sich mit einer unanständigen Anzeige durchsetzt. (Wer seine schmutzige Arbeit leisten und sich über Tabus hinwegsetzen will, wartet am besten, bis der Chef auf Reisen ist)

Hören Sie sich die Geschichte über den Gymnastikanzug an:

Nachdem die Kampagne für Kerid in Druck gegangen war, erhielt ich bei Doyle Dane Bernbach einen Eilauftrag. Es wurde sofort eine Kampagne benötigt, um einen größeren Posten Gymnastikanzüge aus Chemstrand-Nylon an die Frau zu bringen. Es war bereits spät, und ich war der einzige verfügbare Art Director. (Noch ein guter Rat für diejenigen, die erfolgreich sein wollen: Arbeiten Sie hart, arbeiten Sie lange, und seien Sie mit Freude bei der Sache!) Die Firma benötigte für ihre Blitzaktion eine zweiseitige Anzeige für *Women's Wear Daily*. Der Terminüberwacher von DDB suchte verzweifelt nach einem Art Director und fand mich an meinem Zeichentisch. »Gott sei Dank, daß Sie da sind«, sagte er. »Wir müssen die Werbetrommel für Gymnastikanzüge rühren.« (*»We gotta push leotards.«*) Mit diesen Worten *schrieb* er die Anzeige. Ich zeichnete die Hand eines Mannes auf dem runden Po eines Mädchens im Gymnastikanzug. Die Headline lautete: *»We're pushing leotards.«*

Der Kontakter rief den Chemstrand-Kunden zu Hause an, und dieser gab sofort sein Einverständnis. Mein Fotograf wählte ein Mädchen aus einem nahe gelegenen Sportstudio aus, aber es war zu spät, um einen männlichen Darsteller für die Hand zu finden. Also stellte ich freiwillig meine einfühlsame rechte Hand zur Verfügung (hä, hä!). Wir machten das Photo, ich setzte den Text, kümmerte mich um das Layout, und in den frühen Morgenstunden waren wir fertig. Auftrag ausgeführt. Die Anzeige wurde geschaltet, und Aufträge für Gymnastikanzüge strömten herein. Chemstrand berichtete, daß dies die erfolgreichste Anzeige war, die sie jemals in der Fachpresse geschaltet hatten. Ich war wirklich stolz!

Während all dieser Ereignisse war Bill Bernbach auf Reisen und konnte sein Urteil dazu nicht abgeben. Er sah die Anzeige kurz nach ihrer Veröffentlichung und rief mich in sein Büro. Erst Kerid, und nun Chemstrand! Ich war sicher, er würde mir eine Medaille verleihen (oder zumindest eine Gehaltserhöhung anbieten). Strahlend betrat ich sein Büro. Er hielt mir die Anzeige entgegen. Er sah verärgert aus.

»*Widerlich*«, sagte er. »George, ist das Ihr Machwerk? Falls ja, dann sollten Sie es sich gut überlegen, bevor Sie jemals wieder eine derartige Anzeige machen.« Einen Augenblick lang war ich wie vom Donner gerührt. Dann antwortete ich diesem wunderbaren Vorgesetzten und Mentor: »Also, Bill, Sie haben da völlig unrecht. Erstens war diese Anzeige genau die richtige Lösung für dieses Marketingproblem. Zweitens war sie ein großer Erfolg. Drittens ist sie provokativ. Viertens finde ich sie phantastisch. Fünftens finden auch alle anderen sie großartig, Chemstrand eingeschlossen. Und sechstens haben Sie nur einen Fehler, Bill: Sie sind *prüde*.« (Womit ich recht hatte.) Ich verließ sein Büro, bevor er mich einen verdorbenen jungen Mann nennen konnte. (Womit er recht gehabt hätte.)

Bill Bernbach war erbost über mein Werk, und ich war empört darüber, daß er in diesem Falle – im Gegensatz zur Kerid-Kampagne – nicht sogleich erkannt hatte, daß es sich um eine *scheinbare* Ungeheuerlichkeit handelte. Die sexuelle Prüderie hat in den Jahrzehnten seit Bernbachs humorloser Reaktion abgenommen. Interessanterweise war Chemstrand viel zu sehr darauf erpicht, seine Gymnastikanzüge zu verkaufen, als daß sich die Firma der Engstirnigkeit des neunzehnten Jahrhunderts hingegeben hätte.

Wenn Unternehmen lernen, über sich selbst zu lachen, werden ihre Kunden mit einstimmen

Wie gefällt Ihnen folgender Name für eine Firma: Warner Amex Cable Communications, Inc.? Dieses Unternehmen besaß Kabelnetze in Dallas, Houston und Cincinnati. Es hatte viele Kunden, aber der schlechte Service veranlaßte zahlreiche Teilnehmer, ihren Vertrag zu kündigen. Diesen Mißstand wollte man beheben. Die Kontroverse hatte ein solches Ausmaß erreicht, daß die Kunden die Mitarbeiter von Warner Amex Cable Communications, Inc. am liebsten gelyncht hätten.

Eine schwierige Aufgabe: Wir mußten die Anzahl der Kabelteilnehmer in Märkten steigern, die bereits einen hohen Penetrationsgrad erreicht hatten. Wir mußten gegen den schlechten Ruf von Warner in diesen Märkten ankämpfen und das Bild in der Öffentlichkeit korrigieren.

Wir mußten den *Haß* der verärgerten Kunden entschärfen und diese dunklen Emotionen in Zuneigung verwandeln!

Zu jedem Problem gibt es eine Lösung, auch wenn dies ganz unmöglich erscheint. Wir fanden die Antwort in dem Akronym der Warner Amex Cable Communications, Inc.: WACCI (*wacky* = verrückt, d.Ü.). Indem wir den unhandlichen Namen durch dieses komische Akronym ersetzen, konnten wir uns mit einer menschlicheren Botschaft im Fernsehen über uns selbst lustig machen und jedermann auffordern: »*Go WACCI!*« Wir nahmen etliche doppeldeutige Situationen auf: Eine Braut schlägt ihrem frischgebackenen Ehemann beim Verlassen der Kirche vor: »*John, now that we're married, let's go WACCI!*« Ein Lehrer sagt zu seinen Schülern: »*Class, your homework tonight is to go WACCI!*« Ein vermögender Mann, dem man seinen Reichtum deutlich ansieht, fragt seine offensichtlich reiche Frau: »*Cynthia, was sollen wir in unserem Urlaub machen?*« Mit snobistischer, herablassender Stimme erwidert sie: »*This year let's go WACCI!*« Zwischen diesen Szenen tragen Sprecher kurze Texte vor, in denen die Vorteile des Kabelsenders WACCI angepriesen werden.

Als wir diese Kampagne dem Vorstand von Warner vorstellten, verhielt sich die Führungsspitze, als hätten wir ihr Giftgas vorgesetzt. Als ich aufsah, wanden sich vier Vorstandsmitglieder in Krämpfen – aber ihre Geschäfte gingen so schlecht, daß sie schließlich einwilligten. Unsere kühne Idee weckte bei den bereits verkabelten Haushalten neues, positives Interesse und zeichnete gleichzeitig für *Interessenten* ein menschliches, ansprechendes und ironisches Bild dieser Kabelgesellschaft. WACCI verlieh der Warner Amex Cable Communications, Inc. auch sofort eine unvergeßliche Identität und eine liebenswerte Persönlichkeit.

Wenn Sie gegen anscheinend unüberwindliche Tabus zu kämpfen haben, sollten Sie allen Befürchtungen zum Trotz Ihr Publikum mit Witz auf Ihre Seite ziehen

Als AIDS 1989 zu einer weitverbreiteten Krankheit wurde, rechneten die Kondomhersteller mit einem sprunghaften Anstieg ihrer Umsatzzahlen. Der Umsatz ging natürlich nach oben, und zwar beträchtlich, aber bei weitem nicht so sehr, wie die Branche das erwartet hatte. Es mußte etwas geschehen. Bislang hatten alle Fernsehspots für Kondome eine grausige Botschaft verkündet: Wählen Sie zwischen Kondomen und Tod – und aufgrund der unglaublichen Zimperlichkeit der Fernsehanstalten in bezug auf die Akzeptanz jeglicher Kondomwerbung war es unmöglich, eine menschliche, interessante Werbeaussage zu präsentieren. Wenn sie die Unbedenklichkeitsbescheinigung erhalten wollten, mußten Werbespots für Kondome als Anti-AIDS-Botschaften mit einem sozialen Touch verpackt werden – und die Kondommarke, die den Spot bezahlte, mußte möglichst unauffällig erwähnt werden.

Die von der Firma Ansell-Americas hergestellten und vertriebenen Kondome tragen den Markennamen LifeStyle. Da die rigiden Vorgaben der Fernsehanstalten das Unternehmen ärgerten und frustierten, wünschte man sich eine Werbebotschaft, die nicht als AIDS-Warnung konzipiert war. Außerdem wurde das Unternehmen von einem gesellschaftlichen Schreckgespenst heimgesucht, das es vielen Menschen schwierig, wenn nicht sogar unmöglich machte, gegenüber den Verkäufern das Tabuwort »Kondom« zu verwenden. (Es ist nicht einfach, von einem Verkäufer Kondome zu verlangen, wenn man nicht sagen kann, was man möchte – Zeichensprache macht die Sache noch schlimmer.)

In einer Umfrage zur Vermarktung von Kondomen stellte die *New York Times* (8. August 1988) fest: »Viele Marketingleute glauben, daß der düstere Ton der ersten Kondomwerbungen, die Anfang 1987 in den Massenpublikationen und in lokalen Fernsehsendern gezeigt wurden, möglicherweise abschreckend auf die Verbraucher gewirkt hat. Diese Vorgehensweise wurde größtenteils von den Verlagen und Fernsehgesellschaften diktiert, die einen auf die Volksgesundheit ausgerichteten Slogan verlangten und Werbung für Kondome als Verhütungsmittel verboten.«

Der einzig gangbare Weg war ein völliger Bruch mit der Vergangenheit. Unser Ansatz durfte keine graduelle Veränderung darstellen – diese Herausforderung verlangte nach einer radikal neuen Lösung. Wir mußten die Angst der Gesellschaft vor dem Kondomkauf beseitigen. *Humor* war ein absolutes Muß. Zum ersten Mal in der Geschichte der Kondomwerbung sollte das Thema Sex *Spaß* machen. Wir mußten das Thema frech und einprägsam anpacken. In Zusammenarbeit mit meiner begabten Texterin Elaine Kremnitz dachten wir uns einen Slogan aus, der den Ton vorgab: *»It's a matter of condom sense«* (im Vergleich zu *common sense* = gesunder Menschenverstand, d. Ü.).

Wir kreierten drei fünfzehnminütige Fernsehspots, in denen bekannte Persönlichkeiten von der Bühne, vom Film, aus der Geschichte und der Welt der Sagen als Benutzer von LifeStyle-Kondomen auftraten. Unser erster Kunde war das Phantom der Oper, das zu einer Verkäuferin sagt: *»Ich hätte gerne ein paar LifeStyles.«* Ohne eine Miene zu verziehen, antwortet daraufhin die Verkäuferin: *»Oh ... aber deswegen hätten Sie doch keine Maske aufsetzen müssen!«*

In einem zweiten Spot stellt uns der Sprecher Azania, eine urtümliche Kreatur mit viel Sexappeal, vor und beschreibt diese folgendermaßen: *»Die Königin des Dschungels beim Kauf von LifeStyle-Kondomen!«* Azania rattert ihre Einkaufsliste herunter: *»Ich brauche Sonnenschutzmittel, Haargel und LifeStyles für ein Jahr.«* Ungerührt lobt die Verkäuferin die Kundin: *»Sehr vernünftig, Azania – denn da draußen ist ein Dschungel!«*

In unserem dritten Spot schließlich steht Robin Hood im Laden. In einer geschickten Anspielung auf die Risikogruppe der *»gay men«* sagt er zum Verkäufer: *»Shampoo für die holde Marian, und LifeStyles für all meine fröhlichen Männer!«* Als Höhepunkt aller drei Szenen verkündet der Sprecher unseren Slogan: *»LifeStyles. It's a matter of condom sense!«*

Wie nicht anders zu erwarten, sagten die großen Fersehanstalten nein, nein und nochmals nein. Und wie nicht anders zu erwarten, sagten einige Kabelgesellschaften »tja, warum eigentlich nicht«. Bei einigen anderen Kabelsendern mußten wir beträchtliche Überzeugungsarbeit leisten, und dank der entschiedenen Argumentation des führenden Marketingstrategen unserer Agentur, Mark Rothman, dessen kluge Planung zur Verwirklichung dieser Kampagne beitrug, blieben sie unvoreingenommen und gelangten rasch zur richtigen Schlußfolgerung, nämlich, daß diese Spots nicht so unverschämt waren, wie sie auf den ersten Blick erschienen. Sechs Kabelgesellschaften erklärten sich bereit, die Spots zu senden. Ein Durchbruch von historischer Bedeutung!

Diese bahnbrechende Kampagne verwandelte Todesangst in Liebe zum Leben. Sie trug dazu bei, daß »Safer Sex« nicht nur als unerläßlich, sondern auch als etwas Positives betrachtet wurde – und trieb gleichzeitig die Umsätze und den Marktanteil von LifeStyle-Kondomen in die Höhe. In ihrer wöchentlichen Kolumne für *Adweek* »Adweek Critique« (15. August 1988) bemerkte Barbara Lippert treffend: »Das ist derzeit die Kondom-Werbung mit dem geringsten Sexappeal. Sie greift ein Tabuthema auf und reißt zu unserer großen Erleichterung fürchterliche, derbe Witze darüber. Ohne Furcht oder Scham machen diese Spots die Botschaft für jedermann zugänglich. Dabei sind sie so dumm, daß sie clever sind. Nein, sie sind so ungeniert idiotisch, daß sie brillant sind.«

Wie man ein teures High-Tech-Produkt wie eine Pizza zum Mitnehmen vertreibt

Werbekampagnen für gewerbliche Computer sind in der Regel in einem Fachjargon gehalten, den nur einige wenige »Technikfreaks« verstehen können. Sie besitzen keinen einzigartigen oder besonderen Charakter und sind so mit Computerfachausdrücken gespickt, daß sich jeder Normalsterbliche wie ein Idiot vorkommt.

Data General bat uns, eine Kampagne für ihr neues, kompaktes Computersystem AViiON zu kreieren. Dieses System war so leistungsfähig wie ein Großrechner und konnte mehrere Millionen Bits an Informationen verarbeiten, benötigte aber gleichzeitig weitaus weniger Platz als herkömmliche Computer. Peter Lange, der für Unternehmenskommunikation zuständige Direktor, wußte, daß sein Produkt großartig war, aber ihm war auch klar, daß Data General ein Imageproblem hatte und daß seine Werbung unsichtbar war. »Wir sind gut in der Technologie«, sagte er bei unserem Treffen, »aber schlecht im Marketing.«

Wir führten eigene Untersuchungen bei Führungskräften in Unternehmen durch und stellten fest, daß der Bekanntheitsgrad von Data General einen gefährlich niedrigen Stand erreicht hatte und daß die Firma aller Wahrscheinlichkeit nach nur selten bei Investitionsentscheidungen in Betracht gezogen wurde. Mit dem neuen AViiON konnte Data General nun aber offensiv gegen andere Computermarken (IBM, Digital, Hewlett-Packard, Sun, NCR, Unisys) konkurrieren.

Als mein scharfsinniger Cheftexter Neil Brownlee und ich eine Einführung von unserem neuen Kunden erhielten, fiel uns sogleich die flache Form und die überraschend geringe Größe des AViiON auf – er war so kompakt, daß man ihn unter dem Arm herumtragen oder auf den Rücksitz eines Autos stellen konnte. Er hatte sogar verblüffend wenig Ähnlichkeit mit anderen Computern. Die Mitarbeiter von Data General erzählten uns, daß Workstations wie der AViiON aufgrund ihrer Form und Größe in der Branche »Pizzaschachteln« genannt wurden.

Die Computertechnokraten beschrieben in diesem Fall also selbst ihr High-Tech-Produkt in menschlicher Alltagssprache. Aber wem wäre es *jemals* eingefallen, bei der Beschreibung und beim Verkauf eines Computersystems das Wort »Pizzaschachtel« zu verwenden, zumal da die Preise für die Grundmodelle bereits bei 100000 Dollar lagen? Mit Sicherheit nicht IBM. NCR auch nicht, ebensowenig wie Hewlett-Packard. Aber Neil und mir sehr wohl – und wir *taten* es auch! Wir nahmen diese der breiten Masse vertraute Metapher und bauten unsere Kampagne auf der Idee der Pizzaschachtel auf. (Ein weiteres Beispiel für meinen fast mystischen Glauben, daß man keine zündende Idee kreiert, sondern sie im Vorübergeben *entdeckt*.)

Ich begann mit der Gestaltung der Pizzaschachtel, die zum Dreh- und Angelpunkt für die Kampagne von Data General werden sollte. Der Name Data General stand als Teil des kreisförmigen Firmenlogos (das tatsächlich die Form einer Pizza hatte) auf einem Stück Pizza, und ich fügte unseren Slogan hinzu: *»Das Leben ist jetzt viel leichter!«* Dann verdichteten wir unsere Verkaufsbotschaft in nur zwei Zeilen am unteren Rand unserer Pizzaschachtel:

Wir packen 117 Mips Mainframe-Leistung in eine Pizzaschachtel!
Rufen Sie 1-800-Data Gen an (Wir liefern frei Haus)

In einer Branche, die regelmäßig mit scheinbar überraschenden Ankündigungen neuer Produkte aufwartet, gefolgt von einer raschen Enttäuschung, wenn jedermann erkennt, daß die Neuigkeiten weniger aufsehenderregend sind als zunächst angenommen, mußten wir Data Generals *wahrhaft* bemerkenswerte Mitteilung im Gedächtnis der Menschen verankern. Wir mußten sicherstellen, daß das AViiON-System nicht nur als eine weitere unergiebige Ankündigung galt. Dies gelang uns, indem wir die Kompaktkeit des Systems anhand einer Pizzaschachtel bildlich vorführten – und den Unternehmen mitteilten, daß die Firma Data General von Menschen geführt wurde, die wie Menschen sprachen und das Leben eines Managers »viel leichter machen können!«. Die Pizzaschachtel eignete sich bestens als Symbol für Data General – und indem wir das Produkt dieses Unternehmens mit einem zutiefst menschlichen Bild beschrieben, verblüfften wir das Publikum so sehr, daß es dieses Bild *niemals wieder* vergaß.

Der Werbekolumnist Kim Foltz fand einen geschickten Titel für seinen Bericht über unsere Kampagne: »High Tech zum Anbeißen«. Unsere Metaphorik begeisterte ihn derart, daß er die Pizzaschachtel mit überschwenglichem Elan beschrieb: »Im Inneren der Schachtel befindet sich, wie man feststellt, ein Computer im Wert von 100000 Dollar, ohne Anchovis.«

Unter der dynamischen Führung des neuen *CEO* Ron Skates und seiner hochmotivierten Außendienstmannschaft (die bei Kundenbesuchen mit ihren vertrauenerweckenden Pizzaschachteln ausgerüstet ist) erlebte Data General eine wahre Renaissance.

Sehen Sie zweimal hin.

Alle in diesem Kapitel angeführten Beispiele sind in Wirklichkeit nicht empörend – *scheinen* aber so. Die »Strategie« besteht darin, die Aufmerksamkeit der Menschen zu wecken, indem man sie *allem Anschein nach* schockieren will. Dann erkennt das Publikum rasch, daß diese Ungeheuerlichkeiten gar nicht so skandalös sind, wie sie scheinen – und es ist fasziniert von der unvergeßlichen, zündenden Idee.

3

Wie man schwierige Kunden dazu bringt, sich in einen zu verlieben

... ohne daß sie am nächsten Morgen den Respekt verloren haben

Der beste Kunde ist ein Unternehmer, der zu Ihnen kommt, weil er mit originellen, bahnbrechenden Werbeideen schnelle Erfolge erzielen will. Großartig ist aber auch ein Kunde, dessen Marke in einer tiefen Krise steckt. Solche Kunden glauben, sie müssen eine »Chance« ergreifen und sich eine Agentur suchen, die lieber alle Register zieht als auf Nummer Sicher geht.

Die *interessanteste* Erfahrung für jeden Mitarbeiter einer Werbeagentur ist die Arbeit für einen Selfmademan, der jede Gelegenheit genutzt und Kopf und Kragen riskiert hat, um unmögliche Träume Wirklichkeit werden zu lassen. Ganz gleich, ob der Einfluß und das Vermögen solcher Menschen in der Getränke- oder Kosmetikindustrie, im Verlagswesen oder im Fernsehen gewachsen sind, sie alle haben eine bewundernswerte menschliche Eigenschaft gemeinsam: Sie haben allein die Fährnisse einer Reise ins Unbekannte überstanden und sind dadurch stärker geworden. *»I Did It My Way«* lautet ihre Erkennungsmelodie; aus jeder ihrer Poren sickert ihr Selbstbewußtsein. Mit dieser unverkennbaren Macht werden sie in den Augen so vieler, die für sie und mit ihnen arbeiten, zu Übermenschen – man erweist ihnen eine Achtung und einen Respekt, der am Hofe von Heinrich VIII. oder im Bunker von Saddam Hussein angebrachter wäre. Umgeben von Schmeichlern und Jasagern verlieben sich diese modernen Monarchen in jeden, der klipp und klar sagt, was Sache ist, und der ihnen die Stirn bietet.

Ich möchte nicht den Anschein erwecken, ich sei von mir eingenommen, aber ich bin zufällig auf der gleichen Wellenlänge wie diese liebenswerten Tyrannen, die in meiner Werbelaufbahn zur Machtelite aufgestiegen sind, angefangen mit Samuel Bronfman, dem früheren Alkoholschmuggler aus Kanada und sagenumwobenen Chef von Joseph

E. Seagram & Sons, Inc. Ich möchte Sie jetzt auf gefährlichen Boden führen. In diesem Kapitel geht es hauptsächlich um meine persönliche Überlebensstrategie in Duellen mit führenden Köpfen des amerikanischen Kapitalismus. Ich habe in meiner Karriere in der Werbung und im Verkauf einen risikoreichen Weg eingeschlagen, den ich niemandem mit Bluthochdruck oder zittrigen Knien empfehlen würde – für mich hat es jedoch einen ganz besonderen Reiz, den Respekt eines wahrhaft schwierigen Kunden zu erwerben.

Wie man einem Tyrannen an der Spitze eines Unternehmens eine unabhängige Meinung verkauft

Die anderen nannten ihn »Mister Sam«. Ich nannte ihn »*Massa* Sam«. In der Galerie meiner tyrannischen Kunden erhält Massa Sam einen besonderen Ehrenplatz, da er ein entwaffnend liebenswerter Despot war. Doch ein schlaues Genie wie Bronfman kann Angst förmlich riechen – zumal die Ausdünstung der Furcht, die nervöse Reklamefritzen verströmen. Sie durften ihm ihren Unsinn vortragen, und wenn seine Mitarbeiter ihre Zustimmung gaben, während er schlief (er machte bei Werbepräsentationen liebend gern ein Nickerchen), sagte er nein, wenn er aufwachte – weil es soviel Spaß machte, die Schwindler der Madison Avenue auflaufen zu lassen. Man mußte sein Interesse wecken und halten, selbst wenn das bedeutete, daß man (wie ich) während seines Schläfchens mit der Hand auf den Konferenztisch schlug oder ihn mit einer nicht ganz richtigen Anrede titulierte. Meine Anrede lautete »*Massa* Sam«.

Nach einer Weile wurde ihm offenbar klar, was ich da sagte, auch wenn er vielleicht beim ersten Mal gedacht hatte, er habe sich womöglich verhört. Als ich zu einem vertrauten Gesicht in seinem Konferenzsaal wurde (Anfang der sechziger Jahre), begann er, mir diabolische, prüfende Seitenblicke zuzuwerfen, als wolle er sagen: »Hmmmm – *Massa* Sam. Das klingt unterwürfiger als *Mister* Sam. Sie führen irgend etwas im Schilde, aber ich werde schon noch herausfinden, was.«

Er war ein kleiner, unscheinbarer, sehr gepflegter Mann um die Siebzig. Nach außen hin machte er sogar einen sanftmütigen Eindruck, aber sein bescheidenes Äußeres täuschte, auch wenn er reicher war als viele Länder und mächtiger als Könige. Wenn eine Sache – ganz gleich, wie unbedeutend sie war – ihn persönlich interessierte, dann setzte er sich mit seiner ganzen Kraft dafür ein.

Eines Tages bat mich einer von Seagrams Werbeleitern, ob ich ihm einen Gefallen tun und einen Blick auf einige neue Etiketten für die Leroux-Fruchtliköre, eine zweitrangige Seagram-Marke, werfen könne. Ich fand sie verheerend, und daher bat er mich um einen weiteren Gefallen: Ich sollte neue Etiketten entwerfen. Er liebte meine Designs. »Zeigen wir diese Prachtexemplare Massa Sam«, meinte er. Mir gefiel es nicht, daß er sich mein »Massa« angeeignet hatte – das war meine Anrede, die mir einen Sonderstatus als Bronfmans Lieblingssklave verlieh – aber als wir uns mit Bronfman trafen, sagte der Werbeleiter: »Mister Sam, hier sind einige neue Entwürfe für das Leroux-Etikett, die Lois *freiwillig* für uns angefertigt hat.«

Der alte Mann machte ein mißtrauisches Gesicht. »Die jetzigen Etiketten sind in Ordnung«, begann ich, »aber ich glaube, die neuen Entwürfe sind stilvoller.« Er grunzte und verzog das Gesicht. Ich trug ihm eine nüchterne Erklärung ohne kluges Geschwätz vor, aber plötzlich schoß es mir durch den Kopf, daß Bronfman selbst möglicherweise die Oberaufsicht über die Gestaltung der alten Etiketten geführt hatte und daß sie ihm persönlich am Herzen lagen. Bronfman schielte zu seinem Werbeleiter hinauf und fragte ihn um *seine* Meinung. »Nun, Mister Sam«, antwortete dieser, »ich glaube, daß ich in dieser Sache mit der Agentur konform gehe.« Bronfman beugte sich vor und durchbohrte ihn mit seinen Blicken. »Für wen arbeiten Sie eigentlich«, knurrte er, »für mich ... oder für diese *beschissene Agentur*?«

Ich fiel vor Lachen vom Stuhl. »Warum lachen Sie?« fragte mich Bronfman, während ich auf seinem teuren Teppich zu Füßen von Rodins Skulptur von Balzac hin- und herrollte und unkontrollierbar wieherte. »Ich habe Sie soeben beleidigt.« Aber dieser liebenswerte alte Tyrann genoß meinen kriecherischen Klamauk. Tief in seinem Inneren wußte er, daß ich ihm wirklichen Respekt entgegenbrachte und meine Zuneigung zeigte, indem ich seine Exzesse nicht ernst nahm.

»Oh, Massa Sam«, war alles, was ich zu seinen Füßen zwischen meinen Lachkrämpfen herausbrachte. Der mächtige Bronfman starrte mich ein wenig verwundert an und sagte dann: »*Sie* gefallen mir.« Kurz nach diesem Zusammentreffen wurden die von meinem Massa Sam entworfenen Etiketten durch die neuen Designs seiner »beschissenen Werbeagentur« ersetzt.

Eines Tages saß ich mit seinem Stab im Konferenzraum, aber wir mußten mit der Besprechung unserer Vorschläge bis zu Bronfmans Ankunft warten. Als er den Raum betrat, stolperten mehrere Mitarbeiter über ihre eigenen Füße, weil sie einen Platz für ihren Chef finden wollten. Er ließ sich auf den nächstbesten Stuhl fallen und wollte gerade die Besprechung beginnen, als jemand herausplatzte: »Nein, *nein*, Mister Sam, setzen Sie sich doch bitte ans *Kopfende.*«

»Junger Mann«, erwiderte Bronfman trocken, »wo ich sitze, ist *immer* das Kopfende.«[1]

Bronfmans Sohn und Erbe Edgar war besonders stolz auf die Arbeit unserer Agentur, und ein Großteil unseres Erfolgs für Seagram war mit Sicherheit darauf zurückzuführen, daß wir – ebenso wie Edgar – uns von dieser dominanten Autoritätsfigur nicht ins Bockshorn jagen ließen. Wir hatten Sam Bronfman für unseren respektlosen Werbestil gewonnen, der das genaue Abbild unserer *persönlichen* Impertinenz darstellte. Unsere selbstsichere, unbekümmerte Einstellung zum Leben und zur Arbeit ermöglichte uns unsere legendäre Kampagne mit der sprechenden Flasche, die der engstirnigen Welt der Alkoholikawerbung den Atem verschlug.

Manchmal kann man reizbare Kunden nur für sich gewinnen, indem man sich von ihnen jagen läßt, bis man sie fängt

Eines Tages im Jahr 1978 erhielt ich einen Anruf von Joe Baum, einem Gastronomen und kultivierten Despoten, der mich davon in Kenntnis setzte, daß jemand mit mir zusammenarbeiten wollte. »Wirklich?« antwortete ich. »Das ist ja phantastisch. Wer denn?«

»Die Riese-Brüder«, sagte er.

»Die Riese-Brüder«, wiederholte ich. »Machen Sie keine Witze, Joe. Das sind doch die größten Gauner in New York.«

»George, George.« Baum ließ nicht locker. »Das sind die besten Marketingleute der Welt. Sie könnten viel lernen, wenn Sie für sie arbeiten.« In unserem Argot gab mir Joe Baum zu verstehen, daß diese Männer clever und weitaus mehr als undurchsichtige Banditen waren.

Zu den schillerndsten Persönlichkeiten unter meinen Kunden gehörten also die beiden in der Wolle gefärbten New Yorker Irving und Murray Riese, Giganten der Gastronomie- und Immobilienszene Manhattans. Zu ihrem Imperium gehörten zeitweise die Steak & Brew-Kette,

1 Aus diesem Vorfall entstand eine Anekdote, die so häufig nicht Bronfman, sondern anderen Tyrannen zugeschrieben worden ist, daß ihr Wahrheitsgehalt schon in Zweifel gezogen wurde. So hat sich diese Geschichte tatsächlich ereignet – im Jahr 1960!

Toots Shor, der Steer Palace, Lindy's, Ma Bell's, die BOSS-Kette, Charley O's und Fast-Food-Franchiseunternehmen (Pizza Hut, Kentucky Fried Chicken, Nathan's, Burger King). Daneben besaßen sie im Großraum New York wichtige Beteiligungen an Beefsteak Charlie's und der Arby's-Kette. Allein in Manhattan gehörte ihnen in fast jedem Block ein Restaurant.

Trotz dieser omnivoren Durchdringung der New Yorker Restaurantszene und trotz ihres umfangreichen Immobilienbesitzes erweckte ihr winziges, schäbiges Büro in der Nähe der Pennsylvania Station den Eindruck, als sei es vom Sozialamt finanziert worden. Mitten im Raum stand ein dürftiger Holzschreibtisch. Davor saß Irving, während sich Murray auf der anderen Seite auf einem Holzstuhl zusammenkauerte, damit jeder Besucher auf der rückwärtigen Wand die Sammlung von Zitaten katholischer Organisationen und ein Foto mit Terence Kardinal Cooke sehen konnte – alles Beweise für das gute Verhältnis zwischen diesen jüdischen Brüdern und der katholischen Machtelite.

Unser damaliger Cheftexter Richard Lynne machte sich in Besprechungen mit den Gebrüdern Riese in der Regel unaufhörlich Notizen. Ich fragte ihn einmal, was er denn um Himmel willen mit einer solchen Beharrlichkeit aufschreibe. »Die Sprüche von Irving und Murray«, antwortete er. Ich möchte hier zwei Paradebeispiele zitieren, die ein wenig Licht auf diese gewieften Schnorrer werfen: Murray Riese beschrieb die Gäste aus seiner unschuldigen Jugendzeit so: »Sie pflegten zu fragen: ›Darf ich auf die grünen Bohnen zum Roastbeef verzichten und statt dessen einmal telefonieren?‹«

Als wir eine Konzeption für eine neue Restaurantkette vorlegten, die BOSS heißen sollte – ein Akronym für *Beer, Onions, Steak, Salad* (diese vier Worte erschienen im Logo) – fragte Irving, ob daraus klar hervorginge, daß es sich um ein Restaurant handle. Murray schnauzte ihn an: »Irving – Bier, Zwiebeln, Steak, Salat. Was verkaufen wir wohl – SCHUHE?!«

Meine Beziehung zu den Gebrüdern Riese lief ganz anders ab als der Versuch, mich bei Sam Bronfman einzuschmeicheln. Als New Yorker Originale fühlten sie sich naturgemäß wohl in der Gesellschaft eines New Yorker Mitbürgers, dessen Akzent schlimmer war als der ihre und der ihr komisches Banditentum zu schätzen wußte. Einer von Murrays wichtigsten Aphorismen lautete: »Ich lasse mich von einem Kerl so lange jagen, bis ich ihn fange.« Einmal dachte er zurück an seine Anfangszeit in der Gastronomie, als er Eigentümer eines Coffee Shop in der Nähe der Grand Central Station war. Um Geld für die Müllabfuhr zu sparen, lud er nächtens heimlich seinen Abfall auf den Zug der Twentieth Century Limited. »Wir hielten New York *sauber*«, brüstete er sich, »unser ganzer Müll wurde in *Chicago* abgeladen!«

Bei unseren Treffen spielte Murray, der jüngere der Riese-Brüder, Staatsanwalt und Verteidiger. Der ältere und staatsmännischere Irving übernahm die Rolle des onkelhaften Richters, der einschritt, bevor Murray zu weit ging. Murray sagte einmal zu mir: »George, Menschen, die man wirklich mag und mit denen man gerne zusammenarbeitet, feuert man« – eine rhetorisch geschickte (wenn auch schwerverständliche) Anspielung auf die Philosophie der Gebrüder Riese, daß niemand, der für sie arbeitete, sich jemals sicher fühlen durfte. Irving, der den Absolutheitsanspruch der Bemerkung seines jüngeren Bruders erkannte, fügte hinzu: »Nicht unbedingt. George, wir mögen Sie, und wir wollen mit Ihnen über das sprechen, was Sie ›Herstellungsaufschlag‹ nennen. Wieso verlangen Agenturen immer 17,65%?[1] Könnten wir das nicht auf 10% abrunden?«

»Warum müssen wir das *überhaupt* bezahlen?« ergänzte Murray.

Zu Beginn unserer Geschäftsbeziehung mit den Riese-Brüdern wurden etliche Rechnungen über Herstellungskosten nicht beglichen, bis unser kaufmännischer Leiter Einhalt gebot und das qualvolle Verfahren einführte, daß wir die beiden Brüder vor der Erledigung weiterer Aufträge um die Begleichung ihrer Rechnungen bitten mußten. Irving und Murray sagten, ihnen mißfalle der Gedanke der Berechnung von Herstellungskosten überhaupt, und sie wollten die Rechnungssumme drastisch senken. Um unseren flehentlichen Zahlungsaufforderungen ein Ende zu bereiten, gegen die die Riese-Brüder Geldmangel vorschützten, schrieb ich einen dreiseitigen Brief an Murray, der so endete: »Niemand in unserer Agentur möchte an Projekten für Sie mitarbeiten, weil unsere Beschäftigten gehört haben, daß Sie uns die Herstellungskosten ›ausschlagen‹. Unsere Leute sind, gelinde gesagt, enttäuscht, weil unsere Freunde, die uns – wie wir meinten – glauben und vertrauen, versuchen, uns zu schaden. Unsere Beziehung sollte für beide Seiten von Vorteil sein. Wir wissen ganz genau, daß wir gut für Sie gearbeitet haben. Murray, Sie und Irving dürfen uns nicht mehr ›herunterhandeln‹. Wir bieten Ihnen Enthusiasmus und brillante Ar-

1 Agenturen schlagen üblicherweise 17,65% auf die Herstellungskosten auf, damit ihnen ein Bruttogewinn von 15% bleibt. Für Produktionskosten in Höhe von 100 Dollar würde beispielsweise ein Aufschlag von 17,65 Dollar in Rechnung gestellt – was 15% des Bruttorechnungsbetrags von 117,65 Dollar entspricht.

beit – und werden das auch weiterhin tun –, *aber behandeln Sie uns nicht wie Tellerwäscher.*«

Wenige *Minuten* nachdem ein Bote den Brüdern in ihrem Neo-Wohlfahrtsbüro mein Schreiben ausgehändigt hatte, rief mich Murray an. Es folgte eine bewegende emotionsgeladene Darbietung, in der Murray Riese Krokodilstränen auf den Telefonhörer vergoß. Unter heftigem Schluchzen behauptete er, daß mein Brief ihn peinlichst berührt habe und daß er niemals die Absicht gehabt habe, einen Mitarbeiter meiner Agentur wie einen Tellerwäscher zu behandeln. Er versprach die Bereinigung der finanziellen Probleme zum frühestmöglichen Zeitpunkt. Ich dankte ihm, wir versöhnten uns am Telefon, und dann dauerte es weitere vier Monate, bis wir unser Geld erhielten (und dann natürlich wieder nicht den vollen Betrag), während gleichzeitig Neuaufträge zuhauf eingingen.

Wegen der doppelten finanziellen Unberechenbarkeit im Immobiliensektor und in der Gastronomie waren die Riese-Brüder sehr wankelmütige Kunden. Ganz plötzlich forderten sie Namen und Kampagnen für neue Restaurants, und wenn wir dann unseren Kostenvoranschlag vorlegten, beteuerten sie in herzerweichenden Worten ihre Armut. Danach folgte unweigerlich der dritte Akt: der leidvolle Weg zur Bezahlung.

Als ich die Riese-Brüder zum ersten Mal traf, befand sich unsere Agentur zufällig auf der Suche nach größeren Büros. Sobald Murray Riese hörte, daß wir uns für eine Immobilie interessierten, bot er uns ein kleines, altes Gebäude in der Nähe des Stadtzentrums an. Die Renovierung hätte mehr gekostet als der Wiederaufbau Kuwaits. »Wenn Sie sich dafür entscheiden«, sagte Murray, »können wir es George Lois Building nennen.« Ich habe diesen Köder niemals geschluckt, zum einen aus ästhetischen Gründen und zum anderen wegen der schrecklichen Vorstellung, diese Erzgauner als Vermieter zu haben. Aber ich werde mich immer freundschaftlich an die Gebrüder Riese erinnern, die manchmal einige ihrer Rechnungen bezahlten.

Wie man dem Tyrannen eine zündende Idee verkauft, indem man mit seinen nervösen »rechten Händen« gemeinsame Sache macht

Wie so viele große Tyrannen in der amerikanischen Wirtschaft hatte Charles Revson eine klare Vorstellung von der Macht. Er kannte auch die Vorlieben der breiten Masse. In den sechziger Jahren sponserte er das Fernsehquiz »Die 64000-Dollar-Frage«, und dadurch wurde

Revlon für jeden Amerikaner ein Begriff. Er kannte den Geschmack der Nation. Er verstand die Frauen (in seiner *Werbung*). Und er teilte eine Eigenschaft mit vielen anderen der liebenswerten Despoten, mit denen ich zusammenarbeitete: Er konnte und wollte kein Blatt vor den Mund nehmen. Seine Marketingmanager, beeindruckende, hochdotierte Profis, die viel zu verlieren hatten, wenn sie bei ihrem Chef in Ungnade fielen, waren jedoch nicht willens, auf irgendeine Weise für Unruhe zu sorgen – eine nicht ungewöhnliche Situation.

1974 führten wir für Revlon ein neues Shampoo namens *Milk Plus Six* ein – ein Name, mit dem wir den Frauen versichern wollten, daß gesundheitsspendende Milch ein Hauptbestandteil dieses Produkts sei. Unsere Konzeption für dieses neue Shampoo sah so aus: »Gefällt Ihnen mein Haar? Dann darf ich Ihnen meinen Friseur vorstellen.« Darauf nimmt der Werbespot eine unerwartete Wendung: Nach dieser schlichten Einladung der bezaubernden Susan Blakely (damals Fotomodell und später dann Schauspielerin), fährt die Kamera zurück und zeigt eine *Kuh*. Als ernsthafter Tierfreund gewährte ich der Kuh ihre Warhol-Sekunden im Rampenlicht. Sie gab ein wohlklingendes *»Muuuuuuh«* von sich.

Als ich das Storyboard dieses Commercials den Marketing- und Werbeleitern von Charles Revson zeigte, wurde mir klar, das ich diesen adrett gekleideten Pendlern, die sich eine gesicherte Existenz wünschten, große Schwierigkeiten bereitete. Sie wußten, daß mein Konzept jedermann so verblüffen würde, daß er mit großen Kuhaugen auf den Spot starren würde, aber keiner von ihnen erklärte sich bereit, dem mächtigen Charles diesen Werbespot vorzuführen. Statt dessen erlaubten sie *mir* widerstrebend, dem Tyrannen den Spot zu zeigen, allerdings unter dem Vorbehalt, daß wir alle so tun würden, als hätte niemand die geringste Ahnung davon, was der verrückte George präsentieren wollte. Ich verstand: Wenn Charles *mich* zur Schnecke machte (und darin war er so gut wie kein anderer seit Hitlers Zeiten), würde es nur mir an den Kragen gehen.

Ich präsentierte Charles unsere Idee und sparte auch nicht mit einem klangvollen, aber nicht übertriebenen *»Muuuuuuh«*. Mit gerunzelter Stirn sah er mich ungläubig und voller ärgerlicher Bewunderung an, die ich bei den vielen reizenden Tyrannen, für die ich gearbeitet habe, zu erkennen gelernt habe. Dann sagte er ganz ungekünstelt und vorbehaltlos: »Das gefällt mir, Lois. Melken wir sie.«

Von seinen Mitarbeitern war ein kollektiver Seufzer der Erleichterung zu vernehmen, als sie nach der Anspannung hörbar aufatmeten, gefolgt von einem kräftigen »Wir wußten, daß er Ihnen gefallen würde, Charles«. Die Kampagne lief an. Auf dem überlaufenen Markt für Shampoos war Milk Plus Six ein Erfolg und blieb noch viele Jahre eine starke Marke. Aber nicht allzu lange nach der Premiere dieses genialen Spots wurde die Kuh geschlachtet. Wie ich hörte, hatten einige männliche Friseure ein derartiges *Theater* veranstaltet, daß selbst der mächtige Charles klein beigab. Das meinte ich, als ich davon sprach, daß Werbung für die jeweilige gesellschaftliche Situation relevant sei. (Ganz ruhig, meine Lieben: Ich habe mich 1990 mit Leib und Seele für die Organisation und die Werbung für eine Spendenaktion der Gay Men's Health Crisis eingesetzt. Warum sollte eine Kuh unsere Freundschaft zerstören?)

An einem Nachmittag im letzten Jahr seines majestätischen Lebens beraumte Revson eine Marathonsitzung mit seinen vier Werbeagenturen an – ausgerechnet am 24. Dezember! Er pferchte uns alle in sein Privatbüro, wo wir vor Wut kochend saßen, während er unendlich lange Ferngespräche mit seinen Topmanagern führte, die zu Hause ihre Christbäume schmückten. Er übermittelte ihnen die besten Weihnachtswünsche. Einer dieser Anrufe triefte nur so von den honigsüßesten Lobhudeleien, die ich jemals aus dem Mund eines Tyrannen gehört habe. Nachdem er überschwengliche Komplimente für die großartigen Bemühungen im Laufe des Jahres verteilt hatte, hielt Charles inne, warf einen kalten Blick auf sein goldenes Telefon (es war wirklich und wahrhaftig aus *Gold*!) und sagte ganz trocken: »Aber wenn Sie nächstes Jahr *ein einziges Mal* Mist bauen, fliegen Sie *raus*!«

Tyrannen sollen einen nicht lieben, sondern sich in einen verlieben

Harding Lawrence, der Chef der in Dallas beheimateten Fluggesellschaft Braniff Airways, wußte genau, welche Macht scheinbar ungeheuerliche Werbung besaß, und stimmte daher voller Begeisterung unserer Kampagne »*When you got it, flaunt it!*« zu. Als die ehrenwerten Bürger von Dallas ein Riesentheater veranstalteten, weil in einem unserer Fernsehspots ein Spinner aus der Underground-Szene (Andy Warhol) und ein verdrießlicher *Nigger* (Sonny Liston) mitspielten, beruhigte uns Harding: »Verdammt noch mal, Lois, aber mir gefällt's.«

Für die Werbung der Fluggesellschaften war 1968 ein außerordentlich ereignisreiches Jahr, in dem der Agenturwechsel mehrerer Großetats die Madison Avenue in Aufruhr versetzte. Der Wechsel von Braniff zog wohl am meisten Aufmerksamkeit auf sich: Mary Wells hatte 1966 ihre eigene Agentur – Wells, Rich, Greene – gegründet, und Braniff war ihr erster Kunde. Harding Lawrence verliebte sich in Mary und heiratete sie. 1968 gab Mary Wells Braniff für den weitaus größeren Etat von TWA auf. Daraufhin wählte Braniff meine Agentur als Nachfolgerin für die Frau, die Harding Lawrence liebte.

Lawrence war (im Gegensatz zu vielen anderen) ein Kunde, der wirklich etwas von Werbung verstand und oftmals mit einer witzigen Pointe auf unsere Vorschläge reagierte. Er bombardierte uns mit neuen Fakten, stieß die Nase in die Luft und knurrte: *»Na! Na?«* – und erwartete immer ein begeistertes Ja, Ja. Er war grob zu seinen Mitarbeitern, aber sie konnten sich mit jedem beliebigen Flug jederzeit aus Dallas absetzen – und das taten sie auch, denn wenn Harding Lawrence jemanden zur Schnecke machte, dann besorgte er das *gründlich*.

Im Dezember 1968 schrieb das Wirtschaftsmagazin *Fortune* einen langen Artikel über die Agenturwechsel der Fluggesellschaften. Alle Mitarbeiter von Braniff fragten sich, wie der Texasbaron Harding Lawrence, ein Mann vom Schlag eines Lyndon Johnson und eines John Connally, wohl auf den ersten Absatz dieses Artikels reagieren würde:

> Stellen Sie sich einen Tisch in einer Ecke des eleganten Restaurants Four Seasons in Manhattan vor, auf den Tellern Steaks zu 9,75 Dollar [das war 1968!!], dazu ein guter Rotwein, und George Lois redet – wie immer. George Lois ist ein Mann, der mit der Gründung von Werbeagenturen Karriere gemacht hat. Ein Gespräch mit ihm ähnelt einem Biß auf eine Knoblauchzehe – das Höchste für jemanden, der zufällig Knoblauch mag. Wenn er sich in der Stadt aufhält, ißt Lois jeden Tag an diesem Tisch, nur die Gesprächsthemen und die Speisen wechseln. Das heutige Thema ist Braniff Airways, ein großer, saftiger Etat, den Lois' Agentur soeben für sich verbuchen konnte. Wie hat er Braniff als Kunden gewonnen? »Na ja«, sagt er und spreizt seine Finger, »Harding Lawrence hat sich in mich verliebt.«

Überraschenderweise sagte der Braniff-Chef nach diesem Zitat in *Fortune* über ein Jahr lang kein Wort zu meiner Aussage. Schließlich schnitt er das Thema indirekt an. »Verdammt noch mal, Lois«, grollte er eines Tages, als er mir beschrieb, wie hart er arbeitete. »Sie und Ihre gottverdammten Mittagessen im Four Seasons. Ich gehe nicht zum Mittagessen. Ich arbeite den ganzen Tag ohne Pause.« Ich gab zurück: »Ich komme um sechs Uhr ins Büro, und sieben Stunden später gehe ich zu einem Geschäftsessen ins Seasons, dann mache ich Werbung bis spät in die Nacht. Sie kommen um zehn ins Büro, lassen die Mittagspause ausfallen und gehen dann um *vier* Uhr nach Hause.«

Als die Regierung von Präsident Lyndon Johnson in den letzten Zügen lag, war Harding Lawrence zu einem Besessenen geworden, der mit Braniffs Streckennetz den ganzen Erdball umspannen wollte. Er hatte die begehrte Route nach Hawaii schon beinahe in der Tasche und bat mich, diese denkwürdige Neuigkeit mit einer Kampagne bekanntzugeben, die Braniff ein für allemal für den Rest des Jahrhunderts zu einer der großen Fluggesellschaften machen würde. Braniffs bravouröser Stil mit den theatralischen Innovationen veranlaßte mich, Lawrence eine Kampagne zu präsentieren, deren Slogan so perfekt war, daß ich davon überzeugt war, er würde unsere Geschäftsbeziehung zementieren:

»Braniff und Hawaii. A marriage made in heaven.«

Zu meinem Erstaunen verlor dieser verteufelt gutaussehende texanische Pistolenheld mit den buschigen Augenbrauen schlicht und einfach die Beherrschung. Mit funkelnden Augen warf er mir erschreckend zusammenhanglose Beleidigungen an den Kopf, und in seinem Mundwinkel begann sich tatsächlich Schaum zu bilden. Zunächst war ich wie vor den Kopf gestoßen, aber als sein heftiger Tobsuchtsanfall einem verständlicheren Geschrei Platz machte, begann ich zu begreifen, was ihn so erbost hatte.

Ich hatte einen wunden Punkt getroffen. Die vielen Konkurrenten von Harding Lawrence, die US-Zivilluftfahrtbehörde, seine Feinde (er hatte ein paar), vor allem aber seine Freunde hatten, wie sie mit wissendem Augenzwinkern behaupteten, von Anfang an gewußt, daß Hardings alter Cowboyfreund Lyndon der Fluggesellschaft Braniff die Hawaii-Route als Abschiedsgeschenk überreichen würde. Da wagte ich es auch noch, diese Anspielungen auf eine texanische Vetternwirtschaft in einer Balkenüberschrift zu feiern! Aber was wußte ich als Hinterwäldler aus der Großstadt, der ich meinen Beteuerungen zufolge war, schon von den üblen Tricks texanischer Politiker – so protestierte ich diesem schlitzohrigen Mann aus Dallas gegenüber.

In den achtziger Jahren platzte die Seifenblase von Braniff, und es wurde schließlich deutlich, daß die Expansion der Fluggesellschaft auf die Strecken nach Lateinamerika und Hawaii der erste große Schritt auf dem Weg in den Ruin gewesen war. Nicht lange nach Hardings hawaiianischem Kriegstanz und sogar, nachdem ich mich mit einer wunderbaren, völlig unpolitischen Kampagne für die Hawaii-Strecke von Braniff durchgesetzt hatte, trennte sich Harding Lawrence von meiner Agentur. Meine Kritiker und die Branchenkenner setzten mir sehr zu, aber ihre Schläge machten mir nichts aus. Zum Teufel, dachte ich – wer hat, der hat!

Ihre Tyrannen sollten tunlichst Perfektionisten sein. Dann bleiben Sie immer auf Zack

Restaurant Associates war eine Kette von Nobelrestaurants, zu der unter anderem The Four Seasons, Forum of the Twelve Caesars, Brasserie, Tower Suite, La Fonda del Sol und andere elegante Lokale gehörten. Dem Unternehmensleiter, Joseph H. Baum, war es ein persönliches Anliegen, aus einem Restaurantbesuch ein kulturelles und ästhetisches Erlebnis zu machen. Baum war der kultivierteste Despot, der mir je begegnet ist. (Später zeichnete er für alle Lokalitäten im World Trade Center verantwortlich, darunter auch die beliebte Touristenattraktion Windows on the World. Danach dachte er sich das vornehme Restaurant Aurora in der Innenstadt aus und hauchte dem Rainbow Room auf dem Dach des Rockefeller Plaza neues Leben ein.)

Das Wort *Perfektion* reicht beinahe nicht aus, um diesen anspruchsvollen Unternehmer richtig zu beschreiben. Baum war niemals wirklich zufrieden, und er verteilte nur äußerst ungern Lob, denn das könnte ja so ausgelegt werden, daß die Vollkommenheit erreicht worden war. Als ich ihn zum ersten Mal um einen Kommentar zu einem Kampagnenvorschlag für eines seiner Restaurants bat, wußte ich, daß ich gewonnen hatte, als Joe sagte: »Von mir aus können Sie diesen Quatsch machen.«

Joe war Commandeur des elitären französischen Gourmet-Ordens Confrèrie des Chevaliers du Tastevin. Eines Abends veranstaltete er im Four Seasons ein Dinner für hundert Ritter dieses Ordens und veranschlagte zusätzlich 10000 Dollar, damit seine astronomischen Standards erfüllt werden konnten. Am Vorabend probte das gesamte Personal des Restaurants unter meinen andächtigen Blicken die genaue Menüfolge, und die eigentliche Veranstaltung war selbst gemessen an Baums Standards perfekt. Die Chevaliers verließen das Four Seasons mit verklärtem Blick. Am nächsten Morgen fragte Baum seinen PR-Mann, wie die Gäste auf diese großartige Veranstaltung reagiert hätten. »Nun, Joe«, sagte dieser stolz, »darf ich Ihnen ihr Telegramm vorlesen: ›Unsere einhellige Meinung lautet: Ihr Dinner war das beste Festessen *aller Zeiten.*‹«

Baum dachte geschlagene dreißig Sekunden nach und platzte dann heraus: »Verdammt noch mal, *das ist einfach nicht gut genug!!!*«

Restaurant Associates war ein Etat, der die meisten Werbeleute abgeschreckt hätte. Die Arbeit hörte niemals auf, und man machte keine umsatzträchtigen ganzseitigen Anzeigen. (Immerhin produzierten wir 1200 Kleinanzeigen im Jahr.) Restaurant Associates war ganz nach meinem Geschmack, da das Unternehmen kühne Anzeigen für eine wachsende Anzahl von Lokalen benötigte. Bei vielen Restaurants wirkte ich an der Gestaltung mit; jedes hatte seinen eigenen Charakter und verlangte eine besondere kreative Lösung, und alle zwangen einen, seine Begabung über die offensichtlichen Grenzen hinaus zu fordern. La Fonda del Sol im Time-Life Building war ein klassisches Beispiel für Baums überragende Vision. Die südamerikanische Atmosphäre dieses Lokals war so echt, daß man meinen konnte, Montezuma sei der Türsteher. Leider schreckten die peruanischen Gemälde sowie die südamerikanische Volkskunst die Sekretärinnen ab, die scharenweise durch die Betonschluchten der Innenstadt schlenderten. Da dieses Restaurant wie ein Museum aussah, glaubten sie, daß die Preise nur für Kunstsammler erschwinglich wären. Wir mußten also ein Restaurant, das wie der Prado aussah, an Schreibkräfte aus der tiefsten Provinz verkaufen.

Einer der Kunstschätze, die Baum importiert hatte, war ein Marionettenkopf mit einem bleistiftdünnen Schnurrbart. Ich legte ihn auf die Seite und schloß seine Augenlider, so als schliefe er bei der Arbeit. Indem wir die Puppe »Stupido« tauften, verwandelten wir das Museum in einen vergnüglichen Ort. *»No, no, Stupido«*, hieß es in unserer Anzeige, *»wir sagten* Fiesta *im La Fonda del Sol, nicht* Siesta.« In einer Galerieanzeige findet man bestimmt nicht diesen Satz: *»Wir bitten die Dame, die während der Fiesta im La Fonda del Sol außer Rand und Band geraten ist, jeden Sonntag wiederzukommen.«* Als die Wasserspeicher New Yorks fast leer waren, schrieben wir: *»Wassermangel oder nicht – wenn das nächste Mal eine Gruppe von Matronen bei der Fiesta am Sonntag den Fandango stört, werden wir den Schlauch auf sie richten.«*

Baum war ein Renaissance-Mann mit hellseherischem Geschmack. Er persönlich setzte in Amerika die Vorstellung durch, daß ein Besuch in einem »Restaurant«, ganz gleich wie die Preise oder die Speisekarte aussahen, immer ein *Erlebnis* sein sollte. Wer in einem Restaurant von Baum speiste, erhielt mehr als nur ein Essen. Es wurde vielmehr das Versprechen eingelöst, die Gäste in ein anderes Zeitalter oder eine andere Dimension zu versetzen. Für sein unvergleichliches Four Seasons wählte er das Erdgeschoß in Mies van der Rohes Seagram Building gerade zu der Zeit, als dieses ausgefallene moderne Gebäude im *»international style«* Schwierigkeiten hatte, Mieter zu finden. Als später das Pan Am Building gebaut wurde, richteten wir drei Restaurants in seiner Hauptlobby ein: die Trattoria, in der italienische Speisen serviert wurden, das Zum Zum,

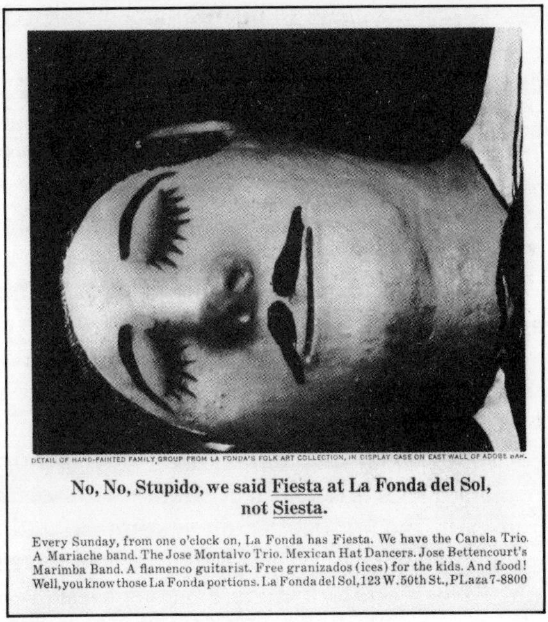

wo man bayerische Brotzeiten erhielt, und Charlie Brown's Ale & Chop House. Das Architekturbüro Emery Roth & Sons, das – unter der Aufsicht des großen Bauhaus-Pioniers Walter Gropius – die Pläne für das Pan Am Building erstellte, wachte über die gestalterische Integrität dieses grotesken Baus. Alle Schilder oder Designs für Joe Baums Restaurants mußten zu der nüchternen Atmosphäre der Lobby passen. Natürlich lehnten sie meine Entwürfe für die Trattoria, das Zum Zum und Charlie Brown's ab; ihre Lobby sollte nicht von ausdrucksstarken Logos verschandelt werden. Aber ich war überzeugt, daß jeder Entwurf genau dem jeweiligen Charakter von Baums neuen Restaurants entsprach, und wir erhielten die Gelegenheit, unsere Argumente bei Emery Roth & Sons vorzutragen.

Meine Verehrung für Gropius und meine Respektlosigkeit gegenüber dem Pan Am Building faßte ich in einer Rede zusammen, die ich 1964 anläßlich eines Seminars zum Thema Gestaltung hielt: »Wäre ich ein Architekt oder ein Industriedesigner, dann hätte ich Gropius alles zu verdanken. Nicht nur, weil er ein großartiger Lehrmeister war, sondern auch, weil er anhand seiner tatsächlichen Werke zeigte, was man alles machen konnte. Er war bereits 1911 – und mit Sicherheit 1925, als er das Bauhaus Dessau konzipierte – ein besserer Modernist als die meisten ›modernen‹ Architekten heute. Aber ich bin kein Architekt. Ich kann nur vor ihm auf die Knie sinken. Seine Führung hat Pädagogen, Industriedesigner, Töpfer, Weber, Bühnenbildner, Maler, Buchdrucker, Layouter und natürlich Architekten direkt und indirekt beeinflußt. *Das Pan Am Building sei ihm darum vergeben.*«

Emery Roth & Sons ließen sich nicht überzeugen. Sie beharrten darauf, daß meine Entwürfe nicht dem Charakter ihrer Lobby entsprachen. Während Joe Baum wie ein Doppelgänger von Edward G. Robinson in *Little Caesar* an seiner Havanna kaute, verlor ich völlig die Beherrschung: »Sie wagen es, über Geschmack zu urteilen, nachdem Sie diese Monstrosität errichtet und das Gesicht der Stadt New York für die nächsten hundert Jahre verunstaltet haben? Sie wagen es, hier zu sitzen und *meine* Entwürfe zu kritisieren?« Das ließen sich die Söhne der Familie Roth nicht bieten; sie wiesen mir einfach die Tür. Wie sich herausstellte, war während meiner Tirade der große Gropius am Konferenzzimmer vorbeigegangen und hatte jedes Wort gehört. Später erzählte mir einer der Mitarbeiter von Restaurant Associates, Gropius sei nach unserem Aufbruch in den Raum gekommen und habe gesagt: »Mir gefallen seine Entwürfe.« Die anderen starrten ihn ungläubig an, aber die Lichter, Farben und Schriftzüge meiner Designs erwachten in der antiseptischen Lobby des Pan Am Building zum Leben und lockten zahlende Gäste in Baums freundliche, gemütliche neue Bistros.

Zwei Jahre später traf ich Walter Gropius erstmals bei einem Empfang, den der Art Directors Club zu seinen Ehren veranstaltete. »Herr Gropius«, sagte ich und schüttelte diesem großen Mann die Hand, »ich bin George Lois.« Ich sagte meinen Namen ganz langsam, damit Gropius die Verbindung zu »Das Pan Am Building sei ihm vergeben« ziehen konnte. Er überlegte sich, woher er meinen Namen kannte, und als es ihm einfiel, sagte er lächelnd: »Ach ja, ja – sehrr schön, sehrr schön, *Trrattoria … Zuum Zuum … Charrlie Brrown …* « Sein leichter Bauhaus-Akzent verlieh diesem wunderbaren Augenblick einen besonderen Zauber.

Baum respektierte meine Aggressivität gegenüber der vulgären Familie Roth, da er hier einem Mann gegenüberstand, der genauso fanatisch nach Perfektion strebte wie er selbst, und er genoß die kameradschaftliche Beziehung zu diesem verrückten Griechen. Ich war auch ein perfektes Publikum für ihn. Als Baum eines Abends im Forum of the Twelve Caesars eine Bloody Mary bestellte, warf er mir einen prüfenden Blick zu, ob ich auch ja jede seiner Bewegungen beobachtete. Bevor er an seinem Drink nippte, fragte er den Barkeeper: »Ist das die *beste* Bloody Mary, die Sie mixen können?«

»Ja, Mr. Baum«, anwortete der Barkeeper mit fester Stimme.

»Probieren Sie sie«, befahl Baum. Der Barkeeper nahm ein prüfendes Schlückchen.

»Sie ist nicht schlecht«, lautete sein Urteil.

»Können Sie eine bessere machen?« fragte Baum. Der Barkeeper mixte eine neue Bloody Mary. »Jetzt probieren Sie sie und sagen Sie mir, was Sie davon halten«, sagte Baum. Er hatte noch keinen der beiden Drinks angerührt. Der Barkeeper nippte an der zweiten Bloody Mary.

»Diese hier ist sehr gut, Mr. Baum. Sie ist *perfekt.*« Endlich war das magische Wort gefallen.

»Warum zum Teufel haben Sie sie nicht schon beim *ersten Mal* so gemixt?« fragte Baum.

Woran erkennt man die schlimmsten Kunden? Sie haben einen schlechten Geschmack – das allein ist schlimm genug. Aber wenn man sie verklagen muß, um sein Geld zu bekommen, dann ist das ungeheuerlich!

Als die Trump Organization mit ihrem Werbeetat für Trump's Castle von McCann Erickson zu meiner Agentur wechselte, berichtete die *Times* (26. Januar 1987), dieser Etat werde, wie uns die Mitarbeiter von Trump versicherten, einen Gesamtumsatz von schätzungsweise fünf Millionen Dollar bringen. *Ha, ha, ha.* Die Verantwortung für Trump's Castle lag in den Händen seiner Frau Ivana, die sich damals noch nicht von ihm getrennt hatte, und sie war ganz sicher keine Mary Wells. Obwohl sie nominell als Chefin von Trump's Castle fungierte, traf ihr geliebter Donald alle wichtigen Entscheidungen. Bei Besprechungen mit unserer Kundin Ivana tauchte häufig ihr Mann auf und gurrte, ohne mit der Wimper zu zucken (wir anderen wären am liebsten in Grund und Boden versunken): »Und wie geht es meiner kleinen CEO heute?«

Trump gefiel die zündende Kampagne, die wir für seinen Konkurrenten Harrah's in Atlantic City gemacht hatten. Bevor wir die Werbung für Harrah's übernahmen, rangierte dieses Etablissement unter »ferner liefen«; das Kasino, seine Werbung und sein Slogan waren in Atlantic City praktisch unbekannt. Das Grundthema unserer Kampagne lautete *»I'm just wild about Harrah's!«*, und die langbeinige Susan Anton wirbelte durch die schicken Spielsalons, Hotelsuiten und Restaurants von Harrah's und sang dabei unseren einprägsamen Titelsong *»I'm just wild about Harrah's ... and Harrah's wild about you!«*, eine Adaptation des klassischen amerikanischen Schlagers »I'm just wild about Harry!«. Diese Kampagne wurde bald als Grund für die wundersame Wandlung bei Harrah's erkannt. Das Unternehmen erlebte einen dramatischen Aufstieg aus dem Keller bis ganz an die Spitze. Der nüchterne Chef von Harrah's, Dave Hanlon, sagte zu mir: »Lois, ich habe eigentlich niemals wirklich geglaubt, daß Werbung funktioniert – und ich dachte immer, ihr Werbeleute seid schlitzohrige Gauner. Aber ich muß gestehen, ich bin ganz versessen auf Ihre Arbeit.«

Später wurden wir gebeten, für das Trump-Unternehmen in Atlantic City zu arbeiten. Die ursprüngliche, von einer anderen Agentur kreierte Kampagne für Trump's Castle hatte dem Publikum glaubhaft versichert, daß man dort wie ein König behandelt werde. Der Fernsehspot zeigte sogar einen Doppelgänger von Heinrich VIII.: einen ungepflegten, unrasierten Monarchen, der in einer Pferdekutsche vor Trumps protzigem Hotelkasino vorfährt. Das Leitmotiv der Kampagne *»You're the king of the Castle«* wurde viele Male im Fernsehen und im Hörfunk gespielt und machte die Kampagne zu einem der berühmtesten Werbefeldzüge in Atlantic City, aber nach dem unablässigen Kontakt hatte sich ihre Wirkung abgenutzt. Die Verbraucherforschung hatte ergeben, daß viele Menschen den schlampigen König *verabscheuten* und daß nicht wenige Frauen sich beleidigt fühlten, weil ein männlicher Monarch der Star dieser Kampagne war. Eine Alibi-Königin wurde in die Kampagne aufgenommen – ein wunderbares Beispiel für schlechte Kunst, die das Leben imitiert, denn Donald und Ivana Trump waren Ludwig XVI. und Marie Antoinette von Atlantic City.

Als ich mich in ihrem Dunstkreis wiederfand, hatte der Abscheu gegenüber der bisherigen Kampagne ein hohes Niveau erreicht. Ich sagte den Trumps, sie sollten den König köpfen und dann ein neues Konzept wählen, das wir entwickelt hatten: *»Live the Trump life!«* Donald und Ivana waren so begeistert von unserer Idee, daß sie es nicht nur für Trump's Castle (auf der Bay-Seite von Atlantic City), sondern auch für Trump Plaza am Boardwalk und als thematischen Rahmen für ein ehrgeiziges Lizenzprojekt verwenden wollten, das sie in Erwägung zogen. Sie betrachteten *»Live the Trump life!«* als perfektes Leitmotiv für ihren Lebensstil, ja sogar als ihre Existenzberechtigung, und sie erlaubten uns, nach dieser Konzeption Werbung in etlichen Medien von Atlantic City zu treiben. Doch obwohl sie offenbar so viel Gefallen an unserer Kampagne fanden, wollten sie *»King of the Castle«* trotz der von der Forschung ans Licht gebrachten Mängel (und Motten) vorläufig noch nicht ersetzen. Wir versuchten, sie von diesem unsinnigen Kurs abzubringen, aber es war sehr schwierig, diesen beiden Narzißten etwas begreiflich zu machen. Nachdem wir monatelang versucht hatten, sie zu *»Live the Trump life!«* zu überreden, waren Donald und Ivana unserer Kampagne überdrüssig, und sie wurde niemals realisiert!

Vielleicht waren sie aber auch schlauer als wir alle – vielleicht wußten sie, daß *»the Trump life«* letztendlich wie alle anderen Exzesse der Ära Reagan zum Untergang verurteilt war. Vielleicht wollten sie aber auch ein paar Dollar bei den Produktionskosten einsparen, indem sie Heinrich VIII. weiterlaufen ließen. Inzwischen mußten wir uns direkt mit Donald Trumps kleiner CEO auseinandersetzen, die etwa soviel Gespür für Marketing und Werbung hatte wie ein Pudel. Es war immer ein großes Problem, Ivanas Aufmerksamkeit auf eine bestimmte Sache zu lenken. Ihre Sorgen waren stets kosmetischer Natur. Eingehüllt in ihre 20000 Dollar teuren Lacroix-Kleider schickte sie in Tränen aufgelöste Sekretärinnen nach Hause, wenn deren Arbeitskleidung nicht ihrem verschwenderischen Standard entsprach. Wenn wir ihr Anzeigen mit Frauen zeigten, achtete sie auf deren Absätze (die immer höher sein sollten), auf deren Fingernägel (die noch länger und noch röter sein sollten) und auf ihre Kleider (es mußte schon Lacroix sein). Banale, aber schlagkräftige Anzeigen, die Spieler anlocken sollten, starrte sie mit leerem Blick an. Als wir eines Nachmittags die vielfältigen Möglichkeiten von *»Live the Trump life!«* erläuterten und dabei Pappen und Illustrationen und so viele andere visuelle Krücken zu Hilfe nahmen, daß wir an Helen Keller hätten verkaufen können, nahm uns Ivana die Leitung der Sitzung aus der Hand, um ihren perplexen Mitarbeitern mitzuteilen, daß sie mehrere tausend Dollar für abscheuliche Rokokoaschenbecher auszugeben gedachte, die die Lobby von Trump's Castle schmücken sollten. Eines Tages rief die kleine CEO in einem Anfall von Verwirrung und Verstimmung aus: »Warum tut diese Agentur eigentlich *niemals* etwas für mich?«

Wir konnten nicht gewinnen. Aus den Schatzkammern des Trump-Imperiums flossen derweil keinerlei Mittel in unsere Kassen. Geld von Donald Trump einzutreiben war ein höchst riskantes Spiel. Als wir für ihn arbeiteten, versuchte er gnadenlos, unser Honorar zu drücken – aber was konnte man von ihm anderes erwarten? In diesem Mann ist die Haltung eines Mietwucherers tief verwurzelt: Er sorgt dafür, daß er seine Miete kassiert, ohne die Heizung genügend aufzudrehen. Als wir ihn zur Zahlung aufforderten, versuchte er, uns herunterzuhandeln; als wir schließlich sagten »Es reicht uns, entweder Sie begleichen Ihre Schulden bei uns oder wir gehen vor Gericht«, bot er uns dreißig Prozent des ausstehenden Betrages. Die Trumps machten uns das Leben ganz schön schwer. Später (zu spät!) erfuhren wir, daß Trump viele seiner Vertragspartner und Lieferanten so behandelte – er bezahlte niemals den vollen Rechnungsbetrag. Nach vielen Gefechten gaben wir uns daher schließlich mit 50 Prozent zufrieden. (Mein Mitleid gilt den vielen armen Menschen, die er beim Bau des Taj Mahal übers Ohr gehauen hat.)

Donald Trump leidet unter mehreren Gebrechen. Erstens hat er meiner Ansicht nach einen fürchterlichen, extravaganten Geschmack, dem die gleichermaßen geschmacklose Ivana noch weiteren Vorschub leistete (als die beiden sich noch in ihrem ehelichen Glück sonnten). Zweitens ist er zudem einfach schäbig – eine tödliche Kombination. Alles, was Donald Trump in die Finger bekommt, wird zu Blech.

Wie vorauszusehen war, ist das Taj Mahal die Ausgeburt des schlechten Geschmacks in Atlantic City, während sein Trump Tower in Manhattan mit seinem effektheischenden Prunk, seinen marmornen Wasserfällen und seinen protzigen Läden der Fifth Avenue einen Jahrmarktcharakter verliehen hat. Die Touristen, die in unsere Stadt kommen, glauben, *das* sei New York, wo doch das eigentliche New York vom Chrysler Building und vom Seagram Building repräsentiert wird.

Trump, der Mietwucherer, würde das niemals verstehen.

Tyrannen müssen einen respektieren – nicht nur in bezug auf die Arbeit, sondern auch hinsichtlich des Rückgrats

Ich arbeite sehr gerne mit wohlwollenden Despoten zusammen, denn wenn sie einen respektieren, bringen sie einem auch eine hohe Wertschätzung entgegen – und ich habe ein intuitives Gespür dafür, welche Leistungen ich erbringen muß, damit sie *mir* Respekt zollen.

Nach meiner Rückkehr aus dem Koreakrieg fing ich bei CBS in der Abteilung für Fernsehwerbung und Absatzförderung an – einem Eliteatelier für brillante Designer. Unser Vorgesetzter war Bill Golden, ein völlig furcht- und kompromißloser Perfektionist. Für einen jungen Designer wie mich (ich war einundzwanzig Jahre alt, wollte aber reifer wirken und gab mich daher für zweiundzwanzig aus), war er ein Idealbild eines integren, geschmackvollen und mutigen Mannes. Ob man jedoch das Eis bei Golden brechen konnte, war eine ganz andere Geschichte. Zwei Tage nachdem ich bei CBS angefangen hatte, ging ich in sein Büro und fragte seine Sekretärin, ob ich ihm meine erste Anzeige vorlegen könnte – für eine neue Fernsehserie mit dem Titel »Rauchende Colts«. Sie blickte von einem riesigen Wörterbuch hoch und lächelte nervös. Golden arbeitete am anderen Ende des Raumes. Ich ging fast bis auf einen Meter an seinen Zeichentisch heran und wartete darauf, daß er aufsah, doch er arbeitete weiter. Ich kam mir allmählich wie ein Narr vor, wie ich da so völlig unbeachtet stand. Nach fast dreißig Sekunden – für einen Bittsteller fast eine Ewigkeit – räusperte ich mich, aber er fuhr mit seiner Arbeit fort und ignorierte mich. Ich beugte mich vor und hielt mein Layout fest vor meine Knie, um Golden auf mich aufmerksam zu machen, aber er arbeitete mit einem leichten, nervösen Zucken in der linken Schulter weiter. Ich wußte, daß er niemals aufsehen würde.

Ich ging zu seiner Sekretärin, nahm das schwere Wörterbuch von ihrem Schreibtisch und kehrte zu Goldens Tisch zurück. Ich hielt das Buch in Brusthöhe und öffnete dann meine Hände. Es stürzte mit einem ohrenbetäubenden Krachen zu Boden. Bill Golden fiel der Bleistift aus der Hand; sein Kopf fuhr ruckartig in die Höhe.

»Oh, George – was kann ich für Sie tun?« fragte er. Das Schulterzucken hatte aufgehört.

»Tja, ich wollte Ihnen eigentlich diese Anzeige zeigen.« Ich reichte ihm meinen Entwurf, und er warf einen kurzen Blick darauf. »Gut. Sehr gut.« Mehr sagte er nicht.

Mit diesem symbolischen Akt gab ich Golden zu verstehen, daß ich nicht nur alles tun würde, um seine Aufmerksamkeit auf mich zu lenken, sondern dabei auch leicht ein wenig handgreiflich werden könnte. Auf diese Weise wollte ich ihn warnen, daß er es ja nicht wagen sollte, mich nicht ernst zu nehmen. Ich war zwar erst einundzwanzig Jahre alt, aber ich wußte ganz genau, daß ich es niemals zulassen durfte, daß die Tyrannen der Wirtschaftswelt, so bewundernswert sie in vielerlei Hinsicht auch sein mochten, nur eine Sekunde lang den Respekt vor mir verloren. Wer das zuläßt, unterschreibt sein eigenes Todesurteil. Indem ich meinen Wünschen in einem Schritt Ausdruck verlieh, der auch auf meine angestaute Aggression hindeutete, zeigte ich harten Männern wie Golden, daß ich niemals vor ihnen auf Knien rutschen würde.

Dreißig Jahre später hatte ich ein ähnliches Erlebnis bei meinem ersten Treffen mit Al Neuharth. Ich präsentierte Neuharth und allen Topmanagern von Gannett und *USA TODAY* unsere Werbung für die Anzeigenkunden. Diese erste Zusammenkunft hat Peter Prichard in seinem Buch *The Making of McPaper* (Doubleday, 1987) präzise beschrieben:

> Lois beendete seinen Sermon. Da stand er, umgeben von einer Fülle von Pappen, und niemand sagte ein Wort. Die Topmanager von Gannett saßen nur mit steinernen Mienen da. »George hat eine Präsentation hingelegt, die eines Oscars würdig war«, sagt Cathie Black. »Und natürlich würde man von jedem normalen Unternehmen mit normalen Mitarbeitern erwarten, daß alle klatschen. Hier nicht. Und ich sitze da und denke: ›Das glaub' ich einfach nicht. Was stimmt denn mit diesen Typen nicht?‹
>
> Zwanzig Sekunden lang herrschte völliges Schweigen. Lois wußte, was da vor sich ging. ›Die Menschen haben Angst zu reagieren‹, meint er. ›Sie versuchen herauszufinden, was der oberste Boß denkt.‹ Neuharth sagte gar nichts; er trug eine Sonnenbrille; niemand konnte seine Augen sehen …
>
> Schließlich sagte Lois zu einem seiner Mitarbeiter: ›Gut, gehen wir‹, und er begann, seine Sachen einzupacken.
>
> ›Einen Augenblick‹, sagte Neuharth und brach das Eis. ›Ich glaube, wir haben hier ein paar ziemlich gute Sachen gesehen.‹«

Neuharth erkannte ganz deutlich, was da vor sich ging. An jener Trotzreaktion gegen seine Allmacht und die Ängstlichkeit seiner Mitarbeiter, an jener Behauptung meiner Männlichkeit, in die sich ein Hauch von Aggressivität mischte, erkannte Neuharth, daß ich ihm zumindest *ebenbürtig* war. Da ich mich weigerte, um seine Zustimmung zu betteln, und bereit war, der »Jury« von Gannett und insbesondere Al Neuharth den Laufpaß zu geben, gewann ich den Respekt dieses mächtigen Mannes.

Starke Führer wie Neuharth und Golden, Revson und Bronfman, Harding Lawrence und Joe Baum hat Gott mit einem Zerstörungsknopf ausgestattet. Wenn sie sehen, wie jemand schwach wird, drükken sie – wie Goldfinger – auf diesen Knopf, und eh' man sich's versieht, schlittert man die Rutsche hinab und wird zu Hackfleisch verarbeitet.

Aber verstehen Sie mich nicht falsch – manchmal muß man auch jemandem Honig um den Bart streichen. Bei der Besprechung einer unserer Kampagnen fielen der cholerische Joe Baum und mein Partner, der begnadete Texter Ron Holland, übereinander her, fluchten und brüllten sich an. Schließlich schrie Ron: »Joe, *ich wünsche Ihnen den Tod.*«

»*– als reicher Mann*«, fügte ich hinzu.

4

Prominente

Die Kunst, berühmte Persönlichkeiten auszuwählen und für Werbezwecke einzusetzen

Wir alle haben eine Schwäche für berühmte Gesichter. Ein Prominenter kann – wie kein anderes »Werbesymbol« – jedem beliebigen Ort, Produkt oder Umstand praktisch *auf Anhieb* Stil, Atmosphäre, Gefühle und/oder Bedeutung verleihen. Leider werden berühmte Persönlichkeiten allzu häufig in erniedrigender oder entwürdigender Weise eingesetzt (erniedrigend für sie; entwürdigend für das Produkt). Allzu häufig sehen sie aus wie Söldner, die den Spot *ausschließlich* des Geldes wegen machen (wie zum Beispiel Bill Cosby in der Werbung für E. F. Hutton). Außerdem beleidigt die herkömmliche Idee, Prominente als Verwender des Produkts vorzuführen, unsere Intelligenz. (Wen interessiert es schon, daß Linda Ellerbee Kaffee der Marke Maxwell House liebt?)

Wenn ich Prominente einsetze, möchte ich mit ihrer *scheinbaren* Irrelevanz für das Produkt für eine angenehme Überraschung sorgen und unerwartete Kombinationen, bestimmte Konnotationen und Anspielungen oder eine Verbindung zwischen dem Mythos und dem Markt und eine subtile, aber tiefgehende Glaubwürdigkeit herausstellen.

Die Arbeit mit berühmten Persönlichkeiten kann entmutigend sein, da alles gigantische Proportionen annimmt: finanzielle Probleme, Imagesorgen, Terminpläne, Dreharbeiten, Anerkennung, Richtungsvorgaben, rechtliche Aspekte, Egos, Ambitionen und Ängste. (Zufällig arbeite ich gerne mit Menschen zusammen, die nicht ganz der Norm entsprechen.) Wenn das Resultat originell, aufregend, unvergeßlich und wirksam im Fernsehen und auf dem Markt ist, dann haben sich diese ungeheuren Mühen gelohnt.

Wie man Stars dazu bringt, über sich selbst zu lachen

Jene berühmte Kampagne aus den sechziger Jahren *»I want my Maypo!«* stiftete damals bei verschiedenen Werbeleuten einige Verwirrung – nicht jedoch bei ganz normalen Kindern. Etliche ehrenwerte Mitglieder des Establishments fragten sich, ob dieser Lois noch bei Sinnen sei – man stelle sich vor, er ließ achtunggebietende Männer wie Johnny Unitas, Ray Nitschke, Oscar Robertson, Mickey Mantle, Wilt Chamberlain, Willie Mays und Don Meredith vor der Kamera wegen Getreideflocken flennen und *»I want my Maypo!«* brüllen.

Die Maypo-Kampagne war ein kolossaler Bluff. Ich wußte, daß *Kinder* das verstehen würden. Die Idee, die größten Supersportler jener Zeit vor der Kamera zum Weinen zu bringen – und noch dazu alle in ein und demselben Werbespot –, verlangte uns außergewöhnliche Anstrengungen ab. Die Sportler waren derart begeistert von dieser entwaffnend verrückten Idee, daß sie zum Nulltarif mitwirkten (natürlich erst nach einigem Bitten und Betteln meinerseits; das ist üblich, wenn man Sportler für sich verpflichtet – und wenn sie sehen, daß ein TV-Spot genau richtig ist für sie, spielen sie auch mit). Die Kinder, selbst jene, die zu jung waren, um Wilt the Stilt oder Dandy Don zu kennen, sahen *Erwachsene*, die wirklich und wahrhaftig *weinten*, um ihr Maypo zu bekommen, und sie verstanden, daß es diesen Erwachsenen ernst sein mußte, *weil sie sich über sich selbst lustig machten*. Unsere Botschaft drang zu den Kindern durch, und ihr Schlachtruf am Frühstückstisch wurde: *»Ich will mein Maypo – sonst ...«*

Prominente sollten nicht wie Söldner wirken. Verleihen Sie ihnen mehr Glaubwürdigkeit, indem Sie sie als Menschen zeigen und ihre Berühmtheit herunterspielen

Wenn wir glauben, daß die Mitwirkenden in einem Webespot nur eine schnelle Mark machen wollen, ist das seiner Glaubwürdigkeit nicht gerade zuträglich. Wir *wissen* zwar möglicherweise, daß dies in nahezu allen Fällen so ist, aber wir wenden uns voller Grauen von Werbespots ab, die unecht klingen, weil sie eine Kompanie Prominenter aufmarschieren lassen. In der Kampagne *»When you got it, flaunt it!«* für Braniff war unsere Gegenüberstellung seltsamer Paare einmalig. Der Popart-Guru Andy Warhol versuchte (vergeblich), den mißmutigen früheren Schwergewichtschampion Sonny Liston in ein Gespräch zu verwickeln ... Whitey Ford sprach mit Salvador Dalí über Baseball ... der schwarze Baseballsuperstar Satchel Paige unterhielt sich mit dem Neuling Dean Martin, Jr. über den Ruhm ... die Dichterin Marianne Moore diskutierte mit dem Kriminalautor Mickey Spillane über die Kunst der Schriftstellerei ... die britische Komödiantin Hermoine Gingold übertrumpfte den Filmstar George Raft beim Kartenspiel und ließ dabei hochtrabendes Palaver vom Stapel. Das hört sich zunächst etwas verrückt an, doch sind all diese berühmten Persönlichkeiten Passagiere auf einem Flug von Braniff, und indem wir die Gespräche dieser seltsamen Paare belauschen, in denen sich jeder groß in Szene setzen will, sagen wir alles, was man über Braniff International wissen muß. (Wir deuten auch an, daß man auf einem Braniff-Flug vielleicht einmal einen Prominenten treffen kann.)

Für den vollendetsten Prominentenspot versammelten wir eine Parade von Stars, die ein Braniff-Flugzeug besteigen. Eine Stewardeß begrüßt beim Einsteigen die Prozession berühmter Passagiere: »Willkommen an Bord, Mr. Namath«, beginnt sie. »Schön, Sie zu sehen, Miss Lollobrigida ... Willkommen, Mr. Dalí ... Ich freue mich, daß Sie mit uns fliegen, Mr. Warhol ... Hallo, Mr. Pucci.« Und so weiter, und so fort.

Bei diesen Spots handelte es sich nicht um »Testimonials«, sondern um die Überlegungen interessanter, glaubwürdiger Menschen, die regelmäßig mit Braniff flogen und sich gegenseitig mit ihrem Wissen übertrumpfen wollten. Es waren keine idealisierten Prominenten, sondern eine Minikavalkade berühmter Menschen, die als liebenswerte, rampenlichtsüchtige Zeitgenossen dargestellt werden. All diese Faktoren trugen dazu bei, der Kampagne eine Art *surrealer* Glaubwürdigkeit zu verleihen.

Wie man durch den Einsatz ganz ungewöhnlicher Prominenter vollkommene Glaubwürdigkeit erzeugt (und einer Marke rasch zu einem hohen Bekanntheitsgrad verhilft)

Bei den Vorbereitungen zu einer Fernsehkampagne für eine der unbekanntesten Brokerfirmen an der Wall Street, Edwards & Hanly, mußten wir Prominente einsetzen, die einen schmalen Etat groß und selbstbewußt erscheinen lassen konnten. Wir mußten auch *ungewöhnliche* Berühmtheiten herausgreifen, deren Auftritt in der Werbung dieser

Firma prompt den Schluß zuließ, daß es sich bei Edwards & Hanly um eine clevere, intelligente Brokerfirma handle, die sich deutlich von all den traditionellen Häusern an der Wall Street unterschied.

Warum sollten Anleger die Dienste von Edwards & Hanly, einer der farblosesten Brokerfirmen an der New Yorker Börse, in Anspruch nehmen? Sie würden das nur tun, wenn sie eine gewisse Vertrauenswürdigkeit, Ehrlichkeit und Intelligenz spürten – die Eigenschaften, die sich die Menschen bei einem Anlageberater wünschen. Wir wählten Joe Louis, der sein ganzes Geld verloren hatte und während der letzten Jahre seines Lebens auf die Güte seiner Freunde angewiesen war, und teilten der Welt damit auf überzeugende, aber unterschwellige Art und Weise mit, daß die Broker bei Edwards & Hanly keine übereilten Manöver befürworteten und auch wußten, wie es im richtigen Leben zuging. Mit den Worten »Edwards & Hanly – wo wart ihr, als ich euch brauchte?« verkündete Louis, daß Edwards & Hanly ehrliche, wohlüberlegte Broker waren, die um die Gefahr einer gewagten Beratung wußten. Joe Louis war ein Dorn im Gewissen Amerikas, und durch seinen Einsatz in ihrer Werbung signalisierte die Brokerfirma Edwards & Hanly den Amerikanern, daß Brokern das Geld ihrer Kunden genausosehr *am Herzen liegen* sollte wie ihr eigenes.

Als Bill Cosby komisch und seriös zugleich für E. F. Hutton warb, war dies alles andere als glaubwürdig. Joe Louis in der Werbung für Edwards & Hanly überzeugte jedoch *voll und ganz*. Nutznießer einer derart aufrichtigen Werbung waren Edwards & Hanly. Als dann Sally Rand, eine der originellsten Fächertänzerinnen der Welt, sagte: »Edwards & Hanly – fan-*tastic brokers*«, war die Selbstironie dieser Reklame eindeutig ersichtlich. Obgleich die New York Stock Exchange diesen Spot nicht zuließ, weil es sich angeblich um ein »Testimonial« handelte (was in der Finanzwerbung nicht erlaubt ist), verstärkte Sally Rands Präsenz den entwaffnenden Witz unserer TV-Kampagne, zumal in Kombination mit Joe Louis' gefühlvoller Botschaft, gegen die die Börse ebenfalls nur wenige Wochen nach Beginn der Kampagne Einspruch erhob. Aber der Schaden ließ sich nicht mehr rückgängig machen: Die Fernsehspots hatten die Stadt im Sturm erobert, unser Kunde konnte sich vor Aufträgen kaum noch retten.

1967, als diese Kampagne lief, war Mickey Mantle einer der berühmtesten Menschen in New York. Um die Angst vieler Menschen vor der Zusammenarbeit mit Wertpapiermaklern zu zerstreuen und um sie zum Wechsel zu einem anderen Broker zu überreden, drehten wir einen Spot mit ihm. Wie auch Joe Louis hatte sich Mickey Mantle mit seinem

Ruhm keine finanzielle Sicherheit erkaufen können; es war allgemein bekannt, daß er in ungünstigen Transaktionen beträchtliche Summen verloren hatte. Wir versuchten nicht, ein idealisiertes Bild von Mantle zu zeichnen. Statt dessen legten wir The Mick diese aufrichtigen Zeilen in den Mund:

Boy, I'm telling you,
when I came up to the big leagues,
I was a shuffling, grinning, head-ducking country boy.
But I know a man down at Edwards & Hanly.
I'm learning, I'm learning.
(Mann, ich sage Ihnen,
als ich in die oberste Liga aufstieg,
war ich ein schlurfender, grinsender Junge vom Land,
der schnell den Kopf einzog.
Aber ich kenne einen Mann bei Edwards & Hanly.
Und ich lerne und lerne.)

Mantles ehrliches Eingeständnis seiner Fehler verbesserte das Image von Edwards & Hanly als *ehrliche* Makler noch weiter. (Dieser Spot war bestimmt ein ebenso schlagkräftiges »Testimonial« wie der mit Sally Rand, aber die New York Stock Exchange gab diesmal ihr Einverständnis.) *»I'm learning, I'm learning«* wurde zur Modephrase von Talkshow-Gästen und Komikern.

Diese Kampagne bewies, daß man häufig gar keine Megastars braucht. Alternde Prominente (Joe Louis, Sally Rand) oder ein ehemaliger Berufssportler (Mickey Mantle) können den Umsatz genauso steigern, wenn sie ein von den Verbrauchern gewünschtes und respektiertes Ambiente schaffen – eine entscheidende Überlegung bei der Wahl eines Anlageberaters.

Ungewöhnliche Prominente in unerwarteten Rollen sind doppelt wirksam

Für das Katzenfutter Puss'n Boots schlug ich unserem Kunden vor, eine Unterhaltung zwischen einer wunderschönen, getigerten Katze und einem warmherzigen, bekannten Mann zu filmen. Die Stimme der Katze sollte dem Publikum vertraut sein und in irgendeiner Beziehung zu dem warmherzigen, bekannten Mann stehen. Mein Kunde dachte, ich sei wohl nicht ganz bei Trost, aber er ließ mich machen. Die

Stimme der Katze sollte der (offensichtlich vielseitige) Whitey Ford mit seinem näselnden Tonfall eines Long-Island-Iren übernehmen; den Part des warmherzigen, bekannten Mannes besetzte ich mit Yogi Berra, dem großartigen Fänger der Yankees. (Berra hatte während seiner Glanzzeiten bei den Yankees Fords Bälle gefangen.)

Mein Kunde begann sich für dieses Konzept zu erwärmen, befürchtete aber, daß Whitey Ford eine teure Off-Stimme abgeben würde. »Nee«, sagte ich. »Er hat schon eingewilligt. Als er hörte, daß er wieder mit Yogi antreten könne, ging ihm das runter wie Honig.«

Der Kunde machte sich verständlicherweise auch Sorgen wegen Yogi Berras Bekanntheitsgrad. »Was ist mit den Frauen?« fragte er. »Sie kaufen am meisten Katzenfutter. Sind Sie sicher, daß sie Yogi Berra kennen – einen Baseballspieler?«

Die Tatsache, daß meine Frau Yogi Berra kannte, überzeugte ihn nicht. Wir befragten daher eine repräsentative Gruppe von Verbraucherinnen, und wie nicht anders zu erwarten, ergab unsere Umfrage, daß die meisten von ihnen Yogi Berra sehr wohl kannten (natürlich wegen seines ungewöhnlichen Namens). Wir drehten einen einminütigen Fernsehspot, in dem das Konversationsgenie Yogi Berra mit der Katze, d. h. mit der Stimme von Whitey Ford, eine ernsthafte Unterhaltung führte. Yogi sagte zur Katze, sie sähe großartig aus, und dann folgte ein Geplänkel zwischen den beiden über die Frage, wie sie sich fit halte. *(»Ich treibe jeden Tag Sport. Gymnastik, Joggen, Sie wissen schon.«)* Auf eine weitere Frage von Yogi nach den Energiespendern der Katze beschreibt sie lang und breit die Vorteile von Puss'n Boots und beschließt ihre Antwort mit diesem bezaubernden Satz: *»Yogi, Sie wissen, daß ich einmal ein fünfpfündiger Schwächling war. Dann entdeckte ich Puss'n Boots. Und sehen Sie mich jetzt an!«* Dann lobt Yogi in seiner Absage nochmals Puss'n Boots.

In dieser entzückenden Gegenüberstellung – Yogi Berra, ein Bär von einem Mann, in einem Gespräch mit einer Miezekatze – sahen die Zuschauer niemals die Katze sprechen. Wir verzichteten auf die Synchronisation, die sonst in Werbespots mit sprechenden Tieren üblich ist. Statt dessen ließ ich den Hinterkopf der Katze filmen und zeigte mit der Kamera Yogis Gesicht, wie er jedem Wort der Katze gebannt lauscht. Die Katze bewegt ihren Kopf hin und her und unterstreicht damit alle Argumente, die von der Off-Stimme vorgetragen wurden. Es waren faszinierende dreißig Sekunden: Die Kopfbewegungen der Katze beim Sprechen und der aufmerksam lauschende Yogi überzeugten das Publikum, daß ein wirklicher Dialog stattfand.

Dies war eine radikale Abkehr vom herkömmlichen Genre der Tierwerbespots, und unser Kunde wollte ganz genau wissen, ob damit auch wirklich die gewünschte Wirkung erzielt wurde – ob nämlich die Zuschauer glaubten, daß tatsächlich ein Gespräch stattfand. Wir drehten daher einen Testspot, in dem eine Katze und ein Interviewer à la David Frost oder Dick Cavett über Puss'n Boots diskutierten – mit anderen Worten: sie führten einen ernsthaften Dialog, in dem der professionelle Interviewer den Eindruck vermittelt, daß er der Katze ihre Lebensgeschichte entlocken wollte. Ich suchte lange nach einer geeigneten Besetzung für die Rolle des Interviewers und wählte schließlich einen begabten, jungen Schauspieler, der mit seiner brillanten Leistung meine Erwartungen voll und ganz erfüllte.

Dann testete unser Kunde die Publikumsreaktion auf den Spot, und er stellte zu seiner (und unserer) großen Freude fest, daß die Menschen den Spot liebten. Das Gespräch wirkte ungeheuer glaubhaft. Daraufhin drehten wir den endgültigen Spot mit dem erfahrenen, hervorragenden Mimen Lawrence Berra als Interviewer und unserer ursprünglichen Besetzung Whitey Ford als Stimme der Katze.

Wenn sich aufgrund des Produktnamens bestimmte berühmte Persönlichkeiten anbieten ...

1989 verpflichtete Alan Pottasch, der Marketing-/Werbeleiter von Pepsi-Cola, der für die berühmten Kampagnen »The Pepsi Generation« und »The Pepsi Challenge« verantwortlich zeichnete, uns als zweite Agentur des Hauses für einen »Guerillafeldzug« für die Rootbeer-Marke Mug (Rootbeer ist eine Art Limonade, Geschmacksrichtung Bubble-Gum, d. Ü.). Eine »Guerillakampagne« ist ein harter Kampf auf jedem einzelnen Markt mit dem Ziel, den Bekanntheitsgrad einer Marke im Vergleich zu fest etablierten Konkurrenzprodukten zu steigern. Wir mußten die Verbreitung und die Verbraucherakzeptanz von Mug über seinen begrenzten Stammarkt Kalifornien hinaus ausbauen. Mein Cheftexter Neil Brownlee und ich hielten Mug[1] für einen sehr gelungenen Markennamen. Er war typisch amerikanisch und weckte fröhliche, lustige Assoziationen, die jedermann im Gedächtnis haftenblieben. Unsere Werbung basierte auf einem sehr menschlichen,

1 Anm. d. Ü.: *Mug* bedeutet neben Becher im amerikanischen Slang auch Mund bzw. »Fresse«.

uramerikanischen Leitmotiv voller ironisch gemeinter Eitelkeit: »*I love my Mug!*«

Wir drehten zwei Dreißig-Sekunden-Spots, in denen eine Off-Stimme jeweils die passende Antwort auf die Frage des Sprechers »*What do you love?*« singt. Cyrano de Bergerac liebt seine Nase (»*I love my nose.*«), eine Ballerina ihre Zehen (»*I love my toes.*«), eine Braut auf einem Hochzeitsfoto ihre Pose (»*I love my pose.*«) etc. Die Krönung ist dann das komische, extrem bewegliche Grimassengesicht von Phyllis Diller mit der Zeile: »*I love my Mug ... root beer!*« Nach der gleichen Masche strickten wir einen zweiten Werbespot, dessen Höhepunkt der unvergeßliche Mund von Richard Kiel darstellte, der in einem James-Bond-Film den Riesen mit dem Stahlgebiß spielte. Wer das stählernde Lächeln während seines Drei-Sekunden-Auftritts in diesem Spot gesehen hatte, vergaß Mug *niemals wieder*.

Wenige Monate später berichtete unser kluger junger Kontakter Andy Brief (dem eines der preisgekrönten Mundwerke in der Agentur gehörte), daß Mug-Rootbeer nunmehr in Amerika auf Platz zwei rangierte.

5

Wann Humor nicht zum Totlachen sein sollte

We're talking serious comedy here!

Mit dem Humor in der Werbung verhält es sich wie mit dem Humor im Leben.

Man hört häufig folgende Frage: »Hat Humor in der Werbung Erfolg?« Was für eine dumme Frage! Hat sich irgend jemand jemals überlegt, ob man mit Humor *im Leben* Erfolg hat?

Angemessener und lustiger Humor hat immer »Erfolg« (wenn er nicht komisch ist, dann handelt es sich auch nicht um Humor). Die Frage sollte vielmehr lauten: »Wie kann man Werbung *ohne* Humor machen?« In der Werbung ist der Witz der natürliche Weg, um die Herzen der Adressaten zu erobern. Wie der große Weise Anonymus einmal sagte: »Wer die Herzen der Menschen erobert, öffnet damit auch ihre Brieftaschen.«

Wenn ich mir die Werbung ansehe, die ich im Laufe der Jahre gemacht habe, fällt es mir schwer, das Kriterium »Humor« isoliert zu betrachten, weil es sich wie ein roter Faden durch fast alle meine Arbeiten – und von früh bis spät beinahe durch mein ganzes Leben – zieht. Humor entwaffnet und macht die Menschen empfänglicher für bestimmte Gedanken und Bilder, die in einer ernsthaften Unterhaltung nur schwerlich akzeptabel wären.

Man reiht mich häufig in die Kategorie der »klugschwätzerischen« oder »cleveren« Reklamefritzen ein. Ich weiß nicht, was meine Kritiker damit sagen wollen, denn sie erklären nie, was sie eigentlich meinen. Sofern sie damit ausdrücken wollen, daß ich an »witzige« Werbung glaube, würde das bedeuten, daß wenigstens einer in dieser Branche Sinn für Humor hat. Wenn ich über wissenschaftliche Narren, Marketingschaumschläger, starrköpfige Bürokraten, Forschungsfaschisten und aufgeblasene hohe Tiere schimpfe, dann beklage ich mich über den

Mangel an Menschlichkeit in der Werbung. Dieses Fehlen einer menschlichen Komponente macht Kommunikation und die Übermittlung einer Botschaft unmöglich. Ein Großteil der Werbung bleibt unsichtbar, weil sie emotions- und humorlos ist. Die Werbung wendet sich gleichzeitig an mehrere große Personengruppen. Ganz gleich, ob es sich um ein Dutzend oder Millionen von Adressaten handelt, die Menschen reagieren nicht als »Zielgruppen« oder »Querschnitte durch die Bevölkerung«, sondern als Ich und Du und Er und Sie.

Wie man ein heißes Eisen mit Humor behutsam anpackt

Ein humorvoller Brief kann (in und außerhalb der Werbung) eine tödliche Waffe sein. 1970 schrieb die Restaurantkritikerin des Magazins *New York* einen vernichtenden Artikel über die Kette Restaurant Associates, zu der einige der luxuriösesten und originellsten Restaurants der Stadt gehören. Besonders streng ging sie mit dem Four Seasons ins Gericht, das zu jener Zeit Restaurant Associates gehörte und damals wie heute wohl eines der besten Lokale in New York ist. Ihre meiner Ansicht nach ungerechtfertigte Kritik löste bei Restaurant Associates ein Erdbeben aus: An der American Stock Exchange gab sein Aktienkurs sofort nach, und der Umsatz ging bedrohlich zurück. Restaurant Associates geriet zuerst in Panik und dann in Wut und wies uns an, die im Magazin *New York* zu schaltenden Anzeigen zu stornieren. Es gelang mir, die Vertreter des Unternehmens zu beruhigen. Ich brachte sie von diesem selbstzerstörerischen Versuch, ihr Mütchen zu kühlen, ab und schrieb statt dessen eine wunderbar einfache, ganzseitige Anzeige in Form eines Briefes an Gael Greene, der in weißer Schrift auf schwarzem Grund nur diesen einen Satz verkündete:

Dear Gael Greene,
After all those wonderful meals we've had together.
– Restaurant Associates

Diese Anzeige sagte in aller Freundlichkeit: »Wir haben Sie viele Male verköstigt, und es hat Ihnen immer geschmeckt – und jetzt beißen Sie in die Hand, die Sie füttert?« Die Fans von Restaurant Associates jubelten, als sie diese »Erwiderung« in der nächsten Ausgabe von *New York* sahen. Die Aktie erholte sich wieder, und bald war bei Restaurant Associates wieder alles in Butter. Dieser entwaffnende »Brief« verwandelte eine mögliche Katastrophe in einen Vorteil. (Später lud ich die nunmehr waffenlose Gael Greene zum Mittagessen ein – natürlich ins Four Seasons.)

Der gesellschaftliche Wandel gibt viel Anlaß zum Lachen

In diesem Abschnitt möchte ich den Einsatz von Humor in der Werbung Anfang der siebziger Jahre beschreiben, als die Frauenbewegung sich gerade zu formieren begann. Heute wäre diese Art von Humor in der Werbung vermutlich ein Unding – und möglicherweise betrachten sie einige Leserinnen auch als beleidigend. Aber bitte vergessen Sie nicht, daß diese Konzeptionen die Lebensart der letzten Generation widerspiegeln – auch wenn ich sie immer noch für sehr lustig halte.

Trotz ihres ausgezeichneten Designs gelang es der Olivetti-Schreibmaschine nicht, in den Vereinigten Staaten Fuß zu fassen. IBM hatte den Markt in der Hand. Als wir erfuhren, daß die Einkäufer von Großfirmen Olivetti nicht in Betracht zogen, weil bei den Sekretärinnen eine IBM-Maschine als Statussymbol galt, konzipierten wir das »Olivetti-Mädchen«, das an Prestige alle anderen übertreffen sollte. Wir produzierten vierfarbige Anzeigen für Zeitschriften und TV-Spots, in denen das Olivetti-Mädchen die Hauptrolle spielte. Diese Sekretärin konnte besser, fehlerfreier und flinker tippen und würde wohl am schnellsten von allen die Erfolgsleiter emporklettern. Wir faßten dies in einer unserer Headlines zusammen: *»Wenn Sie wollen, daß etwas richtig gemacht wird, geben Sie's dem Olivetti-Mädchen!«*

»Wer ist das Olivetti-Mädchen?« fragte die ganzseitige Farbanzeige, mit der wir die Kampagne eröffneten. *»Und warum sagen die Leute so schrecklich nette Sachen über sie?«* In unserer Anzeige war eine gutgelaunte Frau an ihrer Schreibmaschine zu sehen – sie symbolisierte die intelligente, flinke Sekretärin, die auf einer Olivetti schrieb. In einem Fernsehspot zeigten wir sie beim Steptanz und Tippen gleichzeitig: *»Ein Olivetti-Mädchen hat wirklich den richtigen Rhythmus.«* In einem anderen Spot gestand ein sehr hausbacken wirkendes Mädchen: *»Ob Sie's glauben oder nicht, die Männer in meinem Büro haben mich erst bemerkt, als ich ein Olivetti-Mädchen wurde!«* Im dritten Spot stellten wir die Frage *»Stimmt es, daß Blondinen mehr Spaß haben?«* und zeigten eine Schreibkraft, die sich in einem Lachanfall über ihre Olivetti beugt. In der Zeitschrift *Cosmopolitan* veröffentlichten wir eine ironische Meldung: *»Die wahren Bekenntnisse eines Olivetti-Mädchens (oder: Wie eine neue Schreibmaschine mein Leben veränderte).«*

Auf dem Schreibmaschinenmarkt war die Kampagne ein durchschlagender Erfolg; die Absatzzahlen für die Olivetti schnellten in die Höhe. In lokalen Märkten schalteten wir Kleinanzeigen mit den Namen der Sekretärinnen, die durch den Markenwechsel ihrer Firmen zu Olivetti-Mädchen geworden waren. Diese Darstellung der Sekretärin als Heldin war ein eindeutiger Erfolg, aber die National Organization of Women (NOW) fand unsere Kampagne nicht komisch und griff sie an, weil sie Sekretärinnen ihrer Meinung nach in der stereotypen Figur der Untergebenen zeige. Die Organisation war wütend, weil in dieser Kampagne Männer nur als Vorgesetzte und Frauen nur als Sekretärinnen auftauchten. Während die Olivetti-Vertriebsbeauftragten einen sprunghaften Anstieg der Neuaufträge vermeldeten, fand ich mich im Kreuzfeuer der Kritik der NOW wieder. Ich muß Ihnen sagen, daß mir das mehr Angst einjagte als der Militärdienst in Korea. Stellen Sie sich vor – die NOW nannte *mich (!!)* einen Chauvinisten. Sie stellte Streikposten vor der Olivetti-Zentrale an der Park Avenue auf. In meinem Büro erschienen sogar Demonstrantinnen, die mich aus der F-f-f-fassung bringen sollten. (Einige davon waren *sehr* attraktiv.) Die NOW verlangte von uns, daß wir in unserer Werbung auch Sekretäre zeigen sollten. Wir mußten handeln. Natürlich würde ich einen Sekretär zeigen, sagte ich, und auch eine Chefin. Ich bin für den Fortschritt! Die Leute von Olivetti, die als vornehme Norditaliener Frauen auf europäische Art verehrten, verstanden die Welt nicht mehr und waren anscheinend völlig perplex, als ich einen *männlichen* Sekretär als Olivetti-Mädchen und eine *weibliche* Führungskraft als Chefin zeigen wollte. In ihrer Bestürzung baten sie mich mit großen, vertrauensvollen Augen, die Schritte zu unternehmen, die meiner Ansicht nach bei diesen sexuell primitiven Amerikanern angebracht waren.

Ich besetzte die Rolle der Vorgesetzten mit einer wirklichen Managerin, nicht mit einer Schauspielerin. Die Rolle des Sekretärs hingegen erhielt der Football-Superstar Joe Namath! Ich wußte, daß Namath nicht nur ein berühmter, attraktiver Mann war, sondern auch Schreibmaschine schreiben konnte. Und so kam es, daß wir 1972, in einem Jahr des gesellschaftlichen Umbruchs, in dem die Frauenbewegung für die Gleichberechtigung kämpfte, eine ganzseitige Anzeige – *»Joe Namath ist ein Olivetti-Mädchen!«* – und einen zeitgemäßen Fernsehspot kreierten, in dem eine Managerin ihrem Sekretär Joe Namath einen Brief diktiert, den dieser dann auf seiner Olivetti tippt. Dazu beschreibt eine Off-Stimme die Vorteile der elektrischen Olivetti und meint abschließend: *»Aber wie man sieht, sind nicht alle Olivetti-Mädchen wirklich Mäd-*

chen!« Namath reicht dann den fertigen Brief seiner Chefin, und diese sagt: *»Ich bin sehr zufrieden mit Ihrer Arbeit, Joseph. Übrigens* ... [hier sie nimmt ihre Brille ab], *haben Sie heute abend schon etwas vor?«* Joseph wirft einen Blick in die Kamera, aus dem sich deutlich ein »Nicht schon wieder!« ablesen läßt.

Als ich den fertigen Werbespot den Vertreterinnen der NOW vorführte, wußten sie, daß ich sie schachmatt gesetzt hatte, zumal, als ich mit unschuldsvollem Blick sagte: »Hier haben Sie einen Spot mit einer weiblichen Vorgesetzten und einem männlichen Untergebenen. Er spiegelt nur das wirkliche Leben wider. Versuchen Ihrer Erfahrung nach Vorgesetzte nicht häufig, ihre Schreibkräfte zu verführen?«

Eines der Olivetti-Mädchen aus unserer Fernsehwerbung, ein junger Rotschopf namens Shere Hite, sollte eines Tages wichtige Forschungsprojekte zum Thema Orgasmus bei Frauen betreiben. Ich habe mich oftmals gefragt, ob die Autorin des *Hite Report* radikalisiert wurde, als sie miterlebte, wie ihre militanten Schwestern gegen meine Wenigkeit Front machten.

Humor ist nicht immer zum Totlachen ...

Die Firma Harvey Probber, ein Hersteller präzisionsgefertigter Möbel, bestellte bei meiner Agentur eine Kampagne für ihre Luxusstühle. Mein Partner Julian Koenig und ich besuchten ihr Werk in Fall River im Bundesstaat Massachusetts, um die Sorgfalt bei der Herstellung und die gute Verarbeitungsqualität dieser Stühle mit eigenen Augen zu sehen. Auf einer elektronischen Testplatte wurde überprüft, ob auch alle vier Beine perfekt und bequem am Boden auflagen. Als ich über diese außergewöhnliche Testmethode nachdachte, fragte ich Koenig, der Kettenraucher war: »Hast du ein Päckchen Streichhölzer?« Koenig gab mit die Streichhölzer, und ich legte sie unter ein Bein des Stuhls auf der Testplatte. »Ich hab's«, sagte ich. *»Wenn Ihr Harvey-Probber-Stuhl krumm ist, sollten Sie Ihren Fußboden begradigen lassen.«*

Koenig runzelte die Stirn und erwiderte: »Idiot – wenn Ihr Harvey-Probber-Stuhl *wackelt*, sollten Sie Ihren Fußboden begradigen lassen.« Ich fotografierte einen roten Stuhl vor einer roten Wand auf braunem Parkettboden mit einem deutlich sichtbaren weißen Streichholzbriefchen unter einem Bein. Das weiße Briefchen zog den Blick des Betrachters geradezu magisch auf sich. Unser Slogan: *»Wenn Ihr Harvey-Probber-Stuhl wackelt, sollten Sie Ihren Fußboden begradigen lassen.«* Der

Textteil führte diesen ulkigen Gedanken schwungvoll weiter: *»Jedes Möbelstück, das Harvey Probber in Fall River, Massachusetts, herstellt, wird auf eine Testplatte gestellt, um zu überprüfen, ob es gerade steht. Jeder Stuhl, der an Sie ausgeliefert wird, steht gerade. Mr. Probber verliert auf diese Weise viele Möbelstücke.«*

Humor ist nicht immer zum Totlachen. Am wirkungsvollsten ist er dann, wenn er heimlich, still und leise die Aufmerksamkeit des Publikums erregt und die Menschen überzeugt – ohne daß sie sich bewußt sind, daß sie mit lustiger Bildersymbolik und Sprache verführt wurden. Die Headline und der Textteil der Anzeige für Harvey Probber waren extrem klar und entzückend. Übrigens hat *gerade* diese Anzeige unheimlich viele Stühle verkauft.

Wie man mit Humor aus einem billigen ein modisches Produkt macht

1968 stellte die Strumpfwarenfabrik Stevens Hosiery einen ausgezeichneten neuen Strumpf her und verkaufte ein Paar für 50 Cent – weitaus weniger, als man für andere Marken hinblättern mußte. Der Preis war sogar so unglaublich niedrig, daß viele Frauen diese Strümpfe nicht einmal mit einer Beißzange angefaßt hätten. Wir mußten ein billiges in ein elegantes Produkt verwandeln. Wir begannen mit dem Namen und nannten die Strümpfe »25 ¢ a leg.« (Ein halbwegs gelungener Slogan, nicht wahr?) Wir produzierten dann eine Reihe von TV-Spots mit subtilem Witz. Die Hand eines Arztes prüft den Kniereflex eines weiblichen Beines, während eine Off-Stimme sagt: *»Jede Frau, die mehr als 25 ¢ pro Bein für ihre Strümpfe ausgibt, sollte ihre Knie untersuchen lassen.«* In einem anderen Spot stapft eine Frau mit einem Gipsbein ins Bild. Ihr Einzeiler lautet: *»Für 25 ¢ können Sie sich ein wirklich schönes Bein kaufen. Für einen weiteren Vierteldollar kümmern wir uns um das andere.«* In einem dritten Spot gibt eine Frau in einem Rolls-Royce diese blaublütige Pointe von sich: *»Auch wenn ich in Geld schwimme – warum sollte ich mehr als 25 ¢ pro Bein zahlen?«*

Diese clevere Beinarbeit führte zu einem Run auf Stevens-Strümpfe. Insbesondere in Supermärkten wurde der Artikel massenweise abgesetzt. Die Kampagne veränderte Preisgestaltung, Verpackung und Marketing von Strumpfwaren. Der witzige Produktname *»25 ¢ a leg«* wurde zur Grundlage einer irrsinnig komischen TV-Werbung und stellte die Branche auf den Kopf.

Wie man mit Humor und den täglichen Schlagzeilen einen winzigen Etat ungeheuer groß erscheinen läßt

1967 brachte die Firma Ann Haviland Perfume wenige Wochen vor Weihnachten einen neuen Duft namens *Perhaps* auf den Markt. Da dieses Parfüm so kurz vor dem Fest der Gaben herausgekommen war, konnte man es nur zum Erfolg führen, wenn man gegen alle Regeln der Parfümwerbung verstieß. Ann Haviland gehörte Gaston de Havenon, einem eleganten Aristokraten, der mit mir zufällig meine Liebe zur afrikanischen Kunst teilte. »Für die Einführung unseres großartigen Perhaps ist es schon recht spät«, sagte Gaston im Dezember. »Oder würden Sie sagen, Monsieur Lois, es ist bereits *trop tard*, um für Perhaps zu werben?«

»Wie viele Francs haben Sie übrig?« fragte ich ihn mit undurchdringlicher Miene.

Sein Etat belief sich auf ganze 16000 Dollar, aber ob Sie es glauben oder nicht, ich wußte, daß man mit dieser Summe 1967 gerade auf dem New Yorker Markt trotz vorgerückter Stunde viel für Perhaps erreichen konnte. Für Zeitschriftenwerbung war es zu spät, und auch für den Kauf von Fernsehzeit stand nicht genügend Zeit zur Verfügung. Aber wir konnten immer noch die Verkäuferinnen an den Parfümständen der Konsumtempel in der Fifth Avenue davon überzeugen, daß sie die Werbetrommel für Perhaps rühren sollten. Wir entwarfen etliche Kleinanzeigen, die auf diese großen Kaufhäuser und auf diejenigen Kunden, die in letzter Minute ihre Weihnachtseinkäufe erledigten, zugeschnitten waren. Da diese Anzeigen in Zeitungen erschienen, konnten wir ganz aktuelle Meldungen einbauen, die sich auf die Schlagzeilen des Tages bezogen. Wir formulierten jeweils Fragen, die sich mit unserer Pointe, dem Namen des Dufts (der ja *»vielleicht«* bedeutete), beantworten ließen:

> *Haben Chanel, Dior, de Givenchy und Arpege die Neuigkeiten bereits vernommen?*
> Perhaps
> *Können Sie, wenn Sie ihr eine Kopie des gefälschten griechischen Pferdes gekauft haben, dennoch Ihr Gesicht wahren?*
> Perhaps
> (Diese Anzeige schalteten wir einen Tag, nachdem das Metropolitan Museum bekanntgegeben hatte, daß es sich bei einer seiner klassischen Bronzefiguren um eine Fälschung handle.)

Gibt es etwas, das Liz dazu bewegen könnte, wieder zu Eddie zurückzukehren?
Perhaps
(Eine damals hochaktuelle Botschaft: Während sie in Druck ging, setzte Richard Burton Liz Taylors damaligem Ehemann Eddie Fisher bei den Dreharbeiten zu *Cleopatra* wieder und wieder Hörner auf.)
Kann ein Parfüm über Nacht berühmt werden?
Perhaps

Wir bombardierten nicht nur die Stadt mit diesen Kleinanzeigen, sondern ließen auch eine Brigade von Mannequins (unsere eifrigen Sekretärinnen) in der letzten Adventwoche vor Bonwit, Bergdorf und Bendel »Posten beziehen«. Sie trugen luxuriöse, gemietete Pelzmäntel (Tierschutzverbände liefen damals noch nicht gegen dieses Kleidungsstück Sturm), hochhackige Pumps und Sandwich-Plakate mit Vergrößerungen unserer Anzeigen – es war eine eigenartige Miniparade auf der Fifth Avenue. Plötzlich war es für jeden, der Weihnachtsgeschenke einkaufen wollte, unmöglich geworden, *nichts* von Perhaps gehört zu haben. In nur zwei Wochen verkaufte sich Perhaps mit seinem mageren Etat ebenso häufig wie Intimate von Revlon mit seinem bekannten Markennamen und einem siebenstelligen Budget für die Fernsehwerbung. Wir wandten uns in erster Linie an Männer, die häufig Parfüm verschenkten. Sie wählten die Marke, die ihnen ins Auge stach. Durch unsere Anzeigen und Sandwich-Schönheiten machten wir dieses Parfüm bekannt und weckten vor Ort den Kaufwunsch der Verbraucher, so daß sich Perhaps erfolgreich gegen die großen Düfte mit ihren riesigen Werbebudgets behaupten konnte. Diese Kampagne ging (richtigerweise) davon aus, daß die New Yorker originelle und witzige Werbung zu schätzen wußten.

Wie man mit Humor für Humor wirbt

Wenn das beworbene Produkt der Humor selbst ist, muß man einen Witz reißen und dabei gleichzeitig zeigen, daß man es auch ernst meint. Home Box Office (HBO) hatte Comedy-Sendungen – von Komikerdarbietungen bis hin zu ausgefallenen Leckerbissen – im Kabelfernsehen berühmt gemacht. Diese Führungsposition verlor aber in den Augen der Zuschauer ihren Wert, als sich nach und nach auch andere Kabelsender dem Klub der Komödianten anschlossen. Wir wollten jedermann wissen lassen, daß HBO nicht nur Komödien *ausstrahlte*, sondern dieses Konzept als erster Kabelsender eingeführt hatte und somit den Startschuß für die Welle der Comedy Clubs im Fernsehen gegeben hatte. Da die Agentur von HBO (eine riesige Marketingschmiede) kein wirksames Leitmotiv für die bestechend komischen Sendungen fand, bat man uns, *den* allumfassenden und unvergeßlichen Slogan zu formulieren. Dieser Auftrag war unserem Texter Shelly Isaacs, dem Meister in Sachen Humor in meiner Agentur, wie auf den Leib geschnitten. Er ist immer der erste, der die neuesten Witze aus ganz Amerika kennt (und wenn sein Bestand zur Neige geht, erfindet er seine eigenen). Zu Beginn seiner Laufbahn arbeitete Shelly mit Jackie Mason zusammen – und er sieht zufällig auch noch aus wie Mel Brooks. Mit diesen komödiantischen Referenzen machten wir uns an den faszinierenden Auftrag von HBO, und wir dachten uns diesen Slogen aus …

HBO. We're talking serious comedy here!

»Ernste Komödie« ist offensichtlich ein Widerspruch in sich, ein Oxymoron – und das ist der Witz daran! Wir sagten: »Komödien sind lustig, und HBO nimmt Komödien ernst.« Haben Sie diesen Witz verstanden?

Wir drehten etliche Fernsehspots mit den beliebtesten Komikern aus den Vereinigten Staaten und verwendeten dabei das Oxymoron *»serious comedy«* als Leitmotiv. Wir verpflichteten Billy Crystal, Bob (Bobcat) Goldthwaite, Howie Mandel, Elayne Boosler, Paul Rodriguez, Louie Anderson, Robert Klein, Judy Tenuta, Gilbert Gottfried, Steven Wright, Jim Morris und Carol Leifer. Seither haben viele der witzigsten Komiker den Satz *»We're talking serious comedy here!«* in ihr Repertoire aufgenommmen, und er ist zum geflügelten Wort geworden. Derweil regiert HBO immer noch als *»King of Comedy«* im Kabelfernsehen.

Wenn man eine ernste Aussage witzig verpackt, kann man die Menschen immer für sich gewinnen. *We're talking serious comedy here!*

6

Sex in der Werbung

Sex ist nur ein Mittel zum Zweck – aber man muß lernen, ihn richtig einzusetzen

Die Bedeutung von Sex in der Werbung wird überschätzt. Seit Jahren beschuldigt man die Werbetreibenden und ihre Agenturen, mit Hilfe von Sex die Menschen durch geschickte Manipulation erotischer Bilder zum Kauf verschiedenster Produkte zu verführen. Als Vance Packard 1957 sein Buch *The Hidden Persuaders (Die geheimen Verführer)* schrieb, führte er das mysteriöse Thema der unterschwelligen Werbung in die Diskussion ein. Dieses Werk hatte weitreichende Folgen für die Einstellung der Amerikaner zur Werbung. Endlich hatten sie ein deutliches Indiz für die geheimnisvollen Mächte dieser neuen, unergründlichen Pseudowissenschaft, die sich zu einer der tragenden Kräfte im Leben dieser Nation entwickelte – es war eine Verschwörung unterschwelliger Manipulatoren, die Amerika mit dem Virus Sex in der Werbung korrumpieren wollte. Jahrzehntelang hat dieser Unsinn den Blick auf die banale Tatsache verstellt, daß Sex in der Werbung nicht die Bedeutung hat, die man ihm zuschreibt, und daß er mehr Schaden als Nutzen anrichten kann.

Sex sollte in der Werbung mit Samthandschuhen angefaßt werden. Trotz der sexuellen Revolution und größeren sexuellen Freizügigkeit in den Massenmedien und insbesondere im Film ist die Werbung kein guter Nährboden für sexuelle Ausdrucksfreiheit. Werbung will durch einfallsreiche Metaphorik das Interesse des Publikums wecken; Sex ist eine Leidenschaft für sich, ein unberechenbarer Trieb – und es gibt hier eine separate Bildersprache, die sich nicht ohne weiteres mit der einer Werbekampagne kombinieren läßt. Sex ist immerhin eine möglicherweise explosive Kraft. In der Werbung hat er am meisten Erfolg, wenn er mit Humor aufgelockert wird, der ihn akzeptabel macht – und ihm das Bedrohliche nimmt. Eine ideale Mischung aus Sex und Humor kann zu brillanter Werbung führen.

In einer ganzseitigen Anzeige für »25 ¢ a leg!« von Stevens Hosiery zeige ich eine herrische Mutter, die ihrer frisch vermählten Tochter am Arm ihres Ehemannes in letzter Minute einen Rat mit auf den Weg in die Flitterwochen gibt. In schönster Unlogik ruft die Mutter: *»Denk daran, Liebling – gib niemals mehr als 25 ¢ pro Bein aus.«* Die süße Se-

xualität des »Honigmonds« wird absichtlich durch diese absurde Mahnung zerstört – ein Witz aus heiterem Himmel, aber immerhin ein Witz. Es ist besser, Stevens-Strümpfe zu verkaufen, als die Phantasien des Betrachters hinsichtlich einer Nacht mit einer jungfräulichen Braut aufzuheizen. Ein *informierter* Kunde ist weitaus mehr wert als ein *sexuell erregter.*

Information verbunden mit sexueller Erregung ist jedoch noch wirkungsvoller. 1973 fragte mich der Präsident der Firma Pirelli, ob ich nicht eine zündende, absatzsteigernde Idee für ihn auf Lager hätte. Nachdem über Jahre hinweg Millionen in die Werbung für diesen erstklassigen Stahlgürtelreifen gesteckt worden waren, kannten nur drei Prozent der amerikanischen Autobesitzer die Marke Pirelli. Die vollkommen langweilige Werbung des Unternehmens hielt sich an die althergebrachte Formel der Reifenindustrie: Man zeige Reifenquerschnitte und Belastungstests, vorzugsweise mit einem Macho als Hauptdarsteller. Als wir den Etat von Pirelli erhielten, belief sich das jährliche Werbebudget der Firma lediglich auf etwa eine Million Dollar, und daher flossen die gesamten Gelder in Zeitschriftenanzeigen. Wir machten dem Unternehmen klar, daß es für das gleiche Geld auch Fernsehwerbung machen könne. Außerdem bestand ich darauf, daß unsere Kampagne mit besonderem Stolz Pirellis italienische Herkunft unterstreichen sollte (in den USA hatte das Unternehmen diese Tatsache bisher niemals an die große Glocke gehängt). Ein Reifen italienischer Provenienz war ein integraler Bestandteil der großen Tradition des Landes im Rennsport und in der Automobiltradition, und daher sollte das Firmenimage in Amerika nicht auf diese wichtigen Pluspunkte verzichten. Statt des üblichen profilorientierten Machismo wählte ich ein Haute-Couture-Mannequin mit sinnlichem norditalienischen Akzent (das den poetischen Namen Apollonia trug) als Hauptdarstellerin für Pirellis TV-Spots. Ich entwarf ein maßgeschneidertes Kleid, das dem Modeschöpfer Pucci nachempfunden war und dessen Muster aus Pirelli-Logos bestand. Unsere Darstellerin ließ den Namen Pirelli genüßlich auf ihrer kultivierten Zunge zergehen, liebkoste dabei ständig einen Pirelli-Reifen und schaukelte sogar in einem.

In einem Fernsehspot rollt Apollonia einen Pirelli-Reifen auf ein Auto mit einem Platten zu. Dabei summt sie eine Melodie aus einer Oper von Verdi. Sie bockt den Wagen auf; ihr makelloser Körper zeichnet sich durch ihr hautenges Kleid mit den allgegenwärtigen Pirelli-Logos ab. Als sie den alten Reifen abnimmt, blickt sie in die Kamera und sagt: »*Wie jedermann weiß, sind Stahlgürtelreifen molto fantastico.*« Sie ersetzt den platten Reifen durch einen Pirelli-Reifen – »*uuufff!*« – und fährt dann in ihrem Mailänder Akzent fort: »*Und ein molto fanstastico Reifen ist ... Pirelli, ein komfortabler Stahlgürtelreifen. Steigen Sie um auf Komfort ... steigen Sie um auf Pirelli.*« Als sie das Auto herunterläßt, wirft sie dem Zuschauer erneut einen Blick zu und fragt: »*Capisch?*«

Nach heutigen Maßstäben würde diese Kampagne als sexistisch betrachtet werden. Aber ganz gleich, welche Normen man zugrunde legt, sie war sicherlich *sexy*. Es war einer der seltenen Fälle, in denen sich sexistische und erotische Züge wunderbar ergänzten. Schließlich waren unsere Adressaten Autoliebhaber mit übersteigertem Männlichkeitsgefühl, denen ein Autoreifen mehr bedeutete als ein Hochzeitsring. Der italienische Reifenhersteller Pirelli erreichte auf diese Weise ein Publikum, dem traditionelle Werbung niemals aufgefallen wäre. Die Kampagne enthielt verschiedene Botschaften (hochwertige Reifen, italienische Tradition, geeignet für amerikanische Autos), kombinierte sie auf ungewöhnliche Art und Weise und weckte die Aufmerksamkeit des Publikums durch eine bewußt sexuelle Metapher, die wegen ihres typisch amerikanischen, ironischen Humors akzeptabel war. Diese Werbung machte Pirelli in den Vereinigten Staaten zu einer bekannten Marke.

Wenn diese Kampagne bereits sexy war, dann galt das um so mehr für Joe Namath als Olivetti-Mädchen. Als seine Chefin ihn um ein Rendezvous bat, konnten sich die Amerikaner vor Lachen nicht mehr halten. Viele Männer träumen davon, daß Frauen den ersten Schritt machen (und viele Frauen wünschen sich, sie könnten bei Verabredungen mit attraktiven Männern die Initiative ergreifen). Der schärfste Porno strahlt weniger Erotik aus als dieser Dreißig-Sekunden-Spot und vor allem der Moment, in dem die authentische Chefin ihre Managerbrille abnimmt und ganz leise, mit einem gewissen unsicheren Unterton, sagt: *»Übrigens, Joseph, haben Sie heute abend schon etwas vor?«* Es ist auch eine *urkomische* Begegnung, eine Umkehrung der Geschlechterrollen, die die Aufmerksamkeit des Publikums erregt und Spannung erzeugt. Der Humor macht den sexuellen Beigeschmack akzeptabel.

In den späten sechziger Jahren waren ältere Menschen die besten Abnehmer von Getreideflocken der Marke Wheatena. Uns kam die Aufgabe zu, den Kundenstamm dieses Produkts auf die jüngeren Bevölkerungsgruppen auszuweiten, ohne die treuen, alten Stammkunden zu verlieren. Als wir hörten, daß Wheatene Weizenkeime enthielt, machten wir einen Freudensprung. (Weizenkeime, eine der ersten »gesunden« Zutaten, galt als Energie- und Kraftspender.) Wir stellten die Weizenkeime auf der Packung besonders heraus und betonten sie in einem Fernsehspot für Jung und Alt. Als Slogan wählten wir: *»Miraculous Wheatena, loaded with wheat germ!«* Wir drehten Dreißig-Sekunden-Fernsehspots, die aus jeweils drei Zehn-Sekunden-Einstellungen bestanden: ein Surfer *(»Ich weiß genau, daß ich mich an den Tagen, an denen ich Wheatena esse, besser fühle!«)* ... eine junge Frau *(»Ich fühle mich topfit, wenn ich mein Wheatena esse!«)* ... und eine alte Dame, die zusammen mit einem alten Herrn am Frühstückstisch sitzt. Diese letzte Szene ging richtigerweise davon aus, daß alte Menschen Spaß am Sex haben. Es war eine der erotischsten Szenen, die ich je gedreht habe:

Alte Frau: *Auf deine Gesundheit, Liebling.*
Alter Mann: *Auf deine Gesundheit, Schatz!*
Sprecher: *»Wunderbares Wheatena. Voller Weizenkeime!«*

In dieser Szene erfuhr die Welt, daß junge Leute kein Monopol auf Sex besaßen. Ein Hauch von Humor und Zweideutigkeit (Sind die beiden verheiratet? Haben sie eine heiße Nacht miteinander verbracht?) verleiht diesem Blick in den häuslichen Alltag eine wirklich sympathische Glaubwürdigkeit.

Unser Kunde befürchtete, die älteren Mitbürger könnten sich durch dieser Spot beleidigt fühlen. Ich riet ihm, dieses Risiko einzugehen, da ich wußte, daß alte Menschen nicht so prüde sind, wie man sie gerne hinstellt. Ob nun jung oder alt – die Menschen sind scharfsinnig – insbesondere wenn es um Sex geht.

Vor kurzem versuchte ich – ohne Erfolg –, die derzeit gültigen Grenzen der Sexualität in der Werbung zu überschreiten. In einem Werbespot für die amerikanische Krebshilfe zum Thema Mammographie wollte ich den üblichen Rahmen der Werbung für wohltätige Zwecke sprengen. Die Früherkennung von Brustkrebs ist bereits so gut etabliert und hat so viele Diagnosen ermöglicht, daß die amerikanischen Frauen wissen, daß man mit Hilfe der Mammographie gefürchtete bösartige Wucherungen zum frühestmöglichen Zeitpunkt, wenn die Heilungschancen noch am größten sind, erkennen kann. Unser Auftrag bot eine ideale Gelegenheit, durch aufsehenerregende Werbung Menschenleben zu retten – indem man scheinbar ungeheuerliche Sexualität zeigte. Ich schlug einen Dreißig-Sekunden-Fernsehspot vor. Unsere Konzeption ist aus dem Text der Off-Stimme ersichtlich:

> Wir baten acht der schönsten Frauen der Welt, ihre Brust zu enthüllen ... und sie willigten ein. Weshalb? Sie wollten uns helfen, die nackte Tatsache zu demonstrieren, daß Früherkennung durch Selbstuntersuchungen, regelmäßige Besuche beim Frauenarzt und Mammographie für die Heilung von Krebs ... und für die Erhaltung der bemerkenswerten Schönheit der Brust einer Frau unbedingt erforderlich ist. Die American Cancer Society feiert ihren fünfundsiebzigsten Geburtstag!

Während dieser Worte sollte die Kamera nacheinander die nackten Brüste dieser acht Frauen zeigen. Die acht Prominenten wären unentgeltlich in diesem Spot aufgetreten und hätten freiwillig ihre Brust entblößt. Aber während des Vortrags aus dem Off würde man *ausschließlich* ihre Brüste sehen, niemals ihre Gesichter. Am Ende des Spots wollten wir das Logo der American Cancer Society zeigen, während der Sprecher seinen letzten Satz – »*The American Cancer Society cele-*

brates 75 years of life!« – vorträgt. An dieser Stelle sollte ein plötzlicher Schnitt auf die *Gesichter* der acht berühmten Frauen folgen, die ihre Brust zeigen.

Wie aus einem Munde sagen sie: »*Machen Sie's doch wie wir.*«

Diese zündende Idee hätte für einen gewaltigen Reklamewirbel gesorgt und jeder Amerikanerin deutlich vor Augen geführt, wie wichtig Mammographie ist – und gleichzeitig hätten sich alle Zuschauer gefragt, wem wohl welche Brust gehörte. Die Vertreter der American Cancer Society waren zunächst sprachlos, aber dann erkannten sie das ungeheure Potential dieser Konzeption. Als wir unsere Idee CBS vorlegten, schluckten die Mitarbeiter dieser Fernsehanstalt heftig, schienen aber begeistert zu sein. Sie bekundeten sogar ein so deutliches Interesse, daß sie uns zur Produktion eines Demo-Spots ermutigten. Wir drehten eine sehr geschmackvolle Probeversion (ohne Prominente), in der die nackten Brüste unserer Darstellerinnen in sanftem Licht im Stil von Modeaufnahmen gezeigt wurden. Mit dem eklatanten, wenig subtilen Stil von *Playboy* oder *Penthouse* hatte das nichts zu tun. Die Zensoren der CBS waren erstaunt, wie sensibel wir dieses Thema angingen – aber wie vorauszusehen war, kamen sie zur Besinnung und machten einen Rückzieher. Schade. Unser Spot hätte vielen Frauen das Leben retten können. Was für ein Widerspruch! Die Amerikaner sind so besessen von dem Gedanken an Brüste wie kein anderes Volk auf der Erde, aber es gilt trotzdem als geschmacklos, in der Werbung einen blanken Busen zu zeigen, selbst wenn es nicht darum geht, den Absatz von Produkten zu steigern, sondern Leben zu retten. Wer ist nun verrückt – ich oder die Gralshüter unserer Kultur?

In einem Artikel über den Kunstkritiker von *Time*, John Hughes, (»Shock of the Hughes«, *Vanity Fair*, November 1990) bemerkt Martin Filler interessanterweise: »Hughes ist stets bereit, das menschliche Element in der Kunst zu erforschen, und daher befaßt er sich in vielen seiner Kritiken – so kurz sie auch sein mögen – eingehend mit der Sexualität des Künstlers, ganz gleich ob er heterosexuell (Rodin), homosexuell (Marsden Hartley), keusch (Giorgio Morandi), syphilitisch (Manet) oder frauenverachtend und wahrscheinlich impotent (Degas) ist. Im Falle von Antoine Watteau, jenem unvergleichlichen Psychologen der höfischen erotischen Melancholie, beklagt Hughes die Tatsache, daß ›über sein ... Sexualleben ... nichts bekannt ist‹. ... ›Ich bin davon überzeugt, daß die Sexualität eines Künstlers in seinen Werken eine sehr wichtige Rolle spielt‹, meint Hughes. ›Ich war niemals so vermessen zu behaupten, daß ich eine Psychoanalyse durchführe, aber ich halte [die Sexualität] für einen interessanten Aspekt im Gesamtcharakterbild, und manchmal ist sie äußerst bedeutsam für die Kunst. Das gilt beispielsweise für Picasso.‹«

Ich verkünde hiermit der Welt, daß *ich selbst* ein heterosexueller Mann vom alten Schlag aus der nördlichen Bronx bin, und meine Arbeit spiegelt offenbar ein unwiderstehliches Bedürfnis wider, mit Frauen zu flirten und komische Geschichten über Sex – immer ein ideales Thema für großartige Witze – zu erzählen. Ich muß also gestehen, daß ich bei Werbung mit sexuellen Inhalten immer zu einem dreisten, ans Sexistische grenzenden Humor neige (wobei der Werbespot für die American Cancer Society eine bemerkenswerte Ausnahme darstellt). Ich bin zufällig ein stinknormaler Mann mit unkomplizierten sexuellen Präferenzen: Ich liebe Blondinen und halte hochhackige Schuhe für die großartigste Erfindung der Welt (und Feinstrumpfhosen dagegen für die schrecklichste). Ich glaube auch, daß Sex in der Werbung nur dann eine Rolle von wirklichem Wert spielen kann, wenn man mit einer intelligenten Kundin oder Mitarbeiterin zusammenarbeitet. Überflüssiger Sex hat in der Werbung die gleiche Wirkung wie in Filmen, eine einschläfernde nämlich. Sex in der Werbung muß – ebenso wie Humor in der Werbung – in direktem Bezug zu einer *Idee* stehen, wenn er wirkungsvoll sein soll (Namath als Sekretär, die Pirelli-Dame in ihrem hautengen Kleid oder die Fächertänzerin Sally Rand in einem »Testimonial« für eine Brokerfirma). Selbst wenn keine sexuelle Botschaft beabsichtigt ist, kann das Unterbewußte trotz der Beteuerung der Unschuld auf der bewußten Ebene sich lüsterner Gedanken schuldig machen: Nach der Ausstrahlung meines TV-Spots für Dilly Beans *»Break the smoking habit – eat Dilly Beans«)* der eine Profilgroßaufnahme der Lippen einer Frau zeigte (sie hielt eine Dilly Bean wie eine Zigarette in der Hand), beschuldigte man mich, ich hätte mit Phallussymbolen herumexperimentiert und für Fellatio geworben. In einer Printanzeige für Renault, die Frauen davon überzeugen sollte, daß es einfach sei, einen

Wagen ohne Automatik zu fahren, zeigte ich die Hand einer Frau, die mit viel Gefühl einen Ganghebel betätigt. Darüber setzte ich diese präfeministische Headline: »*Gesucht: Abenteuerlustige Frauen, die selber schalten können.*« Wieder einmal warf man mir Unanständigkeit vor; diesmals hieß es, ich wolle in Wirklichkeit die Hand einer Frau zeigen, die mit einem Penis spiele. Ach, wie gefährlich es doch ist, für ein französisches Auto zu werben!

Die berühmt-berüchtigte Jeanswerbung von Calvin Klein mit der blutjungen Brooke Shields wurde vielfach wegen ihrer sexuellen Konnotationen gerügt. Für mich hingegen war sie der ehrliche Ausdruck des Aufbegehrens der Jugend. In der Parfümwerbung schwingen oftmals sexuelle Untertöne mit, eine beinahe unerläßliche (und unschuldige) Methode, um in der alles entscheidenden Verkaufssaison vor Weihnachten einen Gewinn einzufahren.

Sex in der Werbung ist einfach nur eine der *vielen* möglichen, kreativen Zutaten, die man verwenden kann oder nicht. Kreative Menschen sollten sich *alle* Möglichkeiten offenhalten und nichts kategorisch ablehnen. Alle Optionen sollten in Betracht gezogen werden.

In einem Fernsehinterview für CBS Cable (das inzwischen seinen Betrieb eingestellt hat) zeichnete ein intellektueller Interviewer, der Werbeleuten alles andere als wohlgesonnen war, ein Porträt von mir. Er befragte mich zu meiner Meinung über Sex in der Werbung. »Er ist etwas Positives«, erwiderte ich. »Sex ist Teil unseres Lebens. Wir atmen, essen, trinken, spielen – und schlafen miteinander. Sex ist etwas Gutes.« Als die Zeit ablief und es dem Interviewer immer noch nicht gelungen war, mich auf die Palme zu bringen, legte er nochmals einen Köder aus: »Eine Frage noch – würden Sie jemals in der Werbung eine *Vergewaltigung* zeigen?« Eine ziemlich blöde Frage.

»Natürlich nicht«, sagte ich nachdenklich. »Obwohl ... wenn ich so darüber nachdenke ... vielleicht ...« – die Show war zu Ende; ich wurde ausgeblendet.

7

Das Bild als Propaganda

Die berüchtigten *Esquire*-Titelblätter, die ein Jahrzehnt in der Geschichte Amerikas definierten

Das Titelblatt einer Zeitschrift – ob gut, schlecht oder durchschnittlich – stellt ihre Verpackung und eine Stellungnahme dar. Das Cover deutet auf die Geisteshaltung und den inhaltlichen Charakter hin. Es sollte eine Art Visitenkarte darstellen. Aber die meisten Zeitschriften haben keine Ahnung, wie man so etwas visuell umsetzt, und daher definieren sie ihre Identität auf dem Titelblatt durch eine Liste unverständlicher Artikelüberschriften.

In den sechziger Jahren entwarf ich 92 Titelblätter für das Magazin *Esquire*, die Aufsehen erregten, zu kontroversen Diskussionen führten, neue Leser anlockten und in gewisser Weise jene turbulente Dekade definierten. Meine Arbeiten waren auf mehr als 150 Millionen Exemplaren zu sehen. Die Zeitschrift *Print* meinte rückblickend in einem Artikel zur Entwicklung der künstlerischen Gestaltung von *Esquire:*[1] »Wenn eines der Idole im Grafikdesign beispielhaft ist, so sind dies die Titelblätter, die George Lois von Mitte der sechziger Jahre bis Anfang der siebziger Jahre für *Esquire* kreiert hat ... sie gehören zu den bemerkenswertesten Propagandabildern aus allen Medien und sind sicherlich die eindrucksvollsten Titelblätter, die je eine Zeitschrift veröffentlicht hat.« Diese Cover haben sich auch in finanzieller Hinsicht gelohnt: Als ich 1962 meinen ersten Auftrag für *Esquire* übernahm, steckte dieses Blatt in den roten Zahlen. Fünf Jahre später hatten seine Gewinne die 3 Millionen Dollar deutlich überschritten. Meine Titelblätter haben dazu bestimmt ihr Scherflein beigetragen. (Geschadet haben sie mit Sicherheit nicht.)

---

1 *Print*, Februar 1991: »Esquire and Its Art Directors: A Survivor's Tale« von Steven Heller.

Esquire war eine ausgezeichnete Zeitschrift, für die – dank ihres brillanten Chefredakteurs Harold Hayes – so herausragende Köpfe wie James Baldwin, Truman Capote, Gay Talese und Tom Wolfe schrieben. Sie hatte sich allerdings jahrelang selbst als »Männermagazin« bezeichnet. Ihr Symbol war ein fieser alter Kerl mit lüsternen Augen, der den Namen »Esky« trug. Der Aufstieg der freizügigeren Männerzeitschriften machte aus Esky jedoch einen kuriosen Anachronismus – und einige Titelblätter von *Esquire* standen trotz ihrer ansprechenden Gestaltung in keinerlei Beziehung zum Inhalt.

Harold Hayes fragte mich, wie wohl ein eindrucksvolles Titelblatt aussehen könnte, das mehr Leser anziehen würde. »Zeigen Sie mir den Inhalt, dann mache ich für Sie das Titelblatt«, antwortete ich. Hayes schickte mir einen Vorabdruck der Oktober-Ausgabe 1962, weil er sehen wollte, was dieses Großmaul wohl vorschlagen würde. Nach diesem ersten Cover einigten Hayes und ich uns stillschweigend, daß wir uns über die Tabus der Unternehmenspolitik und die Fesseln der Konsensbildung hinwegsetzen würden. Zwei intelligente Menschen legten sich richtig ins Zeug, um der Öffentlichkeit kühne und herausragende Botschaften zu präsentieren. Zwei Monate im voraus erhielt ich von Hayes jeweils einen groben Überblick über die geplanten Artikel. In knappen Telefongesprächen oder einem schnellen gemeinsamen Frühstück einigten wir uns »mehr oder weniger« auf das Thema für die Titelseite, und dann rief ich ihn an und sagte, was ich machen wollte.

Ich zeigte ihm nie einen Entwurf oder ein Reinlayout. Wir beschränkten uns auf die rein verbale Kommunikation (wenn man eine zündende Idee nicht in einem kurzen Satz beschreiben kann, ist es keine zündende Idee). Hayes fand auch Gefallen an dem Gedanken, daß er sein Management mit meinem laufenden »Ultimatum« unter Druck setzen konnte, wenn es zu Auseinandersetzungen wegen meiner Titelblätter kam: Wenn man sich in meine Arbeit einmischte, würde ich dieses Projekt fallenlassen, auch wenn es mir noch soviel Spaß machte.

Mein erstes Titelblatt (1962)

Unter den für die Oktober-Ausgabe 1962 vorgesehenen Artikeln entdeckte ich eine kurze, fiktive Geschichte über das Elend und die Einsamkeit eines Preisboxers, der einen Kampf verloren hat. Als mir einfiel, daß diese Ausgabe wenige Tage vor dem bevorstehenden Titelkampf im Schwergewicht zwischen dem Champion Floyd Patterson und dem Herausforderer Sonny Liston in den Handel kam, verkündete ich Hayes, ich wolle einen k.o.-geschlagenen schwarzen Boxer in einem leeren Stadion zeigen. Ich wußte, daß Liston den von vielen favorisierten, aber angegriffenen Patterson besiegen würde. »Können wir irgendwie herausfinden, welche Farbe Pattersons Shorts haben werden?« fragte ich Hayes.

Harold Hayes war ein urbaner Mark Twain aus North Carolina. Bei schönem Wetter trug er einen eleganten weißen Anzug (kleidungsmäßig ähnelte er Tom Wolfe, bevor dieser überhaupt seinen charakteristischen Stil kreierte). In der Hand hielt er eine gute Zigarre – eine der schlanken, eleganten Sorte –, die gut zu seiner weißen Kleidung und seinem Pokergesicht paßte. Während er mit seiner Zigarre spielte, sagte er mir, er sei mit meinem Vorschlag einverstanden – aber die Farbe von Pattersons Shorts könne er nicht herausfinden, da diese Wahl traditionell dem Champion vorbehalten sei. Wenn sein Manager Cus D'Amato vor einem Kampf darüber etwas verlauten ließe, könne das dem Champion Unglück bringen. Ich versuchte, D'Amato zur Preisgabe dieses wohlgehüteten Geheimnisses zu bewegen, aber er wollte nichts davon hören.

Um mich abzusichern, fuhr ich einen schmucken, schwarzen Darsteller, der wie Floyd Patterson gebaut war (man hätte ihn niemals mit Liston verwechseln können, den Muhammad Ali später als »großen, häßlichen Bären« beschrieb), zur leeren St. Nicolas Arena, die bald abgerissen werden sollte. Wir machten *zwei* Aufnahmen von ihm im Ring: Auf der einen trug er schwarze Shorts mit weißen Streifen, auf der anderen weiße Shorts mit schwarzen Streifen. Ich stellte zwei Reinlayouts des Titelblatts her, einmal mit weißer und einmal mit schwarzer Hose. Als ich sie Hayes zuschickte, sagte ich ihm, ich könne mich nicht entscheiden, welche wir nehmen sollten. »Okay«, meinte ich. »*Sie* entscheiden.«

»Nehmen wir die weißen Shorts«, beschloß Hayes.

»Nee«, sagte ich. »Nehmen wir die schwarzen.«

»George, fällt es Ihnen schwer, Entscheidungen zu treffen?« fragte Hayes.

»Ja und nein«, lautete meine entschiedene Antwort.

Wir warfen eine Münze und nahmen die schwarzen Shorts. Am Abend des Kampfes, wenige Tage nachdem die Oktober-Ausgabe an den Kiosken erhältlich war, sah ich den Herausforderer Liston als ersten in den Ring steigen. Er trug weiße Shorts. Ich wußte, daß Patterson verlieren würde – und Liston schlug ihn auch prompt in der ersten Runde k.o. und wurde der neue Champion.

Es war eine unglaubliche Dreistigkeit meinerseits, mit dem Bild eines zu Boden geschmetterten Patterson in schwarzen Hosen auf dem *Esquire* millionenfach das Ergebnis des Kampfes zu prophezeien. Als Patterson in die Knie ging, stießen Harold Hayes und seine Topmanager, die nervös an ihren Fingernägeln herumgekaut hatten, gemeinsam einen langen Seufzer der Erleichterung aus. Diese unverhohlene Voraussage machte selbst Schlagzeilen, und davon profitierte wiederum *Esquire*.

Mein erstes Titelblatt für *Esquire* war von einer beinahe mystischen Hellsichtigkeit; es war, als hätte das Auge der Kamera einen Blick in die Zukunft geworfen. Wer dieses Cover am Kiosk sah, blieb wie angewurzelt stehen. Der Umsatz schnellte in die Höhe. Dieses erste Titelbild läutete ein Jahrzehnt visueller Leitartikel für den *Esquire* ein.

Der erste schwarze Weihnachtsmann (1963)

Nach einem Jahr unkonventioneller Titelbilder, die sich der wilde Grieche ausgedacht hatte, trug mir Hayes für die Weihnachtsausgabe 1963 ein Anliegen vor. Während des Mittagessens spielte er mit seiner bleistiftdünnen Zigarre und bat mich: »Mein lieber Freund, wir müssen diesmal einen Kompromiß eingehen. Wir brauchen ein weihnachtliches Titelbild. Sie müssen mir einen gottverdammten *Weihnachtsmann* geben.« Ich widersetze mich niemals einem Befehl, und daher gab ich nach und zeigte auf dem Titelblatt eine Großaufnahme eines Weihnachtsmanns. Zufällig war er schwarz: Es handelte sich um den Weltchampion im Schwergewicht Sonny Liston, einen ehemaligen Knastbruder und Schlägertypen, den die Massenmedien als gemeinsten Mann der Welt bezeichneten. Harold war Südstaatler, und viele Werbetreibende waren nicht gerade begeistert von dem Gedanken, einem »Negerfreund« Anzeigenraum abzukaufen. Dennoch und trotz der Bitte der *Esquire*-Redaktion um ein Titelbild für warme, gemütliche Weihnachten am Kamin war Hayes begeistert von dem aufsehenerregenden Symbolismus eines schwarzen Weihnachtsmanns zu einer Zeit, in der Amerika vom Kampf der Schwarzen um Gleichberechtigung gebeutelt wurde.

Als mein Titelbild mit einer Frontalaufnahme des Gesichts dieses schwarzen, grollenden Weihnachtsmanns unter der weißverbrämten

Mütze in den Büros des *Esquire* eintraf, wurden eilends Beatmungsgeräte herbeigerollt. Liston hatte wegen bewaffneten Raubüberfalls im Gefängnis gesessen und scherte sich nicht im geringsten um sein Image als mißmutiger, verdrießlicher, bedrohlicher Mann – und das zu einer Zeit, in der Aktionen der Bürgerrechtsbewegung, Martin Luther King und zunehmende Rassenkonflikte die Schlagzeilen beherrschten. Liston war wie geschaffen für die Rolle des bösen Buben. Ich blickte einem veränderten Amerika ins Auge.

In einer Reminiszenz an Liston rief *Sports Illustrated* achtzehn Jahre später (4. Februar 1981) dieses erstaunliche Ereignis mit seiner beunruhigend präzisen Prophezeiung der Revolution der Schwarzen ins Gedächtnis zurück: »... *Esquire* pfiff auf seine weißen Leser und wählte ein unvergeßliches Cover ... Da lugte Liston unter seiner rotweißen Nikolausmütze mit Quaste hervor und sah aus wie der allerletzte Mensch, den sich die Amerikaner als Weihnachtsmann wünschten.« Die Veröffentlichung dieser Ausgabe löste eine Explosion aus – *Esquire* verlor Anzeigenkunden und erhielt Drohanrufe und böse Briefe, obgleich ein Professor für Kunstgeschichte am New Yorker Hunter College in einem Brief an *Esquire* das Titelbild in den höchsten Tönen lobte: »Eine der großartigsten Stellungnahmen in der darstellenden Kunst seit Picassos *Guernica*.«

Porträt eines Ureinwohners Amerikas (1964)

Einige Monate später sollte ein Bericht über die Indianer erscheinen. Ich war immer der Ansicht, daß das Buffalo-Fünfcentstück mit dem Bildnis eines Indianers eine der großartigsten Münzen aller Zeiten war und es sogar mit den besten griechischen Münzen aufnehmen konnte. Ich hatte mich oftmals gefragt, wessen Konterfei wohl dieses prachtvolle Geldstück schmückte. Ich rief die für Indianerangelegenheiten zuständige Washingtoner Behörde an, um herauszufinden, ob man dort wußte, wer dieser Indianer war und ob er noch lebte. Glücklicherweise geriet ich an einen jungen, eifrigen Studenten indianischer Geschichte. Kaum eine Woche später rief er mich aufgeregt aus Washington an – er hatte herausgefunden, um wen es sich auf dieser berühmten Münze handelte, und er glaubte, daß diese Person tatsächlich noch am Leben sein könnte! Wie er in Erfahrung gebracht hatte, zeigte die Münze einen gewissen Häuptling Johnny Big Tree, und es gab Grund zu der Annahme, daß er im Onondaga-Reservat außerhalb von Syracuse lebte.

Häuptling Johnny Big Tree hatte Anfang des zwanzigsten Jahrhunderts für das Fünfcentstück Modell gestanden. Damals war er um die Dreißig. Ich rief meinen Schwiegervater Joe Lewandowski an, der in Syracuse lebte, und bat ihn, ins Reservat hinauszufahren und nachzuforschen, ob der Häuptling noch am Leben war – und falls ja, zu prüfen, ob er willens und in der Lage war, für ein Foto zu posieren. Er dürfte inzwischen so um die neunzig Jahre alt sein. Der Fotograf Carl Fischer und ich würden dann zum Fototermin ins Reservat kommen.

Mein Schwiegervater fuhr hinaus ins Reservat zu einer baufälligen Hütte ohne Stromanschluß. Wenige Minuten später schleppte Häuptling Johnny Big Tree ein Bündel Zweige heran. Er war siebenundachtzig Jahre alt und fast 1,90 Meter groß. Ich hatte meinem Schwiegervater detaillierte Anweisungen erteilt, wie er die bequemste Abmachung für einen Fototermin im Reservat aushandeln solle, denn falls der Häuptling krank oder senil war, wollte ich ihn wie ein zerbrechliches Stück antiker Keramik behandelt wissen. »Joe, in was für einem Zustand ist er?« fragte ich meinen Schwiegervater am Telefon. »Er ist besser in Form als ich«, antwortete er. (Joe Lewandowski war sowohl ein ausgezeichneter Bowlingspieler als auch ein guter Golfer.) Allein sein Gebiß bereitete dem Häuptling Probleme. Er bestand darauf, für die Fotoaufnahmen nach New York zu fliegen.

1912 entdeckte der große amerikanische Bildhauer James Earle Fraser Häuptling Johnny Big Tree in einer Wildwest-Show auf Coney Island und bat ihn, für das Fünfcentstück Modell zu stehen. Der Häuptling war ein Seneka, ein Stamm, der im sechzehnten Jahrhundert dem Irokesenbund beigetreten war. An der schützenden Hand meines Schwiegervaters kam er in Carl Fischers Studio. Er trug einen Straßenanzug und einen frischen Bürstenschnitt. Wir setzten ihm eine schwarze Perücke auf und polsterten seinen Mund mit Wattebäuschen aus. Er rupfte die Watte wieder heraus und winkte ab. »Die Münze bin ich nur von der Nase nach oben«, erklärte er. »Ich war Modell mit Stirn und Nase. Andere Häuptlinge, Sioux und Cheyenne, waren Modell für Kinn und Haare.« Selbst mit dem Mund voller Watte sah Häuptling John majestätisch aus. Wir fotografierten sein historisches Profil. Dann flog er mit der Mohawk Airline zurück nach Syracuse.

Als das herrliche Gesicht von Häuptling Johnny Big Tree ein halbes Jahrhundert, nachdem er für das Fünfcentstück Modell gestanden war, auf dem Titelblatt von *Esquire* erschien, erfüllte mich das mit mehr Stolz als jedes andere Cover, das ich je für diese Zeitschrift gemacht habe. Dies war ein authentisches Stück amerikanischer Geschichte. Aber die Verkaufs- und Anzeigenmitarbeiter von *Esquire* hielten dieses Titelblatt für mißlungen, weil die Verkaufszahlen am Kiosk nicht ganz den Stand einiger früherer Ausgaben erreichten – obwohl alle weitaus höher lagen als in der Zeit vor meinem ersten Bild für das Magazin im Oktober 1962.

In meinem früheren Buch mit dem Titel *The Art of Advertising* nahm ich ein (erwartungsgemäß dünnes) Kapitel über »Flops« auf, in dem ich die seltenen Mißerfolge aus meinem Repertoire beschrieb. Dieses Titelblatt für *Esquire* war auch darunter. Aber ich frage mich immer noch: Wenn dieses Cover ein solcher Flop war, warum bin ich dann derart stolz darauf?

Auf Lyndons Knie (1966)

Als HHH (Vizepräsident Hubert Horatio Humphrey) LBJ (Präsident Lyndon Baines Johnson) wegen der Eskalation im Vietnamkrieg verteidigte, gab Harold Hayes bei einem Schriftsteller einen längeren Artikel über den Vizepräsidenten in Auftrag. Ich kreierte ein auseinanderfaltbares Titelblatt, dessen Spott immer beißender wurde, je weiter man es aufklappte. Ich ließ eine Bauchrednerpuppe bauen, die wie Humphrey aussah. Auf dem Titelblatt sah man diese Puppe auf dem Knie eines Mannes sitzen. Die HHH-Puppe sagte:

> »Seit sechzehn Jahren kenne ich
> seinen Mut, seine Weisheit, sein Taktgefühl, seine Überzeugungskraft, sein Urteilsvermögen und seine Führungsqualitäten.«

Ich ging ziemlich hart mit dem Vizepräsidenten ins Gericht, nicht wahr? Aber es kam noch besser. Wenn man die Seite entfaltete, sprang LBJ als Bauchredner heraus, der Hubert auf seinem Knie hält. »Sag's du ihnen, Hubert«, meint Lyndon, der Bauchredner. (Lyndon Johnson war damals viel zu sehr beschäftigt, Lehmhütten in Nordvietnam für Bombardierungszwecke auszusuchen, und daher bat ich ihn nicht, mir Modell zu stehen. Das Foto entstand in einem Studio; ein männliches Fotomodell mit LBJs Statur spielte den Körper des Bauchredners mit der HHH-Puppe. Dann nahm ich im Doppelbelichtungsverfahren den Nacken des Fotomodells und ein Stück von Lyndons eindrucksvollem Kopf auf – es war eine meiner berüchtigten grafischen Transplantationen.)

In diesem Fall trieb ich es mit dem Knie des Präsidenten auf Kosten des Vizepräsidenten auf die Spitze, und doch wies mir niemand die Tür. (Gott segne Amerika!) Zwei Jahre später kam ich zu einer Sitzung über politische Werbung in das Büro des Vizepräsidenten – und da hing mein Titelbild an der Wand seines Vorzimmers. Peinlich berührt nuckelte ich an meinem Daumen und erzählte Hubert Horatio Humphrey, daß ich der Schurke sei, der dieses Bild verbrochen habe.

»Sie verfluchter Hurensohn«, meinte er.

»Nun gut, Mr. Vice President, aber warum hängt dieses Bild da bei Ihnen an der Wand?« fragte ich vorsichtig.

»Weil es«, erwiderte er, »ein wunderbares Titelbild ist.«

Eine Warnung für Kandidat Nixon (1968)

Als Richard Nixon noch nicht zum Präsidentschaftskandidaten nominiert worden war und noch als Verlierer galt, bastelte ich eine Fotomontage, auf der man ihn im Profil sieht, während er für einen Fernsehauftritt geschminkt wird. In den Archiven der Nachrichtenagenturen stieß ich auf eine Profilaufnahme, die Nixon bei einem Nickerchen während eines Fluges zeigte. Wir machten ein zweites Foto von vier Händen, die an seinem Profil arbeiteten: eine mit einem Zerstäuber mit Haarspray, um seine Frisur in Form zu bringen, eine mit einem Schminkpinsel, um die Falten unter seinen Augen zu glätten, eine dritte mit einer Puderquaste, um seine glänzende Nase zu pudern – und eine vierte mit einem Lippenstift, um die Konturen seines Mundes nachzuziehen. Die vier Hände wurden mit peinlicher Genauigkeit beleuchtet, so daß das Licht und der Winkel genau dem Profilporträt von Nixon entsprachen. Es war eine meisterhafte Fotomontage eines Routinebesuchs in der Maske vor einem Fernsehauftritt.

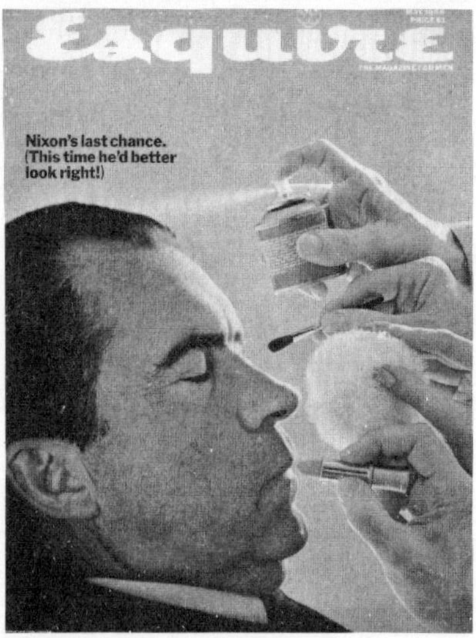

Als diese Ausgabe von *Esquire* in den Handel kam, erhielt ich einen wütenden Anruf von einem der zahlreichen zukünftigen Sträflinge aus Nixons Stab. Er schimpfte über mein Titelbild und beschuldigte mich, Nixon als eine »verdammte Tunte« hinzustellen. Ich erklärte dem Anrufer geduldig, daß es sich um einen satirischen Kommentar zu den Fernsehdebatten des Jahres 1960 handle, als sein Chef um Haaresbreite gegen John F. Kennedy verloren hatte, weil er vor den Kameras fürchterlich aussah. Die Headline des Titelblatts lautete sogar: »Nixons letzte Chance. *Diesmal sollte er tunlichst gut aussehen!*« Die Reaktion des Anrufers fand ich unglaublich – und das sagte ich ihm auch direkt ins Gesicht. »Es ist ein witziges Cover«, meinte ich, »die Leute aus Nixons Stab haben offenbar nicht viel Humor ...« – aber er legte einfach auf. Er war zu dumm, um zu verstehen, daß ich seinem Chef einen riesigen Gefallen getan hatte. *Irgend jemand* in seinem Wahlkampftrupp mußte jedoch meine Botschaft verstanden haben, denn neue Maskenbildner vollbrachten ein Kunstwerk, und Richard Nixon sah 1968 im Fernsehen wirklich viel besser aus als 1960.

Andy Warhol ertrinkt (1969)

Die Pop-art hielt 1962 in den USA ihren Einzug mit den Werken von Jasper Johns, Roy Lichtenstein, James Rosenquist, Robert Indiana – und Andy Warhol, dessen Bild von Campbell-Suppendosen zum Symbol dieser Bewegung wurde. Pop-art war ein Kind des Dadaismus (aber weniger talentiert als sein Vater). Sie verwendete »populäre« Kunst wie zum Beispiel Plakate, Markensymbole, Comics oder Drucke, um ihre »Statements« zu machen.

Ich habe Andy immer für einen mutigen Innovator und klugen Kopf gehalten, der jedoch meilenweit von einem Marcel Duchamp oder einem Man Ray entfernt war. Ihm fehlte deren außergewöhnliche künstlerische *Vision*. Allerdings zweifelte ich keineswegs an Warhols

Talent, sich großartig in Szene zu setzen. Jeder, der sich mit einer Campbell-Suppendose und einer Brillo-Schachtel zum Superstar aufschwingen kann, entspricht zwar nicht unbedingt meiner Definition eines Rembrandt, ist aber zweifelsohne ein fähiger Mensch. Als *Esquire* einen Artikel zum Thema »Der endgültige Niedergang und völlige Zusammenbruch der amerikanischen Avantgarde« plante, beschloß ich, Andy Warhol in seiner eigenen Suppe ertrinken zu lassen. Er wußte, daß dies eine wohlgemeinte Parodie seines ursprünglichen Anspruchs auf Ruhm war, aber dennoch genoß er seine Berühmtheit so sehr, daß er die Gelegenheit begrüßte, landesweit auf dem Cover einer Zeitschrift zu erscheinen. Als wir Andy jedoch in eine riesige Dose seiner Lieblingssuppe fallen ließen, hätten wir ihn beinahe verloren.

Leutnant William Calley (1970)

Als der Leutnant der Army William Calley auf seinen Prozeß wegen seiner Rolle im Massaker an vietnamesischen Zivilisten in My Lai wartete, wollte *Esquire* einen Auszug aus John Sacks Buch *The Confessions of Lieutenant Calley* abdrucken.

»Kein leichter Brocken für ein Titelblatt«, sagte Harold Hayes. »Bis zur Entscheidung des Militärgerichts gilt er als unschuldig. Lassen Sie lieber die Finger davon.« Aber ich bestand auf meinem Vorschlag und fragte, ob wir Calley nach New York locken könnten.

»Sack kann das vielleicht«, meinte Hayes, »aber es kommt darauf an, was Ihnen vorschwebt.«

Ich erläuterte meine Pläne: »Wir werden ihn mit ein paar asiatischen Kindern fotografieren – ein Gruppenbild mit Calley in der Mitte. Er lächelt. Er hält eines der Kinder, ein Baby, auf seinem Knie. Ein Kind lehnt an seiner Schulter. Die anderen drängen sich offenbar dicht an ihn. Wer ihn für unschuldig hält, wird *das* als Beweis sehen. Wer ihn für schuldig hält, auch.«

Als der ruchlose Leutnant ins Fotostudio kam, beäugte er uns sehr argwöhnisch. Er war sich immer noch nicht sicher, ob er für die Fotos Modell stehen wollte. Ich brach das Eis mit Macho-Geplänkel über meine Erfahrungen im Koreakrieg, um ihn glauben zu machen, daß ich mit jedem Soldaten sympathisierte, der im Kampf »Schlitzaugen« töten mußte – und so gewann ich ihn für unser Projekt. Wir machten Fotos, auf denen Calley schamlos lächelnd mit den asiatischen Kindern posiert. Als ich Hayes die fertigen Abzüge schickte, ließ er mich wissen, daß seine Mitarbeiter erschüttert waren. »Die meisten finden es *abscheulich*, aber die intelligenten sind begeistert davon«, sagte er.

»Wollen Sie einen Rückzieher machen?« fragte ich.

»Nein«, sagte Hayes, »seit dem Weihnachtsmann war keines Ihrer Titelblätter so skandalös wie dieses. Wir werden Anzeigenkunden und Abonnenten verlieren, aber mir bleibt keine andere Wahl. Wenn ich das nicht mache, kann ich nie wieder schlafen. Dieses Titelbild enthält die Essenz von *Esquire*.«

Das Foto erschien. Wer Calley für unschuldig hielt, sagte, *das* sei der Beweis dafür. Wer ihn für schuldig hält, sagte, *das* sei der Beweis dafür. Viele, die ihn für schuldig hielten, fanden das Foto absolut verabscheuungswürdig. Während eines Vortrags an einer Universität bat Hayes die Studenten um ihre Stellungnahme zum Calley-Titel. Ein Student nannte das Foto den Kommentar des Jahrhunderts. Nur einer.

Artefakte der sechziger Jahre

Die sechziger Jahre waren eine stürmische Dekade, eine explosive Mischung aus neuen Trends, alten Dummheiten, demographischen Umwälzungen und dem zu stark gewürzten Potpourri aus neuer Politik, neuer Kunst, neuen Jugendlichen, neuen Narzißten und neuen Frauen. *Esquire* befand sich im Auge dieses Sturms, und mit Harold Hayes als Kopiloten genoß ich jede Minute. Jeder Monat verlangte nach einem neuen Dolchstoß, einer neuen Impertinenz.

Als ich in Übertreibung eines Artikels mit dem Titel »Filme, die neue Religion« eine Kinoanzeigetafel für *Easy Rider* über den Haupteingang der St. Patrick's Cathedral kopierte, bekreuzigte sich Harold Hayes und stellte sich den Kritikern.

Als Roy Cohn, die ehemalige rechte Hand von Senator Joseph McCarthy, aus Selbstsucht ein Buch über die Anhörungen McCarthys gegen die Armee veröffentlichte und Auszüge daraus in *Esquire* erschienen, drehte sich mir wirklich der Magen um. Cohn war einer der übelsten Drahtzieher der McCarthy-Ära, der vielleicht grauenhaftesten Zeit in der langen, stolzen Geschichte der amerikanischen Demokratie. In Erinnerung an die Verirrungen McCarthys, der in unserem Land die Möglichkeit eines alle mundtot machenden Faschismus eröffnete, fotografierte ich Cohn mit einem Heiligenschein aus Rauschgold, den Carl Fischer sichtbar hinter seinem Kopf befestigte. Cohn bemerkte diese vernichtende Ironie nicht und posierte gerne.

Als er das Studio verließ, sagte er: »Ich wette, Sie werden das häßlichste aussuchen.«

»Darauf können Sie Gift nehmen«, gab ich zurück.

Obwohl wir ihn als Idioten hinstellten, freute sich Cohn ungeheuer über die Publicity. Für die Termite Cohn bedeutete das Ego einfach alles.

Als Svetlana Stalin Furore machte, berichtete *Esquire* über ihre seltsamen religiösen Marotten und den Hintergrund ihres gerade erschienenen Manuskripts über das Leben mit ihrem Vater. Die amerikanische Presse hatte diese gewöhnliche, langweilige Unperson in eine bedeutende Persönlichkeit verwandelt. Alle Frauenzeitschriften zeigten auf dem Titelblatt ein Foto von Stalins kleinem Mädchen mit dem gleichen widerlichen, engelhaften halben Lächeln, das Charakterschwäche und ein redigiertes Gedächtnis verriet.

Manche Zeitschriften verwendeten identische Abzüge dieses Fotos der vergötterten Svetlana Stalin. Mir gelang es, einen Originalabzug in die Hände zu bekommen. Ich griff nach einem Fettstift und schmückte Svetlanas Konterfei mit einem Schnurrbart. Auf einmal sah sie aus wie ihr alter Herr. (Es war mir ganz gleich, was ihr Vater getan hatte – und seine Taten übertrafen die Vorstellungen der Menschen vom Bösen –, aber meiner Meinung nach war seine Tochter eine Lügnerin!) Ich spielte damit visuell auf einen Kraftausdruck aus der in der Bronx üblichen Umgangssprache an: »*Your father's moustache!*« (»Der Schnurrbart deines Vaters!«)

In einer Ausgabe mit einem Sonderbericht zum Thema »Das Streben nach Glück« wollte ich den Lesern des *Esquire* zeigen, wie Aristoteles Onassis, der Mann, der alles – außer der Jugend – besaß, aussehen würde, wenn er *wirklich* alles hätte. In einer Fotomontage plazierte ich seinen Kopf auf den Körper eines Muskelprotzes. Er sah aus wie ein alternder griechischer Gott. Der gute alte Ari.

In einer *Esquire*-Ausgabe aus dem Jahr 1971 nahm die britische Feministin Germaine Greer den Chauvinisten Norman Mailer aufs Korn. Ich setzte Mailers Kopf auf den Körper eines an King Kong erinnernden Monsters, das die ernste, kleine Germaine wie eine Puppe in seinen Klauen hält. Als Mailer dieses Titelblatt zu Gesicht bekam, rief er Hayes an und forderte ihn zu einer Schlägerei heraus. Hayes bekam es mit der Angst zu tun und sagte, *George Lois* sei der Schöpfer dieses Titelbildes, an dem Mailer derartigen Anstoß nehme. Meine Telefonnummer nannte er ihm auch. Mailer rief daraufhin wutschnaubend bei mit an und forderte mich zu einem Faustkampf heraus. Ich willigte begeistert ein. Wir vereinbarten ein Treffen am Fuße der Statuen der Siegesgöttin Nike und General Shermans am Eingang zum Central Park. Ich wartete vergeblich auf ihn.

Drei Titelbilder widmete ich Muhammad Ali und protestierte jedesmal dagegen, daß er wegen seiner Weigerung, in einem ungerechten Krieg zu kämpfen, bestraft wurde. ... Ich zeigte auch die drei Märtyrer Amerikas – John Kennedy, Robert Kennedy und Martin Luther King – in einer Fotomontage, wie sie auf der geweihten Friedhofserde des Arlington National Cemetery standen. ... Wenige Tage nachdem der alternde Ed Sullivan den Amerikanern in seiner Fernsehshow die Beatles vorgestellt hatte, stand er mir mit einer Pilzkopfperücke und einem irren Grinsen Modell.

Auf meine eigene Art gab ich mit den Titelbildern zu *Esquire* unzensierte Kommentare zu ernsten Themen ab. In vielen Fotos verwendete ich respektlose, visuelle Gegenüberstellungen, die die Realität überzeichneten – man könnte sie sogar *surreal* nennen. »Ein Zola der Bildersprache«, pflegte Hayes über mich zu sagen. Die Titelbilder sorgten bei den Mächtigen für Empörung, verärgerten einige Anzeigenkunden und brachten eine gehörige Anzahl von Lesern zur Raserei – aber das ließ sich nicht vermeiden. Die Titelbilder von *Esquire* illustrierten den Wandel in Amerika und deckten unsere Scheinheiligkeiten auf. Manche Menschen schleppten ihre Ressentiments viele Monate lang mit sich herum. Der Mann, der in jenen glücklichen Tagen beim *Esquire* die Position des Werbeleiters innehatte, beklagte sich neunzehn Jahre später in der Zeitschrift *Adweek* darüber, daß der schwarze Weihnachtsmann dem Magazin einen Verlust in Höhe von 750000 Dollar beschert habe, da einige Anzeigenkunden aus den Südstaaten empört gewesen seien. In einer Gegendarstellung in der *Adweek* (5. Oktober 1981) schrieb Hayes: »Ich kann mir *Esquire* in den sechziger Jahren beim besten Willen nicht ohne George Lois vorstellen. Ich vermute, daß es den anderen, die sich heute daran erinnern, ähnlich geht. Man könnte daher sogar so weit gehen zu sagen, daß *Esquire* ohne dieses unnachahmliche Element nicht mehr *Esquire* gewesen wäre. Und wenn es *Esquire* nicht mehr gegeben hätte, wie hätte man damit einen Gewinn oder Verlust machen können?«

8

Politische Werbung

Die zündende Idee trifft mitten ins Herz

Großartige Werbung muß einen Bezug haben zur Welt, in der wir leben. Im Laufe der Jahre habe ich in meinen Arbeiten aus einem Reservoir von Mythen, Legenden und Bildern geschöpft, das aus den vielen Strömen und Bächen unserer Kultur und Gesellschaft gespeist wird. Die Politik ist eine üppige Quelle für Bilder und Metaphern – aber viele Jahre lang galten in Amerika nur Politiker der Republikanischen Partei in der Werbewelt als akzeptable Kunden, da die meisten Werbetreibenden und Agenturleiter als weiße, angelsächsische Protestanten Anhänger der Republikaner waren. In politischer Hinsicht hielten sich viele demokratische Werbeleute zurück, bis sich dank der kreativen Revolution die Türen der Madison Avenue auch für Nicht-WASPs öffneten und die Politik nicht länger als Ein-Parteien-Spiel galt. Die Höhe der durch die politische Werbung beider Parteien erzielbaren Umsätze lockte zudem viele ansonsten politisch neutrale Agenturen an, die normalerweise Politiker nicht in ihre Kundenliste aufgenommen hätten.

Ich arbeite seit über fünfundzwanzig Jahren für Politiker. Die meisten davon waren Demokraten, aber ich hatte auch einige Republikaner, die sich jedoch wie Demokraten verhielten, unter meinen Kunden. Bevor ich meine Meinung zu den Grundsätzen der politischen Werbung darlege, möchte ich meine Referenzen angeben und einen Überblick über meine vier erfolgreichen Werbekampagnen (aus einer Gesamtzahl von vier) bei Wahlkämpfen um den amerikanischen Senat geben:

Jacob Javits (R). Amtierender Senator für New York, der sich 1962 zur Wiederwahl stellte. Sein Ziel war eine Mehrheit von 500000 Stimmen, um gut dazustehen. Er gewann mit einer Mehrheit von 979000 Stimmen.

Robert F. Kennedy (D). Kandidierte gegen den Amtsinhaber Kenneth Keating (R) im Jahre 1964 im Bundesstaat New York, wo Kennedy als »Ämterjäger« aus Massachusetts und als »rücksichtslos« attackiert wurde. Kennedy gewann mit einer Mehrheit von 720000 Stimmen.

Warren G. Magnuson (D). Kandidierte im Bundesstaat Washington um eine vierte Amtszeit im Senat. Magnuson, der als alt, verbraucht und sogar senil bezeichnet wurde, galt als sicherer Verlierer gegen seinen jungen, attraktiven Herausforderer. Er gewann 1968 65 Prozent der Stimmen, die viertgrößte Mehrheit in 32 anstehenden Rennen um den Senat.

Hugh Scott (R). Kandidierte 1970 um eine fünfte Amtszeit in Pennsylvania. Er benötigte einen deutlichen Sieg mit einer Mehrheit von mindestens 100000 Stimmen, um Minderheitsführer im Senat zu bleiben. Nach 32 Jahren im Senat kannten ihn nur 55 Prozent der Wähler. Er gewann mit einem Polster von 220000 Stimmen, während der beliebte Kandidat für das Amt des Gouverneurs, Milton Shapp (D), eine Mehrheit von 900000 Stimmen errang – mehr als eine Million Wähler machten also eine Kehrtwendung.

Diese vier siegreichen Rennen um den Senat spiegeln meine Überzeugung wider, daß die beste politische Werbung – wie auch die beste *Produkt*werbung – entwaffnend ehrlich sein muß. Jacob Javits, ein fester Bestandteil der politischen Szene New Yorks, wurde langsam alt, bekam eine Vollglatze und setzte Speck an. Ich machte ein Wahlkampf-Foto des Senators, um mit der Kamera seine präsidiale Stärke einzufangen, ohne die Warmherzigkeit seiner vornehmen Züge zu vernachlässigen und ohne zu versuchen, den wirklichen, alternden Javits zu verbergen. Allen gefiel mein Foto, nur Mrs. Javits nicht. Sie war eine rechthaberische, eiserne Lady. Das Foto fand sie abscheulich. »Er sieht darauf *alt, glatzköpfig* und *fett* aus«, sagte sie angeekelt zu mir. »Mrs. Javits«, antwortete ich. »Ich muß Ihnen eine Neuigkeit mitteilen. Ihr Mann *ist* in gewisser Weise alt, glatzköpfig und fett.«

Wir waren nicht bemüht, »ein Image aufzubauen« oder »ein Stück Seife zu verkaufen«. Wir zeigten den Senator, wie er mit Menschen sprach und spontan deren Fragen beantwortete. Einen Kandidaten glaubwürdig als Menschen aus Fleisch und Blut darzustellen war 1962 eine unerhörte Neuerung – bislang hatte das noch niemand versucht. Javits eignete sich ideal für diese Vorgehensweise. Er war zäh, er war einfühlsam, und er war möglicherweise der bestinformierte Senator in den Vereinigten Staaten. In jener Epoche zeigten die üblichen Fernsehspots für Politiker einen Kandidaten am Schreibtisch, wie er steif eine vorformulierte Rede vortrug. Neben seinem Tisch stand deutlich sichtbar eine amerikanische Flagge. Im Wahlkampf für Javits bombardierten wir die Zuschauer mit Cinéma Vérité, mit lebensechten Bildern. 1962 war allein diese Vorgehensweise eine zündende Idee!

Robert Kennedy war während seines Wahlkampfs auf Schritt und Tritt Angriffen gegen seine Integrität und seine Beweggründe ausgesetzt. Einige der heftigsten Salven feuerten liberale Demokraten ab, die sich an seine Rolle als junger, bissiger Anwalt für Senator Joe McCarthys Ausschuß erinnerten. Wie auch in der Kampagne für Javits präsentierten wir den wahren Bobby: Wir filmten ihn beim Meinungsaustausch mit Pendlern auf der Staten-Island-Fähre, mit Hausfrauen in Einkaufszentren und mit Schwarzen in einem Sozialwohnungsblock in Harlem. Er mußte auf harte Fragen eingehen und oft tief in seinem Inneren nach einer Antwort suchen – und manchmal sah man ihm an, wie er sich abmühte, ein unehrliches Comeback zu vermeiden. Wir nahmen bei derartigen Gesprächen kilometerlange Filmrollen auf. Alle waren sie spontan, und wir machten daraus dann TV-Spots, die Robert Kennedys wahres Gesicht zeigten: ein intelligenter, verständnisvoller, sensibler Mann, dem das Wohl der Menschen am Herzen lag und der in den Wahlkampf neue Ideen einführte.

Er liebte es, Äschylus zu zitieren, aber auch Archimedes kramte er gerne hervor. »Aus meiner Zusammenarbeit mit Präsident Kennedy habe ich eines gelernt«, pflegte er zu sagen. »Nämlich, daß ein Mann einen Unterschied machen kann. Wie Archimedes einmal sagte: ›Gib mir einen Punkt, wo ich hintreten kann, und ich bewege die Erde.‹« Dann zeigte er der Menge seine Faust mit siegreich erhobenem Daumen.

Einmal fragte er mich: »Wie ist Archimedes heute angekommen?«

»Mir gefällt das Zitat«, sagte ich. »Zumal, weil es von einem meiner Vorfahren stammt. Aber dieser Schuß könnte vor dem falschen Publikum nach hinten losgehen.«

Ein paar Tage später erzählte mir Bobby, er wolle Bedford-Stuyvesant, das Schwarzenviertel in Brooklyn, besuchen, und bat mich, ihn zu begleiten. »Sehr gerne«, erwiderte ich. »Ich hab' dort gelebt; ich hab' dort Ball gespielt.« Im Auto sagte ich zu ihm: »Bobby, verzichten Sie in Bed-Sty auf diesen Archimedes-Mist.« Er war verärgert und bezichtigte mich der Negerfeindlichkeit. »Ihr alter Herr war ein rechter Reaktionär«, erwiderte ich, »und Sie wagen es, *mir* Vorurteile in die Schuhe zu schieben!« Wir sprachen bis Brooklyn kein Wort mehr miteinander, während Kennedys Schwager Steve Smith (sein Wahlkampfleiter) neben uns sich das Lachen verbeißen mußte. An einer großen Kreuzung in Bedford-Stuyvesant wartete eine riesige Menschenmenge auf Bobby. Nachdem der Kandidat ein paar Minuten geredet hatte, packte er sein Archimedes-Zitat aus und zeigte dem Publikum selbstbewußt den erhobenen Daumen. Die Menge auf der Straße starrte ihn verständnislos an. Ich stand inmitten der Zuhörerschar, der einzige Weiße in einem Meer schwarzer Gesichter. Mit ausgestreckter Faust und nach oben gerichtetem Daumen ließ Bobby auf der Suche nach einem wissenden Nikken vom Lautsprecherwagen aus einen prüfenden Blick über die Menge schweifen. Keine Reaktion. Als er mein weißes Grinsen sah, drehte er langsam seinen Daumen nach unten. Steve Smith wäre um ein Haar vom Podium gefallen.

In den letzten Stunden des Wahlkampfs, als wir unseren entscheidenden Zwanzig-Sekunden-Spot zeigten (»*Wer von den Kandidaten für den US-Senat ... hat wohl eine bessere Chance ... ein großer US-Senator zu werden? ... Ein großer US-Senator.*«), baten wir die Wähler, dieses hartnäckige, ja sogar leidvolle Engagement des Sohns eines reichen Mannes für das Wohl der Allgemeinheit anzuerkennen. Und sie taten es.

Wir erleben heute ein neues Zeitalter in der Politik, in dem die politische Werbung durch Angriffe und Gegenangriffe gekennzeichnet ist. Lassen Sie mich eine lehrreiche Geschichte über einen Präventivschlag erzählen, der den Gang der Präsidentschaftswahlen hätte verändern können.

Im Frühjahr 1988, als George Bush und Michael Dukakis gerade in den Ring der Vorwahlen für die Präsidentschaftskandidatur stiegen, erhielt ich einen Telefonanruf von Herb Miller, einem Geschäftsmann aus Washington, der auch ein hohes Tier bei den Demokraten war. Er drängte mich, für ein Konzept namens »*Teamwork Economics*« zu werben – ein Programm zur Stärkung der Wirtschaft, entwickelt von einer der Washingtoner Denkfabriken, in dem es allerdings von intellektuellem Fachjargon nur so wimmelte.

Wir hielten es für das beste, das Thema Wirtschaftspolitik in einer harten Kampagne zu beleuchten und George Bushs Kehrtwendung in den Vordergrund zu stellen. Der Kandidat Bush hatte einst Reagans

Wirtschaftspolitik als »*Voodoo Economics*« gebrandmarkt und war inzwischen zu einem ihrer wichtigsten Befürworter geworden.

In unserer Kampagne stellten wir die »Teamwork-Ökonomie« der »Voodoo-Ökonomie« gegenüber. Damit wollten wir jedermann daran erinnern, daß Reagans Programme uns Schulden, Defizite und soziales Elend beschert hatten. Unser Grundthema lautete »*Voodoo Economics ... or ... Teamwork Economics*«. Danach folgte als Unterslogan: »*Veto the Voodoo*«.

Die Probeversion eines Fernsehspots enthielt die wesentlichen Elemente unserer Botschaft: »*Ganz gleich, wen die Demokraten als Präsidentschaftskandidaten nominieren ... er wird der Voodoo-Ökonomie ein Ende bereiten müssen, die das größte Defizit in der Geschichte unserer Nation verursacht hat! Wir brauchen eine von Teamwork geprägte Wirtschaftspolitik: eine Koalition aus Kapital, Arbeit und Technik, um unsere Wirtschaft neu zu strukturieren und einen stetigen Anstieg des Lebensstandards für alle Amerikaner zu gewährleisten! Legen Sie Ihr Veto gegen Voodoo ein.*«

In einem anderen Spot hörte man den Klang der Voodoo-Trommeln. Es erscheint ein Medizinmann, der sich in George Bush verwandelt. Der Text beginnt so: »*Seit acht Jahren steht Amerika im Banne einer Wirtschaftspolitik, die der republikanische Präsidentschaftskandidat als Voodoo-Ökonomie bezeichnete!*«

Zur Verwendung in Hörfunk- und Fernsehspots präsentierten wir auch ein »Liebeslied für Vizepräsident George Bush«, eine Bearbeitung des klassischen Cole-Porter-Songs »You Do Something to Me«. Der Text lautete: »*You did something to me, something that simply mystifies me. Tell me why it should be you have the power to hypnotize me. For our economy you'll do that voodoo that you named so well.*« (Du hast etwas mit mir gemacht, das mir unerklärlich ist. Sage mir, warum ausgerechnet du die Macht haben solltest, mich zu hypnotisieren. Für unsere Wirtschaft setzt du diesen Voodoo-Zauber ein, den du selbst so treffend bezeichnet hast.)

Die Parteioberen waren begeistert; es wurde ein Treffen mit Paul Kirk, dem Vorsitzenden des Nationalausschusses der Demokraten (DNC), in der DNC-Zentrale vereinbart. Kirk O'Donnell, der sich bald Dukakis' Stab anschließen sollte, war ebenfalls anwesend. Meine Präsentation nahm Bob Squier (politischer Berater des Democratic National Committee) auf Video auf, damit sie landesweit bei Aktionen zur Spendenbeschaffung gezeigt werden konnte. Kirk und O'Donnell lobten meinen Vortrag in den höchsten Tönen, aber als Dukakis sich auf dem Weg zur Nominierung befand, hatte er in Sachen Werbung das letzte Wort. Die »Voodoo-Kampagne« fiel entweder seinem Veto zu Opfer oder wurde nicht beachtet.

Kurz nach seiner Nominierung gaben Meinungsumfragen Dukakis einen siebzehnprozentigen Vorsprung vor Bush. Angesichts dieses trügerischen Polsters ließ Dukakis Werbung Werbung sein. Seine Mitarbeiter waren nicht gerade entzückt über meine Kommentare gegenüber der *Newsday* (24. Juli 1988): »›Sie sollten Bush an dem Tag, an dem die Nationalversammlung zu Ende geht, die Augen auskratzen‹«, zitierte mich das Blatt. »›Sie legen besonderen Wert auf Zurückhaltung und Abwehr [von Bushs Werbung] ... Ich habe schlagkräftige Ideen und wirkungsvolle Bilder‹, sagte Lois und äußerte sein Bedauern darüber, daß er trotz seiner griechischen Abstammung und seiner demokratischen Referenzen in diesem Wahlkampf außen vor gelassen wurde. ›Die wollen sich kein Bein ausreißen. *Also schleichen sie wie die Katzen um den heißen Brei und zeigen langweiliges Zeug, das keinerlei Überzeugungskraft besitzt. Wenn sie so weitermachen, werden sie zur Seite gepustet werden* [meine Hervorhebung]‹, prophezeite er.«

Der Dukakis-Stab sah das als Beweis dafür an, daß ich einen Pfeil auf Bushs Herz abgeschossen hätte, daß ich für einen raschen Präventivschlag war – und so einen wollten sie nicht in ihren Reihen haben. Ihre Strategie zielte darauf ab, Dukakis das majestätische Image eines sicheren Gewinners zu verleihen, der Bush während seines gesamten Wahlkampfs einfach ignorierte. Nachdem sich sein Vorsprung von 17 Punkten in Luft aufgelöst hatte, ergriff Dukakis in bezug auf die Werbung Erste-Hilfe-Maßnahmen – und schoß prompt ein doppeltes Eigentor, als er sich als Panzerfahrer filmen ließ und dabei wie einer der »Peanuts« aussah.

Die »Voodoo«-Kampagne hätte einiges zur Bewahrung der Überlegenheit von Dukakis beitragen können und hätte Bush und seinem Wahlkampf psychologische Wunden zugefügt. Selbst der Spot über Willie Horton[1] hätte gegen einen aggressiv kämpfenden Dukakis einen Teil seiner heimtückischen Macht verloren, wenn der Kandidat der Demokraten Bush ab dem Zeitpunkt seiner Nominierung an dessen schwächster Stelle angegriffen hätte. Auf diese Weise hätte Dukakis das Tempo und die Impulse während des verbleibenden Wahlkampfs bestimmen können. Die »Voodoo«-Kampagne hätte Dukakis auch gezwungen, Aggressivität und Härte zu zeigen. Statt dessen betonte der Kandidat seine griechischen Wur-

1 Der Schwarze Willie Horton vergewaltigte während seines von Dukakis befürworteten Freigangs eine weiße Frau, was die Republikaner in einem Wahlkampfspot weidlich ausschlachteten.

zeln und verkannte, daß es den Amerikanern widerstrebte, einen Angehörigen einer ethnischen Minderheit ins Weiße Haus zu wählen.

Ob es uns gefällt oder nicht, Werbung ist zufällig die einzige Möglichkeit, die einem Kandidaten oder einer Kandidatin offensteht, wenn sie mit ihren Tugenden Wähler an sich binden wollen. Wenn es nicht richtig ist, einen politischen Kandidaten zu verkaufen, dann ist es auch nicht rechtens, ein Stück Seife an den Mann oder die Frau zu bringen. Vielleicht ist es nicht richtig, *überhaupt etwas* zu verkaufen, aber ich lebe in Amerika und nicht auf dem Mond. Also sollte man diesem Prozeß freien Lauf lassen.

Auf der kreativen Ebene haben die meisten Werbeleute eigentlich nie wirklich verstanden, worum es in der Politik geht, während diejenigen, die wußten, was Sache war, nicht schnell genug handeln konnten. Man muß die Lage eines Kandidaten aus dem Bauch heraus verstehen und dann einfallsreiche und schlagkräftige Antworten finden, und man muß *schnell* denken und handeln, damit man sein instinktives Gefühl am nächsten Tag in den Medien umsetzen kann.

Erfolgreiche politische Werbung verdeutlicht den Wählern die wesentlichen Charakterzüge des Kandidaten – oder seines Gegners. (Die »Voodoo«-Kampagne brachte die innenpolitische Richtungslosigkeit von George Bush auf den Punkt, die später in seinem Geschwafel über das bedrohliche Defizit ihren Niederschlag fand.) Wenn die Werbung der Wahrheit entspricht, setzen Sie auf den inneren Anstand der Menschen, daß ihnen das, was sie sehen oder hören, auch gefällt – oder, in bezug auf den gegnerischen Kandidaten, mißfällt. Politische Werbung muß wahrheitsgetreu, glasklar und entschlossen sein – und muß schnell produziert werden. Ich möchte Ihnen meine zehn Geheimnisse für politische Werbung mitteilen, mit denen man Wahlen gewinnen kann:

1. Glauben Sie an Ihren Kandidaten. (Wenn Sie den Kandidaten oder die Kandidatin für einen Schweinehund halten, es aber auf sein bzw. ihr Geld abgesehen haben, dann sind *Sie* der Schweinehund.)
2. Konzentrieren Sie sich unverzüglich auf die wesentlichen Merkmale des Kandidaten. (Wenn Sie das nicht in zehn Sekunden schaffen, dann genügen Ihnen auch fünf Minuten nicht.)
3. Erkennen Sie den Unterschied zwischen Image und Substanz, und verwechseln Sie diese beiden Elemente nicht. (Wenn Sie glauben, es ginge darum, »ein Image aufzubauen«, dann setzen Sie auf das falsche Pferd.)

4. Die ganze Kampagne muß sich auf eine phantastische, ja sogar umwerfende *Idee* stützen. (Der *Slogan* ist wichtig, aber wenn keine atemberaubende Idee dahintersteht, ist er das Papier nicht wert, auf dem er gedruckt ist.)
5. Gute Ideen stehen in unmittelbarem Zusammenhang mit Ihrer Definition des Kandidaten. (Die Wahrheit über Ihren Kandidaten kann nur dem Gegner schaden.)
6. Die Wahrheit ist mächtiger als Klischees. (Verwenden Sie menschliche Worte, und zeigen Sie Ihren Kandidaten als Menschen.)
7. Halten Sie keine Reden. (Werbung ist nicht der richtige Platz für ausladende rhetorische Floskeln.)
8. Werben Sie im Fernsehen. Wenn der Etat dafür nicht ausreicht, sollten Sie lautstark eine weitere Finanzspritze fordern. (Sie müssen dafür sorgen, daß der Name Ihres Kandidaten in aller Munde ist.)
9. Das gesamte Werbematerial (vom TV-Spot über Zeitungsanzeigen bis hin zu Flugblättern und Aufklebern) sollte Ihre Hauptidee betonen.
10. Verlangen Sie Vorauskasse für die Mediaplazierung. (Nach dem Wahlkampf hat sogar der Sieger Schwierigkeiten, das nötige Kleingeld zu beschaffen.)

9

Wie man soziale Anliegen verkauft

Werbung für gemeinnützige Zwecke aus der Sicht eines Nonkonformisten

Werbeagenturen brüsten sich gerne mit ihrem sozialen Engagement für wohltätige Zwecke. Fernseh- und Rundfunksender nehmen solche Werbung kostenlos ins Programm. Die Agentur erhält keine Provision, kein Honorar. Theoretisch arbeiten alle für das Wohl der Allgemeinheit. Die Medien sind voll von derartigen Botschaften für das Rote Kreuz, United Fund, Drug Free America, für die Obdachlosen, für den Gang zur Wahlurne und andere Initiativen, mit denen sich Werbeagenturen Ehrbarkeit erkaufen, ohne Staub aufzuwirbeln. Solche Kampagnen stellen niemals den Status quo in Frage oder machen Unrecht wieder gut. Alle sind sich einig, daß hinter solchen Kampagnen hehre Ziele stehen, aber ganz gleich, wie kompetent oder einfallsreich diese Werbung auch sein mag, sie führt nur in den allerseltensten Fällen zu gesellschaftlichen Fortschritten. (Einige gemeinnützige Kampagnen, die sich gegen klar vorhersehbare Gefahren – wie beispielsweise die Folgen des Rauchens – wenden, sind Ausnahmen, da sie in der Bevölkerung eine Verhaltensänderung bewirken können.) In den meisten Fällen übernehmen Werbeagenturen solche Auftrage für wohltätige Zwecke, um sich wichtig zu machen, um sogenannte »kreative« Preise einzuheimsen oder um die Kundenliste um einen prestigeträchtigen Namen zu erweitern.

Für dieses Spiel bin ich zu dumm. Ich unterstütze soziale Anliegen mit meiner Arbeit, wenn ich fest daran glaube, daß ich durch den Einsatz meiner Energie oder meines Talents dazu beitragen kann, ein Unrecht wiedergutzumachen oder die Aufmerksamkeit auf einen Mißstand in unserer Gesellschaft zu lenken. Diese Anliegen sind immer unpopulär und »kontrovers« – und alle anderen Agenturen machen um sie einen weiten Bogen. Schließlich könnte ja den Kunden dieses Engagement mißfallen, so daß sie der Agentur kündigen. Es ist weitaus sicherer, für Nancy Reagans Tiraden zu werben, in denen sie die Jugendlichen auffordert, einfach nein zu Drogen zu sagen (*»Just Say No«*), damit man sich dann ruhigen Gewissens schlafen legen kann.

Für mich ist Werbung eine schlagkräftige Waffe, die einen Wandel in der Gesellschaft herbeiführen kann. Wenn ich mit einer Situation konfrontiert bin, in der ein grundlegendes Unrecht ignoriert wird, dann koche ich innerlich wegen dieser Ungerechtigkeit, und ich möchte etwas dagegen unternehmen. Ich habe mich für eine vernünftige Atompolitik, für demokratische Flüchtlinge aus einem faschistischen Land, für einen Mann, der sich heldenhaft einem ungerechten Krieg widersetzte, und für einen anderen, der zu Unrecht im Gefängnis saß, eingesetzt. Ganz im Gegensatz zur herkömmlichen Annahme haben sich die meisten meiner Kunden nicht an meinem leidenschaftlichen Engagement für diese Ziele gestört, sondern ihrer Werbeagentur Bewunderung gezollt, weil ihr Prinzipien mehr galten als der Profit. (Ich sage »die meisten«. Ein Kunde forderte mich auf, meine Arbeit für eine unpopuläre Sache einzustellen, da er mir andernfalls kündigen werde. Ich tat ihm den Gefallen nicht; er feuerte mich.)

Bevor 1963 der Atomwaffensperrvertrag geschlossen wurde, bedrohten die amerikanischen und russischen Nukleartests in der Atmosphäre den Fortbestand des Lebens auf unserem Planeten. Das Committee for Sane Nuclear Testing (SANE) warnte die Öffentlichkeit in sachlichen, von Nobelpreisträgern verfaßten Berichten vor der wachsenden Anzahl von Geburtsfehlern infolge radioaktiven Niederschlags. Wir entwarfen ein U-Bahn-Poster mit einer hochschwangeren Frau – meiner damaligen Sekretärin Diane Shugrue Gallagher. Die Headline dazu lautete:

> *1¼ Millionen ungeborene Kinder werden wegen der Atomwaffentests tot oder mit einer schweren Behinderung zur Welt kommen.*

Für seine Warnungen vor den Gefahren für ungeborene Kinder wurde einer der Vorsitzenden der Organisation, Dr. Benjamin Spock, mit dem Vorwurf belohnt, ein kommunistischer Sympathisant zu sein. Obwohl die McCarthy-Ära in den USA bereits der Vergangenheit angehörte und der aufgeklärte John F. Kennedy im Weißen Haus regierte, eskalierte der kalte Krieg, und die Stimmung im Land wurde von abscheulichem politischen Fanatismus vergiftet. Die Ära McCarthy hatte eine Atmosphäre der Paranoia und der Furcht hinterlassen. Proteste

gegen Atomwaffentests wurden als »Friedenspropaganda« verunglimpft. (Das war die »gute alte Zeit!«) Mein Plakat zeigte die Silhouette meiner schwangeren Sekretärin. Das Foto sah aus wie ein Heiligenporträt im Stil des Florentiner Malers Pollaiuolo aus dem fünfzehnten Jahrhundert. Es zwang die Vorbeigehenden, darüber nachzudenken, wie schrecklich es wäre, wenn das Kind *dieser* Frau wegen der unsinnigen Machenschaften der damaligen Zeit mit einer Behinderung zur Welt käme.

Nach der Veröffentlichung dieses Plakats erhielt ich monatelang Drohbriefe. Die meisten davon waren anonym. Wer sich für SANE einsetzte, hätte genausogut eine rote Flagge schwenken können. Heute, etwa drei Jahrzehnte nach Unterzeichnung des Atomwaffensperrvertrags, erscheint es unbegreiflich, daß Proteste gegen radioaktiven Fallout überhaupt solche Extremreaktionen hervorrufen konnten. Im Jahr 1962, als diese üble Gefahr Realität war, gingen nicht gerade viele von der Madison Avenue auf die Barrikaden. (Diane Shugrues Kind kam gesund zur Welt. Später bekam sie noch drei weitere, ebenfalls gesunde Kinder. Als alle vier erwachsen waren, schloß sie sich dem Friedenskorps an. Was für eine Frau!)

Als 1967 in Griechenland eine Militärjunta die Macht an sich riß und dieses wunderbare Land sieben Jahre lang im Blut und im Unrat des Faschismus zu ersticken drohte, waren sich die meisten Amerikaner dieser Tragödie kaum bewußt oder standen ihr sogar gleichgültig gegenüber. Die Mitglieder der Junta warfen ihre Gegner ins Gefängnis und folterten sie; die Zahl der politischen Gefangenen nahm tagtäglich zu, und Konzentrationslager verunstalteten die Wiege der Demokratie.

In jenen dunklen Jahren hörten nur wenige Menschen in den USA die Schmerzensschreie der Griechen, obwohl Amnesty International, der Europarat, die Internationale Juristenkommission und die Parlamente Norwegens, Dänemarks, Belgiens, Italiens, der Niederlande und Großbritanniens die Folter, die Konzentrationslager und die Mißachtung der Menschenrechte dokumentierten und verurteilten. Bedauerlicherweise äußerten sich die Vereinigten Staaten überhaupt nicht. Als wäre nichts geschehen, besuchte der amerikanische Vizepräsident Spiro Agnew das Dorf seiner Vorfahren in Griechenland, und der Tourismus aus den USA florierte in jenen dunklen Jahren des Militärregimes. Viele Amerikaner griechischer Abstammung ignorierten wie Agnew das grausame, kriminelle Gesicht des Faschismus in Griechenland, wo immer mehr heroische Bürger eingekerkert wurden, weil sie sich der Junta widersetzt hatten.

Der Nordamerikanische Hilfsfonds für Griechenland bat mich, für eine Spendenaktion zu werben, damit diese Gefangenen und ihre Familien am Leben erhalten werden konnten. Ich konzipierte eine Zeitungskampagne, mit der ich zur Unterstützung der Familien politischer Häftlinge aufrief. Zwei meiner tiefempfundenen Botschaften möchte ich hier zitieren. Der Text der ersten Anzeige lautete: *»Weinen Sie um Griechenland. Um das arme, verratene Griechenland. Die freie Meinungsäußerung ist tot. Die Presse ist tot. Die Freiheit ist tot.«* Eine zweite Anzeige: *»In Griechenland gibt es Folter, Tyrannei, Konzentrationslager. Was für ein herrliches Urlaubsland.«*

Während der letzten Jahre des Militärregimes traf ich gelegentlich wohlhabende, einflußreiche Griechen auf ihren Reisen nach Amerika. Nicht selten fragten sie mich, warum ich dem Land meiner Vorväter so hartnäckig »Schaden zufüge«. Die Kampagne *»Weep for Greece«* hatte offenbar die beabsichtigte Nebenwirkung erzielt: Es waren nicht nur Spendengelder eingegangen; sondern sie hatte bei den Touristen auch Zweifel an der moralischen Vertretbarkeit von Reisen in dieses Land geweckt. Der Alptraum der Militärregierung ging 1974 zu Ende, als in Griechenland die Demokratie wiederhergestellt wurde.

Ich habe mich häufig gefragt, warum so wenige Amerikaner um Griechenland weinten. Warum, dachte ich oftmals voller Traurigkeit, haben so wenige Amerikaner griechischer Abstammung, insbesondere aus der Welt der Werbung, freiwillig ihr Talent und ihre Energie zur Verfügung gestellt, um den Opfern des griechischen Faschismus zu helfen? Gehören Werbeleute einer so labilen, unsicheren Gruppe an, daß sich niemand für Gerechtigkeit einsetzt aus Furcht, die Mächtigen zu verärgern? Der Weg zum Heil ist nicht mit Anzeigen für Organisationen wie United Fund gepflastert. Sechs Jahre lang stand der Nordamerikanische Hilfsfonds für Griechenland auf meiner Kundenliste. Bis zum heutigen Tag erfüllt mich die Tatsache, daß ich für diesen unbedeutenden »Kunden« gearbeitet habe, mit mehr Stolz als meine Tätigkeit für Xerox, Braniff oder MTV.

Frühwarnung gegen den Vietnamkrieg

Meiner Ansicht nach werden die wertvollsten Werbemaßnahmen letzten Endes zu *politischen* Stellungnahmen. Wer die Maßnahmen der Regierung seines Landes kritisieren möchte, kann keine nichtssagende Wohltätigkeitskampagne entwerfen. Umgekehrt kann gemeinnützige Werbung niemals eine *Protestaktion* sein, denn die Fernsehanstalten gehen in Deckung, sobald sie auch nur den Hauch eines Engagements für eine bestimmte Position erspähen. In meiner Rolle als »Titelblattleitartikler« für *Esquire* konnte ich jedoch ohne Einschränkungen meiner Meinung Ausdruck verleihen, vor allem hinsichtlich der Schrecken des Vietnamkrieges. Für mich war das seit den ersten Kriegstagen ein wichtiges Anliegen (als Veteran aus dem Koreakrieg bin ich Experte in Sachen häßlicher Kriege). Doch anscheinend kümmerte dieses Problem die meisten Amerikaner nicht. Für die Weihnachtsausgabe 1963 schickte ich Harold Hayes ein Cover, das eine Großaufnahme des Gesichts des hundertsten in diesem Krieg gefallenen GI zeigte. Der Text lautete: *Der hundertste in Vietnam getötete Amerikaner.*

Dieses Titelbild erschien niemals, da die Sache in Vietnam zu jener Zeit noch kein Gewicht hatte. Man sprach von einem möglichen Waffenstillstand an Weihnachten, der zu einem Ende der Kampfhandlungen führen könnte. Der hundertste GI war nie auf dem Titelblatt zu sehen – und die gepriesene Waffenruhe an Weihnachten erwies sich als Trugbild. Als sich die Amerikaner 1974 wie geprügelte Hunde aus Vietnam zurückzogen, war die Zahl der im Kampf getöteten oder vermißten US-Soldaten auf über 58 000 angestiegen.

Kindermord in einem ungerechten Krieg

1966 gab *Esquire* bei dem Autor John Sack einen Bericht in Auftrag, der das Schicksal einer Infanteriekompanie vom Ausbildungslager in Fort Dix bis zum Fronteinsatz in Vietnam verfolgen sollte. In seiner Beschreibung einer Such- und Zerstörungsmission schildert Sack die Reaktion eines GI, der vor der Leiche eines vietnamesischen Kindes steht. Ich setzte die Worte dieses Soldaten auf das Titelblatt jener Ausgabe, ohne Illustration und ohne Foto, nur nackte weiße Buchstaben vor einem tiefschwarzen Hintergrund: *»O mein Gott – wir haben ein kleines Mädchen erwischt.«*

Ich setzte sogar den Zeitungskopf in einem dunkleren Farbton, um jedem Wort das Gewicht von tausend Bildern zu verleihen. (Als ich Harold Hayes fragte, ob er der Ansicht war, daß ich zu weit ginge, meinte er: »Wenn den Leuten das Cover nicht gefällt, können sie immer noch die *Vogue* kaufen, mein Freund.«) Das war 1966, als eine Verurteilung dieses üblen Krieges noch »verfrüht« war.

Protest gegen Muhammad Alis Verfolgung

1967 legte der Weltmeister im Schwergewicht, Muhammad Ali, Einspruch gegen seine Einberufung in die Armee ein, um so gegen den Vietnamkrieg zu protestieren. Er war zum islamischen Glauben übergetreten und unter der Führung von Elijah Muhammad zu einem Geistlichen der Black Muslims aufgestiegen. Ali führte dies als Begründung für sein Recht auf Kriegsdienstverweigerung an, aber ein US-Bundesgericht verurteilte ihn zu fünf Jahren Haft, da er sich vor dem Wehrdienst gedrückt habe. Die Boxsportvereinigungen zogen prompt nach, erkannten ihm seinen Titel ab und verweigerten ihm das Recht, an weiteren Kämpfen teilzunehmen. Weite Kreise der Bevölkerung verdammten ihn als Drückeberger oder gar als Verräter. Als *Esquire* 1968 einen Artikel über Muhammad Alis Märtyrertum plante, beschloß ich, Ali auf dem Titelblatt in der Pose des heiligen Sebastian zu zeigen.

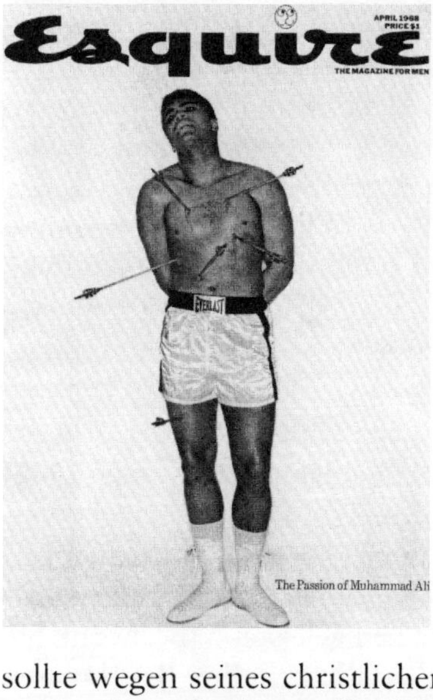

Ich kontaktierte Muhammad Ali und erläuterte ihm meine Idee, ihn wie einen modernen heiligen Sebastian von Pfeilen durchbohrt zu fotografieren. Dieser römische Soldat sollte wegen seines christlichen Glaubens von Pfeilschützen hingerichtet werden, überlebte allerdings und wurde schließlich erschlagen. Im Fotostudio zeigte ich Ali eine Postkarte mit einer Reproduktion von

Castagnos Gemälde des heiligen Märtyrers aus dem fünfzehnten Jahrhundert, damit er sich vorstellen konnte, welche Pose er einnehmen sollte: mit dem Gesicht zur Kamera, hocherhobenen Hauptes, aber matt, die gefesselten Hände hinter dem Rücken, die Fußspitzen nach außen. Er sollte seine Everlast-Boxershorts und seine Boxerschuhe tragen. Auf seiner Brust würden wir fünf Pfeile befestigen und auf seinem rechten Oberschenkel einen, so als hätten sie sich durch seine Haut gebohrt. An jedem »Einstich« wollten wir eine blutende Wunde vortäuschen.

Ali studierte das Gemälde von Castagno sehr aufmerksam. Plötzlich platzte er heraus: »George, der Kerl ist ein *Christ*!«

Ich rief: »Heiliger Moses, da hast du recht, Champ!«

Bevor wir die Pfeile an Ali befestigen konnten, mußte er also seinen Manager und Religionsberater Herbert Muhammad (Elijahs Sohn) anrufen. Ali fragte sich besorgt, ob es wohl schicklich sei, für die Darstellung seines Märtyrertums als Moslem eine christliche Vorlage zu verwenden. Während der verwickelten theologischen Diskussion zwischen den beiden hielt ich den Atem an, doch schließlich griff ich nach dem Telefonhörer und machte noch ein paar griechisch-orthodoxe Anmerkungen. Herbert Muhammad gab uns schließlich sein Okay (gepriesen sei Allah!), und wir fotografierten Ali als heiligen Sebastian. Beim Anblick des ersten Abzugs entfuhr mir, soweit ich mich erinnere, folgendes: »Herr im Himmel, das ist ein Meisterwerk.«

»Das Märtyrertum des Muhammad Ali« sensibilisierte die Menschen für die Qualen, die dieser schwarze Mann erleiden mußte, und lenkte ihre Aufmerksamkeit auf dieses Unrecht, das der Oberste Gerichtshof wiedergutmachte, als er Alis Verurteilung 1971 einstimmig für unrechtmäßig erklärte. Mein Titelbild symbolisierte das Elend vieler Amerikaner, die sich aus Prinzipientreue gegen den Vietnamkrieg stellten und einen hohen Preis für diese gerechte Sache zahlen mußten.

Wenn Sie sich für soziale Anliegen einsetzen, sollten Sie der Stimme Ihres Herzens folgen und sich persönlich engagieren, ohne einen Lohn dafür zu erwarten – oder einfach nein sagen. Wer sich für gerechte Sachen einsetzen möchte, muß nicht unbedingt Plakate herumschleppen oder sich als Streikposten aufstellen lassen – obwohl ich diesbezüglich während der McCarthy-Ära auch meinen Teil geleistet habe. Wenn Sie in der Werbung tätig sind und die Möglichkeit haben, Ihre Begabungen einzusetzen, denken Sie daran, daß Sie keinen großen Etat oder bekannte Namen benötigen, um Ihre Botschaft zu verkünden (obwohl das natürlich hilfreich sein kann!). Am wichtigsten ist der phantasievolle Einsatz von Text, Bildern und Medien. (Eine winzige, von der Zeitung gesetzte Anzeige kann Berge versetzen!) Denken Sie an Archimedes' inspirierenden Aufruf zum Handeln, den Bobby Kennedy so gerne zitierte: »Gib mir einen Punkt, wo ich hintreten kann, und ich bewege die Erde!«

10

Zündende Ideen für schmale Geldbeutel

Eine schlagkräftige Botschaft paßt auch auf eine winzige Streichholzschachtel

Glauben Sie ja nicht, daß man für eine zündende Idee einen großen Etat bräuchte. Eine brillante Konzeption in Form einer Einladung, eines Verpackungsdesigns, einer verkaufsfördernden Maßnahme oder gar eines T-Shirts ist genauso schlagkräftig. *Kommunikation* beschränkt sich nicht auf Dreißig-Sekunden-Spots im Fernsehen oder vierfarbige Anzeigen in Zeitschriften.

1981 hatte der frischgebackene New Yorker Bürgermeister Ed Koch seinen Wahlkampfetat um mehrere Millionen Dollar überzogen. Er war hoch verschuldet und mußte unbedingt finanzielle Mittel auftreiben. Der Mann war vollkommen pleite und bat mich *nach* seinem Wahlsieg, eine Einladung für ein Galadiner zur Geldbeschaffung zu entwerfen. Ich entwarf eine Einladung mit Zickzackfalz, die zunächst nur den Kopf und die Schultern von Ed Koch in der Haltung eines Bittstellers zeigte. Beim Aufklappen erschien jedoch das ganze Bild: ein verschämter Ed Koch mit flehenden Augen, die jedermann zu verstehen gaben, daß er abgebrannt war und Hilfe benötigte. In seinen Händen hielt er das nach außen gekehrte Innenfutter seiner völlig leeren Taschen. Es war nur eine winzige Einladung, nicht viel größer als zehn Quadratzentimeter, aber sie hatte die Wirkung einer kleinen Bombe. Die Resonanz war ungeheuer, und in dem riesigen Bankettsaal des Sheraton Center drängten sich die Wohlbetuchten in ihren Smokings. Zu ihrer Begrüßung hatte ich am Eingang zum Bankettsaal eine lebensgroße, ausgestanzte Figur des Bürgermeisters aufgestellt, der seine leeren Taschen zeigte. Die Creme der Mächtigen New Yorks leerte ihre Taschen und spazierte den ganzen Abend in dieser Pose Ed Kochs herum.

Koch erhielt genug Spenden und konnte reinen Tisch machen.

Ein Redakteur von *Natural History* fragte mich (1968) beim Mittagessen, ob mir vielleicht ein attraktives Präsent für die Abonnenten dieser Zeitschrift einfiel, das aber nicht mehr als fünfzig Cent kosten dürfe. Bisher hatte die Zeitschrift Taschenbücher verschickt, aber man wollte etwas Interessanteres bieten. Während der Redakteur mir sein Problem erläuterte, rauschte ein hinreißendes Fotomodell in einem Wolfsmantel ins Lokal. Mein Gast, ein engagierter Naturschützer, erging sich in einer wütenden Tirade gegen diese sichtbare Ausrottung einer weiteren Spezies. Dabei gestand er mir, daß Wölfe sein Steckenpferd waren und er in seinem Büro ein Tonband mit einer Sammlung von Hunderten von Wolfslauten aufbewahre.

»Machen wir doch eine Schallplatte mit Ihren Wolfsrufen«, schlug ich vor und fiel über mein köstliches Kaninchenragout her. »Wir lassen einen Text dazu schreiben und bitten Robert Redford, ihn vorzutragen.« Redford, ein alter Freund von mir (der ursprünglich einmal Art Director werden wollte), befand sich gerade mitten in den Dreharbeiten zu *Jeremiah Johnson* in der Wildnis von Utah. »Ich bin ziemlich sicher, daß er eine Szene dreht, in der er ein Rudel Wölfe abschlachten muß«, sagte ich. »Eine derartige Schallplatte wird ihm helfen, seine Schuldgefühle loszuwerden.« Mein Gast war so begeistert, daß er sich fast an seinem Rehbraten verschluckte.

Einen Monat später wurden 250000 Schallplatten mit dem Titel »Sprache und Gesang der Wölfe« (Sprecher: Robert Redford) produziert und versandt. Wie die üblichen Prämien von *Natural History* kosteten auch sie 50 Cent pro Stück. In ganz Amerika rannten Hunde gegen die Wände ihrer Herren, als sie den Ruf ihrer Ahnen vernahmen. In der *New York Times* schrieb derweil der hochkarätige Musikkritiker Harold Schonberg einen Artikel über die Wolfslaute, der auf der ersten Seite begann! *Natural History* verkaufte die Rechte an diesem »Präsent« an Columbia Records, und danach strömten noch lange Einnahmen aus diesem Projekt in die Kassen der Zeitschrift. Diese zündende Idee, die nicht mehr als einen halben Dollar kostete, war ein Riesenerfolg.

Das Plakat, ein frühes Kommunikationsmedium in der Geschichte der modernen Werbung, wird als Ausdrucksmöglichkeit für zündende Ideen niemals an Aktualität verlieren. Im Rahmen der Schachweltmeisterschaften, in denen der Weltmeister Garri Kasparow gegen seinen Herausforderer Anatoli Karpow kämpfte, kreierten Tom Courtos und ich ein Plakat für das Auftaktspiel im Hudson Theater in Manhattan im Oktober 1990. Man sah im Profil die Umrisse von Kasparow und Karpow; sie saßen einander gegenüber, und ihre Nasen berührten sich beinahe. Damit wollte ich diese vollendete Konfrontation im heftigen Kampf um die Meisterschaft symbolisieren. Wie von Zauberhand erschienen auf dem Plakat in dem weißen Feld zwischen den Köpfen von Kasparow und Karpow die Umrisse einer Schachfigur. Als Kasparow das Plakat zu Gesicht bekam, war diese weiße Figur zwischen den beiden Köpfen für ihn wie eine emotionale Erleuchtung, und er stieß erstaunt hervor: »Towarischtsch, es ist eine weiße Königin!« Dieses Beispiel ist ein weiterer Beweis für meine Theorie, daß Ideen vorhanden sind und sozusagen im Raum schweben. Man muß nur lernen, wie man sie wittert, erspäht und an sich reißt. Werbeleute sind keine Schöpfer, sondern *Entdecker*.

1960 rief mich ein lokaler Renault-Händler aufgeregt an und bat mich, ihm beim Verkauf eines Dutzend Autos behilflich zu sein, damit er Platz für die neuen 1961er Modelle schaffen könne. »Ich brauche eine zündende Idee für einen Sonderverkauf – die Kunden zeigen gute Resonanz auf Preisnachlässe, und ich biete ihnen einen Rabatt von 300 Dollar, aber irgendwie muß die Sache noch mehr Pfiff haben.« Ich schlug ihm einen »Kratzerverkauf verwundeter Renaults« vor. Dafür kaufte ich sechs Rollen Heftpflaster und klebte auf jeden Renault mindestens drei Streifen – auf Kratzer, die man nur unter dem Mikroskop hätte erkennen können. In unserer Anzeige beschrieben wir sie als leichte, durch den Transport entstandene Kratzer, die einem nicht auffallen würden, wenn wir nicht eigens darauf hinweisen würden.

Die Anzeige wurde an einem Freitag geschaltet. An jenem Wochenende drängten sich die Interessenten in den Ausstellungsräumen des Renault-Händlers und lugten unter jeden Heftpflasterstreifen, um die fast unsichtbaren »Kratzer« zu untersuchen. Als den Leuten aber klar wurde, daß sie für jeden Heftpflasterstreifen einen Preisnachlaß von 100 Dollar erhalten würden – insgesamt also für Kratzer, die sie nicht sehen konnten, einen Rabatt von 300 Dollar (was 1960 sehr viel Geld war) –, ergriffen sie diese Gelegenheit beim Schopf. Wir befürchteten schon, daß einige Interessenten ihr eigenes Heftpflaster auf die Renaults kleben könnten. Am Samstag Abend hatte der Händler kein einziges Modell von 1960 mehr. Gesamtkosten der Kampagne: sechs Schachteln Heftpflaster und eine kleine zweispaltige Anzeige. Eine zündende Idee, fürwahr!

Von der Verpackung kann eine spektakuläre Botschaft ausgehen, wenn sie über das Design hinaus eine Verkaufsidee beinhaltet. Als Cutty Sark einen Umkarton für Weihnachten benötigte, stellten wir mit unserer Lösung einen direkten Bezug zu unserer Kampagne *»Don't give up the ship«* her, in der eine Vergrößerung des Dreimasters auf dem originellen Cutty-Sark-Label im Mittelpunkt stand. (Die Alkoholikabranche ist für ihre ungeheuer protzigen Weihnachtsverpackungen bekannt, die zur Adventszeit die Regale in ein Meer aus Stechpalmen, Kränzen, Folien, Bändern und Grün und Rot verwandeln.) Aus dem vergrößerten Etikett machte ich nicht nur den Umkarton für Cutty Sark, sondern gestaltete diesen auch so, daß ein leuchtendes Plakat von Cuttys auffälligem, gelbem Etikett entstand, wenn man vier Kartons nebeneinander in ein Regal oder Schaufenster stellte. Mit dieser Werbung schloß die Weihnachtsverpackung nahtlos an unsere Kampagne an.

Diese Verpackung gehört zu den am häufigsten kopierten Ideen, und zwar nicht nur in der Spirituosenbranche.

Als einziges Restaurant in Manhattan erhielt das Four Seasons 1990 die prestigeträchtige Auszeichnung »Offizielles Wahrzeichen der Stadt New York«. Die kontinuierliche Vitalität dieses nunmehr zweiunddreißig Jahre alten Lokals ist eines der Wunder in der wettbewerbsintensiven New Yorker Nobelrestaurantszene, und sie spiegelt die Phantasie und Aufgeschlossenheit der Eigentümer Tom Margittai und Paul Kovi wider. Beide waren nach dem Zweiten Weltkrieg aus ihrer Heimat Ungarn emigriert und gehören heute zu den angesehensten Gastronomen der Welt. Als die Öffentlichkeit in den achtziger Jahren immer bewußter auf Kalorien, Cholesterin, Fett und Salz achtete, bat uns Tom Margittai, diese zeitgemäße Idee umzusetzen.

Für Entrees (und Appetithappen) mit niedrigem Salz-, Fett- und Cholesteringehalt, aber vielen Mineralstoffen, die genauso delikat sind wie alle anderen Speisen auf der Karte des Restaurants, dachten wir uns die Bezeichnung *»Spa Cuisine«*[1] aus. Wir schlugen auch vor, daß Dr. Myron Winick von der Columbia Physicians und Surgeans School of Nutrition die Oberaufsicht über die Zusammenstellung der Speisekarte erhalten sollte. Der Chefkoch des Four Seasons fuhr regelmäßig nach Columbia, um mit Dr. Winick und dessen leitendem Ernährungswissenschaftler neue Rezepte auszuprobieren. Auf *Spa Cuisine* entfällt

---

1 Anm. d. Ü.: Die deutsche Entsprechung – »Kurküche« – würde einen Feinschmecker wohl kaum in Entzücken versetzen.

inzwischen ein beträchtlicher Anteil des Umsatzes im Four Seasons. Obwohl der Begriff ein eingetragenes Warenzeichen dieses Restaurants ist, wurde er auch zum Gattungsnamen für kalorienarme Spezialitäten. Aus rechtlicher Sicht könnten wir weltweit jeden verklagen, der diesen eingetragenen Namen benutzt, aber dann wären wir fünf Tage die Woche vor Gericht.

Restaurants sind ein besonders fruchtbarer Nährboden für zündende Ideen. 1972 machte ich Restaurant Associates einen Vorschlag: »Was halten Sie von einem Restaurant mit einer ganz, ganz langen Bar in der Shubert Alley gegenüber den Theatern? Wir könnten es Ma Bell's nennen. Auf jedem Tisch würde ein funktionstüchtiges Telefon aus den dreißiger Jahren stehen, von dem aus man auf Kosten des Hauses telefonieren kann. Zur Mittagszeit könnten Geschäftsleute ihre Anrufe erledigen; abends könnten Mütter ihre Babysitter fragen, ob alles in Ordnung ist. Der Fußboden wäre gekachelt; die Wände wären holzvertäfelt; an der Decke befänden sich Ventilatoren. Die Bar wäre so lang wie die Shubert Alley. Theaterbesucher könnten sich dort vor Beginn der Vorstellung treffen, und jeder, der sich in der Pause etwas Gutes tun möchte, könnte auf einen schnellen Drink herüberlaufen.«

Ma Bell's mit seinen altmodischen Telefonen und seiner endlos langen Bar wurde Wirklichkeit. Über der Bar und an den Wänden ließ ich eine Galerie vergrößerter Fotos berühmter Persönlichkeiten aufhängen, die schlüpfrige Bemerkungen machten. (Während seine Komplizen einen Mann zusammenschlagen, schreit Jimmy Cagney ins Telefon: »Nein, das hier ist keine Schwulenbar.« ... Präsident Eisenhower kommt aus einer Telefonzelle und sagt zu seinem Stabschef Sherman Adams: »Shit, Sherm, in dieser Münzausgabe war auch kein Nickel.« ... Präsident Lyndon Johnson brüllt ins Telefon des Weißen Hauses: »Können Sie mir verraten, wieso Sie mir, dem Führer der westlichen Welt, eine so dämliche Frage stellen?«) Obwohl Ma Bell's nur selten für sich wirbt, ist es seit über fünfzehn Jahren eine New Yorker Institution.

Vor kurzem lieferte einer meiner Kunden einen weiteren Beweis dafür, daß man keinen großen Etat braucht, um das Unmögliche möglich zu machen. Der Chambers Development Corporation gehören Mülldeponien – was in einer umweltbewußten Gesellschaft, in der *Mülldeponie* zu einem schmutzigen Wort geworden ist, nicht gerade ein leichter Weg ist, um seinen Lebensunterhalt zu verdienen. John Rangos, der

President und *CEO* von Chambers, spielte eine Vorreiterrolle bei der Entwicklung neuer, wissenschaftlich überprüfter Methoden für Müllsammlung, -transport und -recycling sowie bei der Einrichtung ökologisch sicherer Mülldeponien. Dabei werden auch die strengsten bestehenden Umweltvorschriften übertroffen. Die Amerikaner produzieren im Jahr 160 Millionen Tonnen Müll, und auch wenn das Wort *Mülldeponie* bei den meisten Menschen (und allen Politikern) fürchterliche Assoziationen heraufbeschwört, muß sich irgend jemand um diesen ganzen Abfall kümmern. Als Chambers uns für seine Werbung engagierte und den leidenschaftlichen Protesten gegen Mülldeponien in allen amerikanischen Gemeinden die Spitze nehmen wollte, betrachteten wir unseren Auftrag im Grunde als *politische* Kampagne. Wir mußten die Menschen zu einer völligen Kehrtwendung veranlassen.

Wie wir feststellten, hatten wir es nicht mit einer herkömmlichen Müllabfuhrfirma zu tun. Rangos war derart umweltbewußt, daß wir sein Unternehmen in Chambers Eco-Landfill (Chambers Ökodeponien) umbenannten, um so dem ruhmreichen Sieg der Technologie über den Abfall Rechnung zu tragen.

Wir drehten vier Fünfzehn-Sekunden-Fernsehspots für die Märkte, in denen Chambers seine lebensnotwendige Arbeit erledigen wollte. Die von John Rangos vorgetragene Botschaft wurde von optimistischen Bildern von Kindern und typisch amerikanischen Landschaften begleitet und verdeutlichte unsere beinahe idealistische Konzeption: *»Unser schönes Land Amerika erzeugt Jahr für Jahr 160 Millionen Tonnen Abfall! Ihn zu beseitigen ist ein schmutziges Geschäft, aber irgend jemand muß sich um die Zukunft unserer Kinder kümmern. Mit Recycling und ökologisch sicheren Chambers-Deponien! Bei Chambers machen wir's richtig.«*

Indem wir »die Zukunft unserer Kinder« betonten und anstatt des Wortes »Mülldeponie« Begriffe wie »ökologisch sicher« und »Ökodeponie« verwendeten, konnten wir in der Öffentlichkeit Akzeptanz für eine unerläßliche Dienstleistung gewinnen, die die Bürger normalerweise mit Furcht und Empörung betrachten. Durch lebendige visuelle und verbale Methaphorik stellten wir uns der kritischen Haltung der Bevölkerung (die Leute hatten sogar schon zu den Waffen gegriffen, um gegen Mülldeponien vorzugehen) und verwandelten diese starken Gefühle in eine aufgeklärte Akzeptanz seitens der Öffentlichkeit und der nervösen Politiker. Wir sagten, daß Amerika Mülldeponien braucht und daß Chambers seine Sache richtig macht.

Wenn ich für Kunden wie Chambers Eco-Landfills – und einige andere, die im Laufe der Jahre meine Dienste in Anspruch nahmen – arbeite, bin ich sehr stolz auf unseren Beruf. Ich darf für bahnbrechende Produkte arbeiten, die eine Bereicherung, eine Verbesserung oder eine aufregende Neuerung darstellen. Ich blicke mit großem Stolz zurück auf meine Tätigkeit für die Firma Xerox, die die Kopiertechnik revolutionierte und die »Xerox-Kultur« ins Leben rief ... für MTV, das weltweit die Popkultur verändert hat ... für die Zeitung *USA TODAY*, die eine neue Art von Journalismus für die Fernsehgeneration eingeführt hat (zu der in einigen Jahren wir alle gehören werden) ... für Lean Cuisine, die für die massenhafte Verbreitung von kalorienarmen Feinkostmenüs aus der Tiefkühltruhe sorgte und mit gesunden Schnellgerichten einem neuen Lebensgefühl den Weg ebnete ... für Jiffy Lube, ein neues Konzept in der Autopflege, das für neue, schnelle Dienstleistungen steht und sich weltweit zu einer wichtigen Branche entwickelt.

Es ist großartig, an bahnbrechenden Ideen mitzuwirken.

Die Werbung, meine geliebte Berufung, ermöglicht mir das.

Koda

11

Blut, Schweiß und Tränen – und Freuden – der Werbung

»Locker vom Hocker«, sonst können Sie einpacken

Wer hart arbeitet, muß viel lachen, weil er sonst versteinert und sich das auch in seiner Arbeit niederschlägt. Werbung ist eine kreative Branche, aber Kreativität ist nur dann möglich, wenn die Lebenssäfte ungehindert fließen. Das für mich so wichtige Ambiente, in dem ich voller Begeisterung und Spaß meiner Arbeit nachgehen kann, beschreibe ich gerne mit der Wendung »locker vom Hocker«. Ich habe gerne Menschen um mich, die viel und gerne lächeln und aus vollem Hals lachen können und intelligent genug sind, um meine Wortspiele zu verstehen.

Der Druck, dem wir bei unserer Arbeit ausgesetzt sind, ist ein weiterer Grund, weshalb Spaß kein Luxus, sondern eine Notwendigkeit ist. Die Verteilung der Projekte im Jahresverlauf folgt in der Werbebranche mit Sicherheit nicht den Gesetzen der Logik. Im Herbst denken die meisten Kunden an das nächste Jahr und wünschen sich etwas Neues, und sei es auch nur, damit sie das Gefühl eines Bezugs zur Aktualität haben. Im Frühjahr geben sie die Projekte für den Herbst in Auftrag. Im Sommer benötigen sie eine Kampagne für die Urlaubs- und Ferienzeit. Wenn Weihnachten naht, verlangen alle Einzelhandelsunternehmen das ungeteilte Engagement ihrer Werbeagenturen. Dazwischen gibt es immer wieder Produkteinführungen, großangekündigte Neueröffnungen, Marketingsitzungen und aufmunternde Gespräche mit dem Vertriebsstab des Kunden, Sonderveranstaltungen oder Gefechte mit der Konkurrenz. Angesichts all dieser Anforderungen kann man unmöglich erwarten, daß sich die Arbeit gleichmäßig über zwölf Monate verteilt. Man lebt in einem fortwährenden Chaos. In der Werbebranche ist jeder Monat der *einzige* im Jahr, aber ich liebe diese Dynamik, diesen Druck und diese Intensität. Jeden Abend bin ich vollkommen erledigt – und ich liebe dieses Gefühl der totalen Erschöpfung; es vermittelt mit das ekstatische Gefühl, meine Begabungen bis zum äußersten ausgeschöpft zu haben. Ich war immer der Meinung, daß man sich am Abend eines jeden Tages vollkommen ausgelaugt fühlen sollte. Wenn ich beispielsweise zu den Basketballspielen der New York Knicks gehe, koche ich jedesmal vor Wut, wenn ich unfreiwilligerweise Zuhörer des Geschreis der gutgekleideten, verkrampften Geschäftsleute auf den von ihren Firmen reservierten Plätzen hinter mir werde. Sie wollen, daß die Spieler alles für den Sieg geben. Sie werfen jedem Sportler, der nicht hundertprozentigen Einsatz zeigt, die wüstesten Beschimpfungen an den Kopf. Aber wenn man sich diese gepflegten, gut ausgeruhten Großmäuler ansieht, dann *weiß* man, daß sie selbst mehr Energie darauf verwenden, der Arbeit aus dem Weg zu gehen, und daß ihnen ein Engagement mit Leib und Seele fremd ist!

Bei meiner Arbeit werde ich häufig gefragt, wieso ich nicht völlig ausgelaugt bin und wie ich immer weitermachen kann. Tatsache ist, daß ich jeden Abend total erledigt bin, weil ich mich in meiner Arbeit völlig verausgabt habe – geistig, gefühlsmäßig und körperlich. Wenn ich abends nach Hause fahre, kann ich nicht mehr geradeaus sehen. Aber nach ein paar Stunden Schlaf bin ich am nächsten Morgen wieder fit – und voller Tatendrang. Ist das nicht der Sinn des Lebens? Wenn man am Abend nicht völlig ausgebrannt ist, hat man nicht sein Bestes gegeben und sich nicht mit ganzer Kraft für seine Arbeit eingesetzt – und dann ist man ein Penner! Wer aber jeden Tag seinen Motor auf zwölf Zylindern laufen läßt, benötigt unbedingt eine gehörige Menge eines Schmiermittels, das *Spaß* heißt.

Wenn Sie sich zu kreativer Arbeit berufen fühlen, sollten Sie sich vor jenen phantasielosen, grabesstillen Mausoleen hüten, die sich selbst Werbeagenturen nennen. Suchen Sie nach Gelächter und Bärten, Jeans und Turnschuhen. Halten Sie Ausschau nach Menschen, die Glück und Enthusiasmus ausstrahlen, denen aber auch ein kleiner Funke Wahnsinn aus den Augen blitzt. Suchen Sie nach Boten, denen ihre Arbeit Freude macht, und nach Terminern, die früh zur Arbeit kommen und spät nach Hause gehen. Halten Sie Ausschau nach Kontaktern, die sich gut kleiden, aber dennoch nicht wie Bestattungsunternehmer aussehen. Suchen Sie nach Männern, die gute, vorzugsweise unanständige Witze erzählen. Halten Sie Ausschau nach Frauen, die sich gegenüber ihrem Vorgesetzten durchsetzen können. Und suchen Sie nach einem Chef, der immer im Einsatz ist, der sich mit ganzer Kraft für großartige Werbung engagiert und wahrscheinlich über alles schimpft (aber einen Spaß vertragen kann), weil er keine Zeit für Bockmist hat, es sei denn, er ist sehr, sehr komisch.

In der Werbung ist Spaß mehr als nur eine Begleiterscheinung, mehr als eine heilende Kraft, die die heftigen Aktivitäten jedes einzelnen Tages in produktive Handlungen umwandelt. Spaß in der Werbung ist gleichbedeutend mit Spaß am Leben. Der Spaß sollte jeden Aspekt der kreativen Zusammenarbeit mit anderen durchdringen. Auf vielerlei Weise *muß* die Liebe zum Leben, die überragende Freude am Leben und an der Arbeit die Welt der Werbung stimulieren.

Die Seezunge von Walter Gropius

In einer meiner Kolumnen für die Zeitschrift *Adweek* hatte ich das klassische Zitat »Weniger ist mehr« dem großen Mies van der Rohe zugeschrieben. Einige Leser schrieben mir daraufhin verärgert, daß Walter Gropius diese Wendung geprägt habe. Die Kontroverse über diese köstliche Weisheit war nicht neu; mindestens fünfzehn Jahre bevor ich jene Kolumne für *Adweek* schrieb, hatte ich den großen Gropius selbst befragt. Walter Gropius, der Gründer und Direktor des Bauhauses, war schon seit meiner Schulzeit einer meiner Helden. Ich lud ihn zum Mittagessen ins Four Seasons ein, und zu meiner ungeheuren Freude nahm er die Einladung an. Er wußte, daß ich als Designer für die Logos der Restaurants im Pan Am Building verantwortlich zeichnete, und hatte inzwischen auch von meinem Ruf als Werbemann und Kunstsammler erfahren. Beim Mittagessen warf mir der furchterregende Gropius unter seinen buschigen Augenbrauen einen finsteren Blick zu, während er sich einen großen Bissen Seezunge in den Mund steckte, die ihm ganz offensichtlich mundete. »*Acccb*«, zischte er, »wieder diese Frage. Ich werde es Ihnen sagen. Es war Mies … ja, Mies, nicht ich.«

Er wandte sich wieder seiner Seezunge zu und kaute mit unverhohlenem Genuß auf einem saftigen Stück herum. Plötzlich hob er seine Augenbrauen, setzte sein Weinglas ab, beugte sich zu mir herüber und sagte mit einem leichten Augenzwinkern: »Aber ich sage Ihnen noch etwas, junger Mann: Mehr *schmeckt* besser!«

Sie müssen wissen, mit wem Sie zusammenarbeiten

Im Gegensatz zu anderen Berufen bietet die Werbung jedem die Gelegenheit, aufgrund seines Talents, seines Stils und seiner Intelligenz entdeckt und anerkannt zu werden – bis zu einem gewissen Grad. Denn wenn man nicht selbst dafür sorgt, daß man bekannt wird, kann man seine Identität verlieren. Diese Lektion lernte ich 1961 in Rochester im Bundesstaat New York, als meine Agentur sich um den Etat von Xerox bewarb (damals noch bekannt unter seinem ursprünglichen Namen Haloid-Xerox). Wir warteten im Vorzimmer, drehten unsere jungen Däumchen und wußten, daß drinnen die Präsentation einer großen Marketingagentur stattfand. Schließlich ging die Tür auf, und eine lange Reihe graugekleideter Werbeleute marschierte heraus, angeführt von dem berühmten Marion Harper, dem Vorsitzenden und Hauptfaktotum des Agenturkonzerns Interpublic. Wir sahen voller Ehrfurcht zu; die Gegenwart dieses großen, schlanken, weltmännischen Agenturchefs hatte eine beinahe lähmende Wirkung auf uns. Dann rissen wir uns zusammen und legten uns selbst ins Zeug. Als wir die Referenzen und die Philosophie unserer jungen kreativen Werbeagentur vortrugen, bemerkten wir, daß die Mitarbeiter dieses potentiellen Kunden einschließlich des führenden Mannes Joe Wilson sich das Lachen verbeißen mußten. Wir waren darüber zwar entsetzt, gaben jedoch nicht auf und hielten uns an unser Skript. Kurze Zeit später brach jedoch der Damm, und eine Welle von Gelächter fegte durch den Raum. Ich warf einen Blick hinter mich, um zu prüfen, ob nicht vielleicht einer (oder mehrere) unserer Mitarbeiter vergessen hatte, seine Hose zu schließen. Da entschuldigte sich Wilson bei uns und erzählte, was vorgefallen war.

Er berichtete uns, Marion Harper habe sie eine Stunde lang unter Beschuß genommen und diesem jungen Unternehmen versichert, daß er und seine Agentur Haloid-Xerox individuelle Aufmerksamkeit bieten würden, auch wenn McCann-Erickson Teil von Interpublic, dem größten Agenturkonzern der Welt, sei. Harper konzentrierte sein Trommelfeuer auf einen jungen Mann unmittelbar zu seiner Rechten. Um die intime, familiäre Einstellung seiner Mega-Agentur zu unterstreichen (»Sicher, wir sind groß – wir sind sogar die größte Agentur – aber wir sind auch die *engagierteste* ...«), ließ er sich voller Stolz über seine persönliche Nähe zu seinen Mitarbeitern aus und versicherte dem potentiellen neuen Kunden, daß er Seite an Seite mit jedem Mann und jeder Frau in seiner Agentur arbeite. Er kenne jeden der vielen hundert Mitarbeiter von McCann – wie seine Westentasche, unterstrich er. Mit dieser sehr persönlichen Bemerkung schloß Marion Harper seine eindrucksvolle Präsentation. Dann standen seine Gefolgsleute auf und schüttelten den Managern von Haloid-Xerox die Hand. Harper wandte sich wieder dem jungen Mann zu, dem er während seines beredten Vortrags besondere Aufmerksamkeit geschenkt hatte: »Und ich danke *Ihnen* vielmals für Ihre Gastfreundschaft.« Der junge Mann errötete ganz leicht und sagte: »Ach, Mr. Harper, mein Name ist Joe Doakes. Ich bin Kontakter in Ihrer Agentur.«

In einer meiner Kolumnen für *Adweek* (15. September 1980) schrieb ich: »Die häßlichste Frau, die ich jemals in der Werbebranche getroffen habe, war Marion Harper.« *Adweek* erhielt viele Briefe von erzürnten Frauen.[1]

Wie können Sie verhindern, daß Sie Nieten einstellen?

Die Einstellung neuer Mitarbeiter ist immer eine riskante Sache. Es besteht stets die Gefahr, daß Sie auf jemanden hereinfallen, der in den Bewerbungsgesprächen gut abschneidet. Dann stößt ein Dummkopf zu Ihrem Stab, und Sie werden monatelang, ja vielleicht sogar jahrelang, insgeheim fluchen und hoffen, daß die lahme Ente von sich aus kündigt. Es überrascht nicht, daß Agenturleiter immer auf der Suche nach einem magischen Patentrezept sind, das ihnen hilft, in den Bewerbern Begabungen und/oder Probleme zu erkennen. Nachdem ich jahrelang nach einer perfekten Methode gesucht habe, bin ich zu dem Schluß gekommen, daß die einzige Möglichkeit darin besteht, den Kandidaten so lange reden zu lassen, bis er sich für die Stelle qualifiziert oder disqualifiziert. Bei Bewerbungsgesprächen höre ich einfach zu und sage sehr wenig. Ich überlasse das Reden dem Bewerber, und früher oder später wird er mir alles erzählen, was ich wissen muß (vor allem, wenn er ein Vollidiot ist). Ich höre mir seinen Small talk, seine Bemerkungen über Liebe und Ehe, seine Lebenseinstellung, seine Meinung zu Sport, Politik, Film, Fernsehen, Literatur und Sex an. Ich will wissen, ob er Englisch sprechen kann. Ich prüfe sein Geschichtsbewußtsein. Ich beobachte seine Augen und suche nach Anzeichen der Leidenschaft. Diese Methode funktioniert, weil Nieten bestimmte Signale aussenden.

Sie können sich auch Klarheit über einen Bewerber verschaffen, indem Sie ihn in eine der vier Offizierskategorien einordnen, die im »Deutschen Offiziershandbuch« aus dem Ersten Weltkrieg aufgeführt sind:

---

1 Mein Redakteur flehte mich an, diese Bemerkung zu streichen, da sich viele Leserinnen beleidigt fühlen könnten. Ich weigerte mich, weil Marion Harper *tatsächlich* die häßlichste Frau war, die ich jemals in der Werbebranche getroffen habe.

1. Sehr klug und fleißig. (Der ideale Offizier.)
2. Sehr klug und faul. (Ein Jammer, aber nicht weiter schädlich.)
3. Dumm und faul. (Wird keinen Finger krumm machen, kommt also nicht in Frage.)
4. Dumm und fleißig. (Sehr gefährlich.)

In fast allen Agenturen wimmelt es von Mitarbeitern der zweiten Kategorie. Das kostet viel Geld und bläht die Belegschaft im Vergleich zum Agenturumsatz auf. Die Angehörigen der dritten Kategorie sind hoffnungslose Fälle – aber man kann sie auf den ersten Blick erkennen. Die tückischen Gesellen aus Gruppe 4 haben in viel zu vielen Agenturen verantwortungsvolle Positionen inne. Da ich selbst der ersten Kategorie angehöre, suche ich immer nach Bewerbern aus der Gruppe 1.

Man kann Kandidaten auch noch auf andere Weise beurteilen: Mein Partner Bill Pitts, ein Hobbygraphologe, prüft ihre Handschrift. Einmal stellte er einen Kontakter nur wegen seiner Schleifen und T-Striche ein. Nachdem der junge Mann bereits auf unserer Gehaltsliste stand, ging ich mit ihm zum Mittagessen und ließ ihn reden. Alarmglokken läuteten, denn ich hatte einen klassischen Vertreter der vierten Kategorie vor mir: dumm und fleißig. Wie ich erwartet hatte, entpuppte sich dieser Mitarbeiter als Katastrophe. Bill wand sich hin und her und bot mir schließlich eine lahme Erklärung: Er sagte, es sei nicht selten, daß Graphologen bei der Beurteilung von Handschriften um 180 Grad danebenliegen – das heißt, daß das gleiche Gekritzel von einem Heiligen oder einem Mörder stammen kann. Glücklicherweise kündigte der Kontakter, bevor ihn Bill feuern konnte. Er übernahm einen vielversprechenden Job in einer Kundenfirma und machte sich dort gut, stieg dann in eine bessere Position bei einer Konsumgüteragentur auf, wo er sogar noch eindrucksvollere Leistungen an den Tag legte. Jetzt ist er ein führender Mann in einer der großen New Yorker Marketingagenturen. Aber er ist immer noch ein Idiot.

Wie kleidet man sich in Madison Avenue?

Als Anfang der sechziger Jahre meine neue Agentur Papert Koenig Lois (PKL) die Werbewelt mit ihrer innovativen Arbeit in Erstaunen versetzte, förderte ich in unserem Haus bewußt ein lockeres Betriebsklima. Ich stellte kreative Menschen ein und gab ihnen dann den nötigen Freiraum. In diesem bemerkenswerten Umfeld erlebten manche

Persönlichkeiten eine ähnliche Blüte wie die von ihnen erdachte Werbung. Milt Trazenfeld, einer unserer begabten Texter, kaufte für sein Leben gern in Secondhand-Läden ein. Obwohl er immer elegant gekleidet war, blätterte Trazenfeld niemals mehr als 2,50 Dollar für einen Anzug hin (das war zirka 1963). Für eine Krawatte hingegen bezahlte er bis zu 20 Dollar. Eines Morgens schnappte er sich Ron Holland, einen seiner Texterkollegen (der später mein Partner werden sollte), und sagte zu ihm: »Lassen Sie alles stehen und liegen und kommen Sie mit – warum, sage ich Ihnen später.« Trazenfeld rief ein Taxi, wies den Fahrer an, zum LaGuardia-Flughafen zu fahren, und rannte dann mit Ron durch den Terminal zu einem Pendelflug nach Boston.

»Das ist *der* Tag für Schnäppchen«, erläuterte er im Flugzeug. »Die Woche der Abschlußprüfungen geht zu Ende. Alle Studenten aus Harvard und vom MIT verhökern ihre Garderobe, um sich im Sommer über Wasser halten zu können.« Als das Flugzeug auf dem Logan Airport landete, schob Trazenfeld Holland in ein Taxi und rief dem Fahrer zu: »Zum Secondhand-Laden in Cambridge, *aber ein bißchen dalli!*« Er fand einen ehemals sündhaft teuren Anzug für zwei Dollar. In Manhattan kaufte er sich dazu eine Krawatte für 18 Dollar. Als er in die Agentur zurückkehrte, tauschte Trazenfeld mit Monte Ghertler, einem der kultiviertesten Menschen aus Texterkreisen, Fachsimpeleien über die Schneiderei aus:

»Der Schnitt Ihrer Hosen ist von klassischer Schönheit, Milt«, meinte Ghertler. »Wo haben Sie dieses außergewöhnliche Stück erstanden?«

»In einem dieser Secondhand-Läden, Monte, die dem Standard der Haute Couture am nächsten kommen.«

»Gentleman's Resale?«

»Ein Secondhand-Laden in der Nähe von Harvard Yard. Dieser Anzug kostete zwei Dollar.«

»Sehr preisgünstig. Der Schnitt ist ausgezeichnet.«

»Sie wissen doch, Monte, wie der richtige Hosenschnitt aussieht, oder? Eng anliegend an der Hüfte, und doch bequem. Dann gerade hinunter bis zum Knie, und zwar vollkommen parallel. Am Knie ein leichter Schwung nach außen. Dann wieder eine Verjüngung hin zum Knöchel, aber fast nur angedeutet.«

»O ja«, sagte Ghertler. »So ähnlich wie das Parthenon.«

(Im Büro trage ich zerrissene T-Shirts und Reebok-Turnschuhe – der geniale Art Director Ralph Tuzzo trägt einen Chirurgenkittel! Wenn ich allerdings ins Four Seasons gehe, verwandle ich mich in meinem italienischen Maßanzug in ein Idealbild eleganter Anmut. Meine Kunden kennen meine stilwidrige Arbeitskleidung so gut, daß sie ein etwas säuerliches Gesicht ziehen, wenn ich prächtig und elegant in ihren Büros erscheine. Sie nehmen dann an, daß ich mich aufs hohe Roß setzen möchte. Ihnen gefällt der George Lois in seiner Hafenarbeiterkluft, der mit soviel Noo Yawker Straßenwitz spötteln kann, viel besser.)

Aber beurteilen Sie einen Kunden – oder einen Boten – niemals nach dem Äußeren

Seit unser Bote Jimmy Avalyiotis, den wir oftmals »unseren Griechen im Versand« nennen, vor Jahren zu unserer Agentur stieß, erzähle ich jedermann, wie stolz ich auf seine Dienste bin. Er leitet nicht nur unsere Poststelle mit höchstem Professionalismus und sorgt dafür, daß jeder Brief und jedes Paket unverzüglich an seinen Bestimmungsort gelangt, sondern ist auch einer der bestgekleideten Männer in der Werbebranche. Es ist bekannt, daß er für einen Anzug auch zwei komplette Monatsgehälter ausgibt.

Eines Tages schickten wir Jimmy zu unserem Kunden Jack Dreyfus von der Dreyfus Medical Foundation an der Fifth Avenue, wenige Blocks von unserem Büro entfernt. Er sollte dort einen Scheck abholen. Der wahrscheinlich milliardenschwere Jack Dreyfus, der zunächst The Dreyfus Corporation gründete und sich jetzt der medizinischen Forschung widmet, ist ein ganz lockerer und lässiger Mann (und bezahlt seine Rechnung so prompt wie vermutlich niemand sonst auf dieser Welt). Er trug Slipper, Golfhosen und ein Polohemd; sein Gesicht schmückten zwei Tage alte graue Bartstoppeln. Als Jimmy, der Dandy, in sein Büro kam, begrüßte er ihn herzlich, nannte ihn »James« und händigte ihm zur Begleichung einer unserer Medienrechnungen, die er wenige Minuten zuvor per Telefax erhalten hatte, einen Scheck aus. Jimmy dankte Jack Dreyfus, steckte den Umschlag in eine Tasche seines eleganten Zweireihers mit Kreidestreifen und wandte sich zum Gehen. »Ach, James«, rief ihm Dreyfus nach. »Soll ich Sie mitnehmen? Ich fahre in die Stadt.« Geschmeichelt nahm Jimmy dieses Angebot an.

Als sie vors Haus traten, wartete Jack Dreyfus' Chauffeur mit dem dunkelgrünen, viertürigen Bentley auf der Fifth Avenue. Jack bot Jimmy einen Platz auf den Rücksitz an und setzte sich dann vorne neben seinen Chauffeur. Minuten später fuhr der Bentley vor unserem

Büro in der 52. Straße vor. Ich verließ gerade zusammen mit einem Kunden das Gebäude auf dem Weg zum Mittagessen. Der unrasierte Jack Dreyfus in seiner Golfkluft stieg an der Beifahrerseite aus und öffnete für seinen Fahrgast den hinteren Schlag. Jimmy Avalyiotis stieg gentlemanlike aus dem Wagen – in seinem Zweireiher war er ungemein elegant. »Hi George«, winkte er mir zu – und ging ins Haus, während Jack Dreyfus hinter ihm die Tür des Bentley ins Schloß fallen ließ. Dreyfus, ein äußerst zurückhaltender Mann, nickte mir fast schüchtern zu, setzte sich wieder auf den Beifahrersitz und fuhr mit seinem Chauffeur davon.

»Wer war denn *das*?« fragte mein Kunde und starrte immer noch dem modischen Jimmy nach, der flink in einen Aufzug stieg.

»Das war unser Bote«, erklärte ich. »Und der unrasierte Typ auf dem Beifahrersitz ist ein Milliardär.«

»Ach, George«, sagte mein Kunde. »Das ist wieder mal einer Ihrer üblichen Witze.«

Sex während der Arbeitszeit ist gesund, sollte aber nicht von anderen, gleichermaßen wichtigen Agenturaufgaben abhalten

Während der besten Jahre von Papert Koenig Lois, der einzigen Werbeagentur der Welt, die Stipendien für Sportler vergab, waren Ballspiele eine erste Angelegenheit. PKL hatte das beste Basketballteam in der Werbebranche, aber wir verloren um einen Punkt gegen die Champions der Bankliga unter der Führung des berühmten Basketballspielers Dick McGuire. Im letzten Spiel um die Meisterschaft wurden wir aus dem Gleichgewicht geworfen, weil einer der PKL-Kontakter aus unserem Team, der es mit einem aufreizenden Filmstar trieb, uns in der Umkleidekabine eine wahre Geschichte erzählte. (Wir reisten viel an die Westküste, wo sich die New Yorker Werbeleute zwanglos zu den Hollywoodschönheiten, und zwar insbesondere zu den weiblichen, gesellten.) Die Dame war so versessen auf unseren Kontakter, daß sie ihn bei jedem Besuch in New York zu einer Nachmittagsvorstellung in ihrem Hotel einlud. Als wir uns für unser großes Spiel gegen die Spitzenreiter der Bankliga umzogen, eröffnete uns dieser Kontakter, daß sie ihn eine Stunde zuvor angerufen habe. Er befand sich in der Zwickmühle: Er mußte entscheiden, ob er Meisterleistungen auf dem Spielfeld oder auf der Matratze vollbringen wollte – und für die Dame war wenige Stunden später ein Flug nach Paris gebucht. Die Zeit war knapp, und er sah ein, daß er nicht beides haben konnte. Er sagte ihr, er habe einen wichtigen Termin, den er nicht absagen könne.

»Mit einem Kunden?« fragte sie.

»Nein«, platzte er heraus. »Ich muß Basketball spielen.«

Ungläubig rang die Dame nach Luft. Aus Angst, sie könne glauben, er wolle ihre wunderbare Affäre beenden, beschloß er, ihr die ganze Wahrheit zu sagen. »Hör mal, Liebling«, erklärte er. »Du mußt mir glauben. Wir haben in unserer Agentur dieses Team, und wir sind die Besten der Werbeliga. In einer Stunde spielen wir gegen die Ersten der *Bank*liga, und der Sieger darf dann gegen die Spitzenreiter der *Industrie*liga antreten.«

»Hab' ich dich richtig verstanden?« fragte sie. »Du spielst lieber mit ein paar *Jungs*, als mit *mir* eine Nummer zu schieben?«

Hätte er uns diese Geschichte nicht erzählt, hätten wir mit Sicherheit *nicht* unsere Führung von neun Punkten während der letzten beiden Spielminuten abgeben müssen.

Erwarten Sie für eine zündende Idee keinen Dank – vor allem, wenn der Kunde glaubt, er habe Sie dazu inspiriert

1964 bearbeitete ich Joe Baum, den *Little Caesar* der Gastronomie, damit er ein nicht sonderlich gutgehendes Restaurant im Rockefeller Center namens Holland House übernehme, wo zur Mittagszeit sechs alte Damen ihren Salat zu verspeisen pflegten. Baum blieb untätig, zwei Jahre lang behauptete er, das sei ein miserabler Standort. Holland House lag einen Block von der beliebten Kunsteisbahn entfernt, und ich war davon überzeugt, daß wir eine phantastische irische Bar daraus machen könnten, der es niemals an Kunden mangeln würde. »Lois«, beharrte Baum, »Sie machen großartige Werbung, aber Sie haben verdammt noch mal keine Ahnung von der Gastronomie. Der Standort ist *miserabel.*«

Um mir endlich den Mund zu stopfen, übernahm Baum schließlich doch das Lokal, und nach nur zwei Monaten eröffneten wir Charley O's Bar & Grill & Bar. Das Restaurant war von Anfang an ein Hit. Ich überredete sogar Bobby Kennedy, in diesem neuen Pub seine Kandidatur für den Senat bekanntzugeben. Die Nachrichtenmedien vermittelten den Eindruck, als gebe es das »berühmte Charley O's« schon seit vierzig Jahren!

Kurze Zeit später wollte ich von meinem Kunden ein Lob hören. »Charley O's ist eine Goldgrube, nicht wahr, Joe?« fragte ich Baum.

»Natürlich, George«, erwiderte er. »Es ist ein *phantastischer* Standort.«

Notieren Sie sich immer große Zitate großer Persönlichkeiten

Wenige Wochen vor der Eröffnung von Charley O's Bar & Grill & Bar sammelte ich für Joe Baum Fotos mit Zitaten, die die Wände des neues Restaurants schmücken sollten. In unsere Kollektion liebevoller Bonmots über Essen, Trinken und die schönen Dinge des Lebens reihten wir unter anderem diese Perlen ein:

> »Ich trinke nur, damit die anderen interessanter werden.«
> – *George Jean Nathan*
>
> »Jeder Mann, der bei seinem Tod mehr als zehntausend Dollar auf seinem Bankkonto hinterläßt, ist ein Versager.«
> – *Errol Flynn*
>
> »Ein Gourmet, der Kalorien zählt, ist wie eine Prostituierte, die auf die Uhr schaut.«
> – *James Beard*

Wir benötigten noch ein paar treffende Zitate, um einige leere Flecken an den Wänden des Lokals zu füllen. Eines Abends entdeckte ich im Four Seasons den Bühnenautor Marc Connally. Ich faßte mir ein Herz und fragte den berühmten Schöpfer von *The Green Pastures (Die grünen Weiden)*, ob er jemals etwas über das gute Leben gesagt habe, das er uns als Zitat zur Verfügung stellen könne.

»Ich glaube nicht«, sagte er. »Aber ... das hier ist vielleicht ganz interessant: Als ich in einem Restaurant einmal eine besonders abscheuliche Flasche Wein vorgesetzt bekam, sagte ich dem Weinkellner: ›*Zerbrechen Sie die Flasche ... zerhacken Sie das Faß ... und reißen Sie die Weinstöcke aus!*‹« Dieses Zitat hängt mit einem Foto von Marc Connally immer noch an der Wand von Charley O's.

Jenes unvergeßliche Zitat ging mir im Kopf herum, als ich später mit einigen anderen Mitarbeitern meiner Agentur den französischen Landsitz von Baron Philippe de Rothschild besuchte. Der Baron servierte uns eine Doppelmagnumflasche eines großartigen Mouton Rothschild. In diesem Himmel eines jeden Weinliebhabers hätte man niemals ein Faß zerhackt oder einen Weinstock ausgerissen. Der Wein aus jener Flasche ließ sich nicht mit Worten beschreiben – aber ich wollte es dennoch versuchen! Eine einzige Flasche dieses Jahrgangs (1895) hätte damals (1973) im Auktionshaus Sotheby Parke Bernet in New York 5000 Dollar eingebracht. Als der Baron uns freudestrahlend zusah, wie wir eine Flasche Wein genossen, die 20000 Dollar wert war, beugte ich mich zu ihm hinüber und bat ihn: »Baron, würden Sie mit bitte noch einmal 300 Dollar eingießen?« (Einer meiner Werbekollegen versuchte einmal, Rothschild zu beeindrucken, indem er ihm erzählte, er habe sich eine Flasche »Jahrgang 37« gekauft. Der Baron blickte über seine stattliche Nase auf ihn herunter und bemerkte gelangweilt: »Oh, 1937 oder 1837?«)

Humor und Gesundheit gehören zusammen

Einer meiner engsten Mitarbeiter erlitt einen Herzinfarkt. Er wurde in die Notaufnahme des Krankenhauses in seinem Vorort gebracht, wo die Ärzte seinen Zustand stabilisierten und ihn zum Angiogramm schickten, um den Schaden an seinem Herzen festzustellen. Ich befürchtete, daß unter Umständen eine Bypass-Operation notwendig sei (»Bypass-Operation« klingt weniger bedrohlich als »Operation am offenen Herzen«, aber im Grunde geht es dabei eigentlich um dasselbe).

Während mein Kollege sich dem Angiogramm unterzog, unternahm ich eine Reise in den Westen der USA. Ich sagte ihm, er könne irgendwann im Laufe des Wochenendes mit meinem Anruf rechnen, da ich wissen wollte, wie es ihm ging und ob eine Bypass-Operation durchgeführt werden müsse. Ich kam von Las Vegas, wo mein Kunde Seth Abraham von HBO Sports mich zu einem Doppelkampf im Schwergewicht eingeladen hatte. Der Kampf zwischen Tyson und Tillman hatte knapp drei Minuten gedauert; die Begegnung zwischen Foreman und Rodrigues nicht einmal sechs Minuten. Ein Flug von New York nach Las Vegas war eine ziemlich lange Reise für eine neunminütige Schlägerei, und ich wollte so schnell wie möglich zurück in mein geliebtes New York, vor allem, weil dort mein kleiner Enkel Georgie auf mich wartete. In Colorado hatte ich zwei Stunden Aufenthalt, und ich rief meinen Kollegen vom Flughafen aus an.

»Tja, George«, sagte er mit resignierter Stimme. »Zwei meiner wichtigsten Koronararterien sind zu 90 Prozent verkalkt. Das kommt von den herrlichen cholesterinreichen Speisen, die ich so viele Jahre lang mit dir zusammen gegessen habe. Eine Bypass-Operation ist also notwendig, und sie soll übernächsten Montag stattfinden.«

Er klang deprimiert, was angesichts der Tatsache, daß ihm die Brust aufgeschnitten und das Herz umgebaut werden sollte, nicht verwunderlich war. Ich mußte ihn irgendwie aufheitern, ohne daß das sentimental klang.

»Hör mal«, sagte ich mit autoritärer Stimme. »Du glaubst doch wohl nicht, daß *du* Probleme hast? Es ist Sonntag, und *ich* sitze hier in *Denver.*«

Eine wichtige Lektion für alle

Als wir eines Tages zum Mittagessen ins Four Seasons kamen, begrüßte der Geschäftsführer Joe Baum sehr feierlich. Mit seinem üblichen Stirnrunzeln schnippte Baum ein großes Stück Asche von seiner riesigen Macanudo-Zigarre auf den Teppich und fragte den Geschäftsführer gebieterisch: »Was stimmt heute nicht mit der Consommé?«

»Nun, Mr. Baum«, antwortete der Geschäftsführer. »Wir hatten ein wenig Probleme mit der Wawawa und haben daher etwas Jajaja hinzugefügt – und jetzt ist sie genau richtig.«

»*Aha*«, sagte Baum.

Als wir durch die Picasso Alley[1] zum Billardzimmer des Lokals schlenderten, fragte ich Baum: »Joe, wie konnten Sie das wissen? Das war phantastisch. Sie sind ein *Genie.* Wie konnten Sie wissen, daß etwas mit der Consommé nicht in Ordnung war?«

»Lois«, sagte er und legte mir die Hand auf die Schulter. »Was ich Ihnen jetzt über das Leben sagen werde, dürfen Sie niemals wieder vergessen. Mit der Consommé ist *immer* etwas nicht in Ordnung.«

---

1 Dieser prächtige Gang, der zum berühmten Pool Room des Restaurants führt, wurde nach seinem Prunkstück, dem größten Picasso der Welt, benannt. Es handelt sich um einen Bühnenvorhang – etwa sechs mal sieben Meter –, den Picasso 1919 für das Diaghilev/Massine-Ballet *Le Tricorne* entwarf.

12

Glaubensbekenntnis eines Kommunikationsexperten

Großartige Werbung dreht sich immer um die zündende Idee

85 Prozent aller Werbung ist unsichtbar.

Diese vergeudete Arbeit ist vielleicht nicht abgrundtief schlecht, aber auch nicht gut genug, um die Aufmerksamkeit des Publikums zu erregen. Vieles davon ist wahrscheinlich gut durchdacht und richtig »positioniert«. Ein großer Teil mag sogar visuell reizvoll sein. Aber nichts davon ist so gut, daß die Leute mit offenem Mund stehenbleiben.

14 Prozent aller Werbung ist fürchterlich – häßlich, dumm, herablassend, erniedrigend. Seltsamerweise ist das besser, als wenn die Werbung unsichtbar bleibt; zumindest schenken die Menschen solchen Machwerken ihre Aufmerksamkeit.

Das verbleibende Prozent ist phantastische Werbung.

Diese Prozentsätze haben kreative Nonkonformisten wie ich aus ihrer jahrelangen Erfahrung abgeleitet. Solche Menschen nehmen ihre ganze berufliche Karriere hindurch dieses magische eine Prozent ins Visier, denn wir wissen, daß wir einsam und allein in einer immer weiter ansteigenden Flut entsetzlicher Werbung unserer Arbeit nachgehen.

Es gibt viele Gründe für diesen Mangel an brillanter, talentierter Werbung. Die Kunst der Werbung wird ständig von Logikern und Technokraten bedrängt, die Kompromisse fordern. Diese Wissenschaftler unserer Zunft haben keinerlei Ahnung, worum es in allen unseren Arbeiten eigentlich geht. Sie vergessen, daß das Produkt der Werbung immer noch *Werbung* ist. Keine Marketinguntersuchungen, keine Medienanalysen und auch keine Forschungsberichte, so wichtig sie auch sein mögen. Denn all das ist wertlos, wenn auf dem Bildschirm so schlechte Spots erscheinen, daß sich die Zuschauer lieber ein Bier holen oder auf einen anderen Kanal umschalten. Werbung ist das, was man im Fernsehen sieht. Punkt.

Ich wundere mich immer über die ungeheure Naivität jener Ankündigungen, die alle paar Jahre in der Werbekolumne der *New York Times* erscheinen und bahnbrechende Veränderungen bei einigen unserer Branchenriesen – wie zum Beispiel Young & Rubicam oder Ogilvy & Mather – verheißen. Bedeutende Richtungsänderungen oder Schwerpunktverlagerungen hin zu mehr *Kreativität* werden als großartige Neuigkeiten proklamiert. Die Agenturen geben zu, daß ihre Werbung nicht so berühmt war und daß daher das Hauptaugenmerk ihrer Bemühungen und Ressourcenverwendung auf einem »verbesserten, kreativen Produkt« liegen sollte. Diese Giganten erzählen uns, daß sie trotz ihrer übermächtigen Größe und ihrer hochentwickelten Technik zum grundlegenden Produkt der Werbung zurückkehren müssen: zur *Werbung* nämlich.

Ungeachtet dieser periodischen Erleuchtungen genießt die Schöpfung großartiger Werbung in den meisten großen »Marketingagenturen« auch weiterhin weniger Priorität als Umsatzsteigerungen. Die Branche verkennt laufend, daß zündende Ideen für die Kunden höchste Priorität haben sollten – zündende, kreative Ideen mit außergewöhnlicher Kraft, Kunden anzuziehen und zu verkaufen, Ideen, die aus eins und eins drei machen. (Nicht selten sticht uns ein einzelner »netter« Werbespot ins Auge. Ab und zu macht eine neue, junge Agentur einen »netten« Spot und wird als brillanter Innovator in der Werbebranche gefeiert. Eine Schwalbe macht jedoch noch keinen Sommer, und ein Spot macht auch noch keine Kampagne, die auf einer zündenden Idee beruht.)

Wenn ich in den Werbeseiten Berichte über neu vorgestellte »Kampagnen« lese, dann suche ich oftmals vergeblich nach einer zündenden Idee, nach einen Grundthema oder Slogan, mit dem alles gesagt wird, den sich der Durchschnittsverbraucher auf Anhieb merken kann. Eine zündende Idee, die man nicht in einem Satz oder drei bis vier Worten umschreiben kann, ist keine zündende Idee. Aber was kann man schon erwarten, wenn so viele intelligente Menschen in unserer Branche ihre Energie Themen widmen, die rein gar nichts mit Werbung selbst zu tun haben, sondern in allererster Linie auf *Wachstum* ausgerichtet sind.

Das einzige, was mit zunehmender Größe besser wird, ist ein Penis. In die Welt der Werbeagenturen sind aber die Briten und die Franzosen einmarschiert und haben sich ihrer beinahe bemächtigt. Ihr Wunsch, die Gewinne zu steigern und strenge Kontrollen über die akquirierten Gesellschaften auszuüben, grenzt an Besessenheit. Die großen Agenturen werden daher immer noch größer, und Agenturkonzerne sind zu einer unheimlichen Macht in der Branche geworden. Unterm Strich haben Firmenübernahmen einen negativen Einfluß auf die Qualität der Werbung. Begabte Mitarbeiter werden hinausgedrängt; Agenturleiter legen weniger Wert auf Werbung als auf organisatorische Akrobatik. (Als Marvin Sloves, der Chef von Scali, McCabe, Sloves, gegenüber der New York Times [14. November 1990] einen Verlust in Höhe von schätzungsweise 120 Millionen Dollar erklären sollte, meinte er, die Schwierigkeiten seiner Agentur seien zum Teil darauf zurückzuführen, daß sie in den letzten Jahren von den Verhandlungen mit der Muttergesellschaft Ogilvy & Mather über den Rückkauf der Agentur »abgelenkt« worden wäre.)

In einem früheren Kapitel dieses Buches schrieb ich: »Ohne *Slogan* geht es nicht. .. erst kommt das Wort, und dann das Bild.« Das mag aus dem Munde eines Art Directors höchst seltsam klingen, aber die besten Art Directoren kommunizieren mit einer in wenigen Worten ausgedrückten zündenden Idee und verbinden sie mit kraftvollen Bildern. *»I want my MTV!«* ist eine zündende Idee, weil hier ein schlagkräftiger Slogan mit dem Bild einer physischen Handlung verbunden wird, nämlich junge Menschen, die diesen neuen Kabelsender verlangen. Andererseits läuft ab und zu ein Kosmetikspot, in dem ein Flugzeug einen Schatten auf einen glitzernden Swimmingpool wirf. Das ist eine grafische Pirouette, keine zündende Idee. Doch jahrein, jahraus halten Werbefachleute gestalterische Tricks für bedeutende Trends. Jedes Jahr preisen Reporter in den Medien neue Methoden als Welle der Zukunft: rasche Schnittfolgen à la MTV ... Computergrafik ... Cinéma Vérité ... Schwarzweiß-Darstellung mit Farbakzenten ... größere Stars in den »Testimonials« ... hochrangige Regisseure für Werbespots ... Rückkehr zum Zeichentrickfilm. Sie wissen schon, was ich meine. (Es existiert auch eine neue Theorie, nach der ein Werbespot oder eine Anzeige nicht wie ein Werbespot oder eine Anzeige aussehen sollte. Falsch – ein großartiger Werbespot oder eine hervorragende Printanzeige signalisieren dem Publikum: »Ja, das hier *ist* eine Werbebotschaft; ja, wir versuchen, Ihnen etwas zu *verkaufen*, aber nicht mit dem Vorschlaghammer. Sie sollen vielmehr unserem Charme erliegen.« Die Amerikaner lassen sich gerne Produkte verkaufen, und sie wissen ganz genau, daß die Kunst des Verkaufens über die populäre Kunstform der Werbung ausgeübt wird. In Forschungsumfragen werden die meisten Menschen zu Protokoll geben, daß sie Werbung *verabscheuen* – aber glauben Sie mir, sie können nicht genug davon bekommen!)

Schnelle Schnittfolgen, Trickfilme und Computergrafik sind *Techniken*, und zwar bestenfalls kurzlebige Techniken. Bei keinem dieser Kunstgriffe handelt es sich um eine *Idee*. Einige davon ernten möglicherweise vorübergehend Bewunderung, aber sie stellen keine Kommunikation dar. Niemand hat jemals wegen schneller Schnittfolgen ein neues Auto gekauft, und niemand wird je wegen der Trickfilmzeichung einen Sechserpack Bier kaufen. Eine brillante verbale Idee kann sogar eine entsetzliche grafische Umsetzung überleben. Eine miserable Idee hingegen hat keine immanente Kraft und wird auch mit Megastars oder dem am höchsten gehandelten Regisseur Hollywoods keine Erfolge erzielen.

Großartige Werbung dreht sich immer um die zündende Idee.

Die zündende Idee kann die Populärkultur verändern.

Die zündende Idee kann unsere Sprache beeinflussen.

Die zündende Idee kann einem Unternehmen zum Aufstieg verhelfen – oder ein Unternehmen retten.

Die zündende Idee kann die Welt auf den Kopf stellen.

Die zündende Idee zieht sich wie ein roter Faden durch dieses Buch.

Wer weiß wirklich, wieviel man mit einer zündenden Idee erreichen kann? Wenn man an ihre Macht glaubt, dann kann die zündende Idee sogar die Welt retten.

Trotz der verfluchten Gigantomanie und der Akquisitionswut auf der Basis von Gewinnsteigerungsüberlegungen wird es immer Menschen geben, die unmögliche Träume wahr machen wollen und sich zündende Ideen ausdenken. Sie ähneln dem Löwenzahn, der Wind und Wetter und kargen Böden trotzt und seine Blüte immer zur Sonne richtet. Die Gründung junger, neuer Agenturen ist stets ein ermutigendes Zeichen. Heute sind sie noch unbekannt, aber in zehn Jahren werden sie für unsere Branche und die Kommunikation eine weitaus wichtigere Rolle spielen als die europäischen Giganten, die einst ungeheuer phantasievolle und originelle Agenturen schlucken und zugrunde richten.

Wie Sie arbeiten, hängt auch davon ab, *wo* Sie arbeiten. Wenn möglich, sollten Sie das richtige Umfeld suchen, in dem die Menschen großartige Arbeit anstreben und respektieren. Wenn Sie eine texterische oder eine grafische Begabung oder beides haben, sollten Sie versuchen, Ihre Aufgaben immer so zu erfüllen, daß Sie stolz auf Ihre Leistung sein können. Wenn möglich, sollten Sie eine Agentur finden, in der Ihre Begabungen ermutigt und nicht von scheinheiligen Managern im Keim erstickt werden. Solche Agenturen gibt es immer wieder. Sie müssen nur gründlich danach suchen.

Ich bin fest davon überzeugt, daß wir uns selbst die Chancen für großartige Werke verschaffen müssen. Ich habe das getan, indem ich versuchte, mein Leben lang immer die Kontrolle über meine Arbeit zu behalten. Ich habe die Macht, mein Umfeld zu gestalten – vom Kaffeekochen am Morgen (immer mit einer Zimtstange!) bis hin zur Vorbereitung unseres Konferenzraums für eine Kundenpräsentation am nächsten Tag. Es ist nicht leicht, die Bedürfnisse einer Organisation unter einen Hut zu bringen und gleichzeitig das Ambiente zu erhalten, das für mich so wertvoll ist – und dabei auch unbeirrbar jenen kreativen Standards treu zu bleiben, die unsere Arbeit unvergeßlich gemacht haben.

Ich betrachte dies als natürliche Erweiterung der persönlichen Wertvorstellungen und Erfahrungen, die mein Leben seit meiner Kindheit geprägt haben: das Leistungsstreben, das ich von meinen frisch nach Amerika eingewanderten Eltern gelernt habe, die Liebe und Treue meiner Frau, mit der ich seit vierzig Jahren verheiratet bin, die Qual, meinen erstgeborenen Sohn in jungen Jahren zu verlieren, die Freude, den Erfolg meines jüngeren Sohns als Fotograf mitzuerleben, das tiefempfundene Glück, meinen kleinen Enkel vor meinen Augen heranwachsen zu sehen und dabei zu hoffen, ihm die gleichen Werte zu hinterlassen, die mein Leben geformt haben. Ja, in meinem Leben läßt sich ein Schema erkennen – hartnäckige Entschlossenheit, die dem Leben auf möglichst kreative Art und Weise einen Sinn und eine Richtung gibt.

Für mich war Werbung immer eine ruhmreiche Tätigkeit und gleichzeitig auch ein hartes Geschäft. Der erfolgreiche Umgang mit Kunden erfordert die Aufbietung aller zur Verfügung stehenden Begabungen. Der Umgang mit den Mitarbeitern ist möglicherweise noch komplexer. Man muß versuchen, zwischen starken Persönlichkeiten zu vermitteln, um ihnen durch ein partnerschaftliches Klima brillante Werke zu entlocken. Aber nur so möchte ich arbeiten.

Auf die Frage, welche Kreativitätsprobleme sich in der amerikanischen Werbung stellen, antworten manche sensible Werbeleute, daß junge Menschen in diese Branche vordringen, die Angst haben, Gelegenheiten beim Schopf zu ergreifen, und so konservativ sind wie die Bürokraten in den großen Agenturen. Aber das ist die Geschichte der Menschheit. Wir haben Angst vor dem Leben, Angst vor der Arbeit, Angst vor dem Tod. In beruflicher Hinsicht wird unseren Kindern beigebracht, eine »professionelle« Mappe zusammenzustellen und nicht eine, die vor Phantasie und Einfallsreichtum sprüht. Einige unserer besten Profis im kreativen Bereich verlangen lauthals, junge Menschen sollten ihre Chancen nutzen, aber wenn sie eine etwas unkonventionelle Mappe zu Gesicht bekommen, behaupten sie, diesem jungen Menschen mangle es an Disziplin oder er sei ein Exzentriker. Die älteren Kollegen geben den Berufsanfängern leider keine deutlichen Signale und weisen ihnen nicht mutig die Richtung. Vielleicht kann dieses Buch einige dieser Lücken schließen.

Mein Leben lang haben mir andere gesagt: »George, sei vorsichtig.« Vorsicht ist aber in unserer Branche ein Synonym für unsichtbare Werbung. »Wer wagt, gewinnt« hat mir bessere Dienste geleistet. Ich kann es nicht oft genug wiederholen: Wir werden von den werbetreibenden Unternehmen dafür bezahlt, Amerika zu begeistern und in Aufruhr zu bringen, und nicht, damit wir Beruhigungspillen verteilen.

Ich hoffe, daß meine Abenteuer (und Mißgeschicke) zumindest Ihnen, verehrte Leser, die Werbung nähergebracht haben, ob Sie nun in dieser Branche tätig sind oder nicht. Ich hoffe, Sie erkennen, daß sich großartige Werbung *immer* um eine zündende Idee dreht, die reich an menschlicher Ausdruckskraft ist. Die zündende Idee inspiriert zu unvergeßlicher *Metaphorik* – und das ist der Zauber der Werbung, der mir überzeugende Kommunikation ermöglicht. Ich werde immer davon besessen sein, lebendige, menschliche Bilder zu gestalten, die den Menschen ins Auge stechen, in ihr Gedächtnis eindringen, ihr Herz erwärmen und sie zum Handeln veranlassen.

Register